인류의 미래를 위한

글로벌 시민교육

김혜수 · 허혜경 지음

창지사

머리말

현대사회의 특징인 세계화는 필연적으로 다양한 사회문제를 발생시킨다. 환경변화, 기후변화, 국제분쟁, 국제적 테러 조직의 위협, 인종차별적 혐오범죄, '묻지마 범죄(Crime against random target)'의 증가, 코로나 19와 같은 전염병의 세계적 창궐, 각종 재난·재해 등 다양한 위기와 갈등과 사회문제는 세계화로 인하여 야기되었거나 관련된 것이다. 현대의 신세대는 세계화로 인하여 야기된 문제들을 운명적으로 안고 살아가야 하므로, 이들로 하여금 '글로벌 시민성(Global Citizenship)'을 함양시키는 것이 국제사회의 중요한 교육과제로 부각되고 있다. 국제연합(UN)은 반기문 유엔사무총장 당시인 2012년에 GEFI(Global Education First Initiative) 즉 '글로벌교육 우선구상'을 선언하였는데, '글로벌 시민의식의 강화(Foster global citizenship)'를 '글로벌교육 우선구상'의 세 가지 중점 목표 중 하나로 채택하고 있다. 유네스코(UNESCO)는 2015년에 선언한 교육 2030: 인천선언(Education 2030: Incheon Declaration)에서 글로벌 시민교육의 중요성을 강조하였으며, 우리나라 교육부도 2016년 교육부 업무계획에 글로벌 시민교육의 확산을 교육부 5대 핵심전략 중 하나로 편입하였다.

이 책의 저자들은 국제사회의 중요한 교육과제로 부각되고 있고 국내 교육 정책에서도 중시되고 있으나, 아직 체계화된 학문으로 정립되지 못한 글로벌 시민교육에서 마땅히 담아야 할 교육내용을 간추리고 체계화하고자 이 책을 집필하였다. 이 책은 1부에서 시민의식의 기초 개념 이해를 위하여 '시민과 시민교육'을 주제로 하는 내용을 담았다. 2부에서는 세계화의 흐름에 부응하여 21세기의 새로운 교육코드로 등장한 글로벌 시민교육에 대한 이해를 위하여 '글로벌 시민교육'을 주제로 하는 내용을 담았다. 세부적으로 글로벌 시민과 글로벌 시민의식, 글로벌 시민교육의 이해, 글로벌 시민의 역량, 글로벌 시민교육의 실행으로 구분하였다. 3부에서는 인권, 다문화, 평화, 환경 등 세계화와 관련된 구체적 삶의 영역에 있어서 시민교육을 적용하기 위하여 '행동하는 글로벌 시민'을 주제로 하는 내용을 담았다. 세부적으로 인권 시민교육, 다문화 시민교육, 평화 시민교육, 환경 시민교육으로 구분하였다.

이 책의 특징은 인류의 보편적 가치인 세계평화, 인권, 문화 다양성 등에 대해 폭넓게 이해하고 실천하는 책임 있는 글로벌 시민의 양성을 목표로 하는 글로벌 시민교육의 교육과정을 tracking하기에 편리하도록 집필되었다는 점이다. 특히 이 과목은 수업에 참여하는 학생들의 적극적인 토론이 효과적인 교수-학습법일 것이라는 점을 고려하여 학생들의 토론내용을 생생하게 소개하는 수고를 아끼지 않았다는 점을 자랑으로 삼고 싶다.

이 책이 완성되기까지 도움을 준 여러분들께 감사의 마음을 전하고자 한다. 특히 이 책의 출간을 맡아 꼼꼼히 완성도를 높이고자 노력해 주신 창지사 편집부 여러분께 심심한 감사의 인사를 전하고자 한다.

2022년 2월

복정동 연구실에서

저자 김혜수·허혜경

차 례

Part 1 시민과 시민교육

시민과 시민교육에서는 글로벌 시민교육의 기본적 개념을 다루고자 하였다. 1장에서는 시민의 개념이 고대 그리스, 로마에서부터 중세 유럽, 근대, 현대, 그리고 글로벌 시민에 이르기까지 역사적으로 어떻게 변천되었는지 소개하였으며, 시민의 개념적 요소 및 시민의 유형에 대하여 살펴보았다. 2장에서는 시민교육에 대한 오해, 민주주의와 시민교육, 시민교육의 필요성과 목적, 그리고 시민교육의 원칙에 대하여 다루었다. 3장과 4장에서는 시민으로서 함양해야 할 자질인 시민의식으로 인간의 존엄성, 자유와 평등, 정의, 시민참여, 관용, 그리고 시민불복종에 대하여 소개하였다.

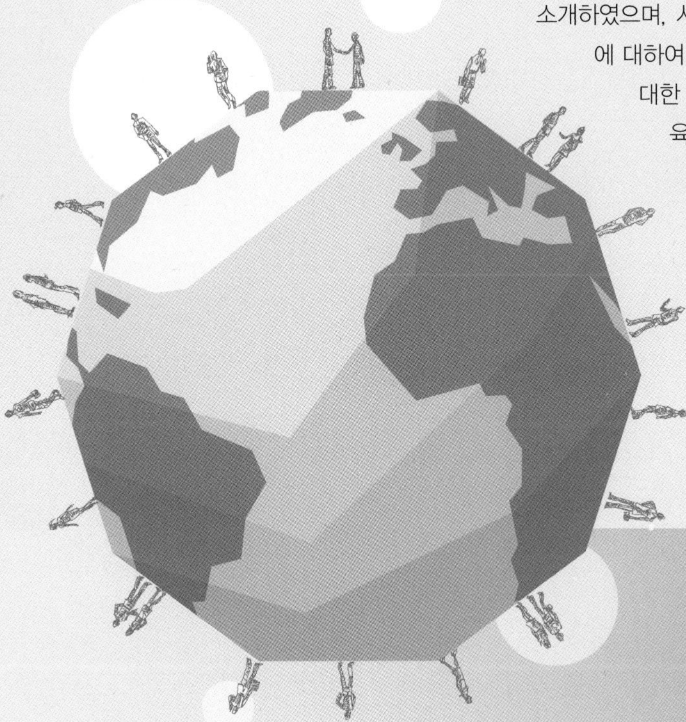

Chapter 1

시민

1장 시민

오늘날 우리는 한 국가의 시민으로서 그 나라가 처한 상황에 따라 의무와 권리, 책임, 복지적 혜택 등을 누리며 생활한다. 한 나라의 시민이 된다는 것은 그가 속한 국가에서 국민으로서의 의무와 권리를 다함과 동시에 교육, 복지, 의료혜택 등과 같은 여러 사회적 특권을 갖게 됨을 의미한다.

시민(citizen)은 민주사회의 구성원으로서, 단순히 자신의 권리와 이익만을 추구하는 이기적인 개인을 초월하여 타인과 공익을 지향하며 사회, 국가, 세계에서 함께 살아가고 있는 사람들을 의미한다(이동수, 2013). 민주사회의 주체인 시민은 권리와 의무를 지니며, 자발적이고 주체적으로 정치, 사회, 문화 등 우리 삶의 여러 영역의 의사결정에 참여한다.

우리는 시민이라는 단어를 자주 사용하지만 정작 "시민은 무엇인가?"라는 물음에는 선뜻 대답하기가 쉽지 않다. 우리는 '시민'이라는 단어에 무수히 노출되어 있지만, 정작 시민의 의미나 유형, 시민으로서 누릴 수 있는 권리 등에 대해서는 잘 알지 못하는 경우가 많다.

시민을 대상으로 시민의 개념과 역량에 대해, 또 시민의식을 갖춘 시민을 양성하기 위해서는 시민교육이 필요하다. 시민교육이란 시민을 대상으로 인류 보편적 가치에 대하여 이해하고 실천하는 교육을 의미한다. 시민교육에 관하여 살펴보기 위해서는 먼저 시민에 대한 개념을 이해할 필요가 있다.

1. 시민의 변천과정

시민의 개념을 이해하려면, 시민의 어원과 함께 시민의 변천과정을 역사적으로 살펴볼 필요가 있다. 시민은 '부르가리우스(burgarius)'라 하는 라틴어 어원에서 비롯되었는데, 이는 '성곽(bourg) 안에 사는 사람'을 의미한다. 이는 동·서양이 마찬가지인데, 우리나라를 포함한 동양의 역사에서도, 성 안에 거주하거나 4대문 안에 산다는 의미는 거주자의 정치 및 사회경제적 지위를 가늠하는 기준이 되었다. 이와 같이 성 안을 강조하는 시민의 어원적 개념은 단순히 공간적 의미를 넘어서 성 안에 사는 거주자의 정치·문화·사회적인 지위와 생활 수준을 내포하고 있다.

시민의 변천과정은 네 단계로 나누어 설명할 수 있다. 역사적으로 시민의 첫 번째 단계는 고대 그리스, 로마 시대의 시민, 두 번째 단계는 중세 유럽의 시민, 세 번째 단계는 근대 시민사회의 성립과정에서 생겨난 근대적 의미의 시민, 네 번째 단계는 현대적 의미의 시민으로 분류할 수 있다.

여기서는 시민의 변천과정을 단계별로 살펴보고, 세계화 흐름을 반영하여 글로벌 시민에 대해서도 소개하고자 한다(경희대학교 후마니타스 칼리지, 2016; 김영인, 설규주, 2017; 이관춘, 2011; 허혜경, 김혜수, 2017).

출처: 문화재청.

출처: https://travelinculture.com/gothenburg-gotebo-sweden

1) 고대 그리스, 로마의 시민

(1) 고대 그리스의 시민

고대 그리스의 도시국가(polis, 폴리스)에서는 시민(polites, 폴리테스)이라 불리는 사람들이 자치권을 소유하는 독특한 정치 체제를 운영하였다. 고대 그리스의 여러 도시국가 중에서도 시민의 개념은 민주정을 실시하였던 아테네에서 등장하였다. 아테네는 직접 민주주의의 산실로서, 왕이나 소수 귀족에 의한 통치가 아닌 다수의 도시국가 구성원이 통치하는 민주정을 실시함으로써 시민의 개념이 형성되었다. 당시 통치에 참여할 수 있는 지위와 권리를 지닌 사람들을 데모스(demos)라 하였다. 데모스는 다수, 또는 민중이라는 의미이며, 이들이 오늘날 시민의 기원이라 할 수 있다.

아테네로 대표되는 고대 그리스의 도시국가에서는 시민이 직접 국가를 구성하여 도시를 운영하였다. 시민으로 구성된 '민회'에서는 도시의 행정 및 입법과 관련한 주요사안이 결정되었다. 당시 아테네에서 30세 이상의 시민은 약 2만 명 정도로 추산되며, 정족수가 약 6,000명 정도 되는 민회가 연 40회 정도 개최되었음을 고려해 볼 때 시민은 누구든지 민회를 통해 정치에 참여하였던 것으로 추정된다.

고대 그리스는 민족을 국가 단위로 간주한 혈통주의와 종족(ethnicity) 중심의 시민관을 지니고 있었다. 데모스는 아테네의 성년 자유민으로서, 통치에 참여함에 있어서는 평등하였으나, 시민권은 아테네인 부모로부터 태어난 성인 남성에게만 부여되었다. 아테네에서 자유롭고 평등한 시민의 지위는 상위계급의 남성만 누릴 수 있었다. 당시 여성, 노예, 외국인, 미성년자 등이 시민에 포함되지 않았다는 점에서는 현대 민주주의와는 거리가 있다.

고대 그리스의 시민권은 정치에 참여할 수 있는 권리로 규정되었다. 아리스토텔레스(Aristoteles)에 의하면, 시민은 도시국가의 정치에 직접 참여함으로써 최고의 선(善)에 도달하여 자아를 완성할 수 있으므로, 개인의 윤리적 완성과 시민 정치의 발전은 밀접하게 연관되어 있다고 보았다. 아리스토텔레스는 "인간은 정치적 동물(zoon politikon)"이라 규정함으로써 도시국가에서의 시민적 삶을 표현하였는데, 이는 막스 베버(Max Weber)가 서양의 고대 시민을 "호모 폴리티쿠스(Homo Politicus, 정치적 인간)"라 지칭한 것과 일관적이다.

Aristoteles
(B.C. 384
~ B.C. 322)

(2) 고대 로마의 시민

고대 로마(Roma antiqua)에서는 그리스 도시국가보다 시민권 개념이 발전한 키비스(civis) 또는 키비타스(civitas)가 사용되었는데, 오늘날 시민을 의미하는 단어인 시티즌 'citizen'이 여기서 유래되었다. 로마 제국 시대로 접어들면서 시민의 개념은 한층 확대되었다.

토가(toga)

고대 로마 시민이 입었던 토가(toga)는 재산 소유와 정치 참여의 권한을 나타내는 시민의 자랑스러운 상징이었으나, 아테네와 마찬가지로 여성이나 미성년자는 토가를 입을 수 없었다.

로마 제국은 수백 년에 걸쳐 영토가 확장됨에 따라 로마 시민권은 속주민을 통제하는 외교 수단으로 사용되었다. 고대 로마는 다양한 민족을 국가 기반으로 하여 개방된 시민 정책을 운영하였다. 로마 제국은 정복지가 점차 늘어남에 따라 시민권 수

여정책을 사용하였다. 로마 제국에 편입된 식민지 주민을 통치하고 로마 제국을 확대해 나가는 중요한 정치도구로 시민권 정책을 실시한 것이다.

로마 시민권에는 여러 등급이 있어 로마 제국의 정치와 식민지 정책에 탄력적으로 활용할 수 있었다. 피정복지 주민에게도 로마 시민권을 부여하였으나, 정치적인 투표권은 철저히 제한하였으며, 동맹국 주민에게도 준시민권을 부여하였다. 또한 아버지가 로마인이면, 어머니가 피정복지 출신이라도 시민권을 허용하였다. 로마는 노예나 전쟁포로라 하더라도 국가를 위해 특별한 공을 세운 경우에는 시민의 자격을 부여하였다. 황제도 특정 가문에 국한시키지 않았는데, 심지어는 이민족 출신이라도 왕위에 오를 기회가 부여되었다. 이러한 로마 제국의 개방적인 시민권 정책은 로마가 대제국 지위를 점하게 된 문화적 힘의 근간이 되었다.

2) 중세 유럽의 시민권

5세기의 게르만 민족의 대이동에서 15세기 중엽 동로마 제국의 멸망에 이르는 약 1,000년 동안을 중세라 한다. 중세에는 강력한 왕권보다는 봉토(토지)를 매개로 군주와 신하, 영주와 농노가 지배 · 종속 관계를 형성하는 봉건제도(feudalism)가 운영되었다. 중세 유럽에서는 정치권력의 소재지가 도시가 아니라 농촌에 있었으며, 농업을 중심으로 한 농경사회였다. 또한 귀족, 성직자, 기사 등으로 형성된 소수의 특권층과 농민, 농노 등으로 구성된 다수의 피지배계층으로 신분이 엄격하게 구별된 계급사회였다. 특권층은 농노로 하여금 조상에게서 물려받거나 왕에게서 하사받은 토지를 경작하게 하고, 지대(rent)를 수취하여 거대한 부를 축적하였다. 봉건제 질서에 균열이 생기기 시작한 것은 11세기 말경부터 시작된 십자군 원정에서부터이다. 십자군은 1차 원정에서만 성공을 하였을 뿐, 13세기 말까지 계속된 8차 원정까지 모두 실패하였다. 이로 인해 교황의 권위는 땅에 떨어졌고, 중세 유럽의 변화를 이끌어 갈 새로운 세력으로 상인이 등장하였다.

12~13세기부터 상인과 수공업자 같은 도시 거주자들은 자치공동체를 형성하였

다. 중세 봉건사회에서 농촌이 정치권력의 중심지였기 때문에, 중세 도시는 정치인 대신 상인들이 비교적 자율적인 공간을 확보하여 활동하기에 적합한 공간으로 자리 잡았다. 중세 도시는 정치인이나 행정인이 아닌 경제인의 도시로 출발한 것이다. 중세 유럽의 도시에선 영주가 자발적으로 자치권을 양도한 경우도 있었으나, 막대한 부를 지닌 도시의 시민들이 군주를 지원함으로써 자치권을 획득한 경우가 더 많았다. 이 과정에서 왕권이 강화되고 봉건제가 붕괴되었으며 절대왕정의 시대가 예고되었다.

중세 도시는 각각 자치권의 범위가 달랐으나, 중세의 시민은 신분상의 자유, 사법권, 시장개설권, 화폐발행권, 조세징수권 등을 보유하게 되었다. 중세 후기 무렵에는 군주와 영주가 오히려 시민에게 경제적으로 의존하게 됨에 따라 도시의 자치권은 더욱 강화되었으며, 그에 따라 경제적 영향력과 함께 정치적 영향력은 점점 더 커졌다. 막스 베버(Max Weber)는 중세의 시민을 '호모 에코노미쿠스(Homo Economicus, 경제적 인간)'라 하였으며, 중세 시민이 서양 근대 민주주의와 자본주의를 형성하는 주역이었다고 주장한다(이동수, 2013).

3) 근대적 의미의 시민

유럽의 중세 봉건 체제에서 근대적인 사회 체제로 변화하면서 근대적 의미의 시민 개념을 사용하게 되었다. 봉건제도에 기반을 둔 유럽의 중세사회는 약 16~17세기 무렵부터 변화의 바람이 일기 시작하였다(이동수, 2013; 허혜경, 김혜수, 2017).

첫째, 르네상스(renaissance) 운동으로, 이는 문화적 측면에서 중세의 잔재를 털어내는 획기적인 계기가 되었다. 르네상스 운동을 통해 중세를 지배했던 신(神) 중심적인 세계관에서 해방되어 자유롭고 이성적인 인간이 중심이 되는 근대사회를 구축하는 결정적인 역할을 하게 된 것이다.

둘째, 중세 말부터 급속도로 발전한 과학기술은 특히 중세의 천동설 등을 수정하는 데 기여하였다. 과학기술의 비약적인 발전은 인간의 삶을 편리하게 하는 물질문명을 발달시켰을 뿐 아니라 인간의 자연 지배 능력을 급속도로 신장시키는 계기가 되어 근대사회를 앞당기는 역할을 하게 되었다.

셋째, 루터(Luther)와 캘빈(Calvin) 등에 의한 종교개혁(Reformation) 운동은 근대사회를 여는 데 기여하였다. 루터는 종교개혁 운동을 통해 독일어 구어체로 번역한 성경을 보급하여 누구나 어디에서든 성경을 접할 수 있도록 하였다. 이는 모든 인간이 평등하다는 인간평등사상을 싹 틔우는 결정적인 계기로 작용하였다. 종교개혁 운동은 영국에서는 청교도주의(Puritanism)로 발전하게 되어, 인간의 평등사상, 노동의 신성함, 근면과 절약을 강조하여 영국 산업혁명을 일으키는 정신적 가치관의 기초를 마련하였다.

Martin Luther
(1483 ~ 1546)

Jean Calvin
(1509 ~ 1564)

출처: 위키백과(https://ko.wikipedia.org)

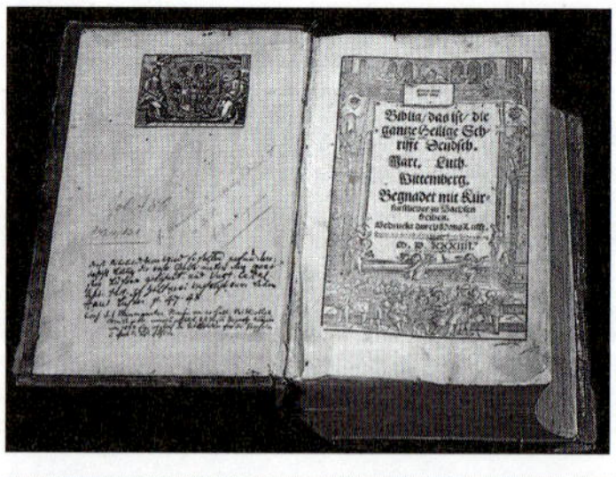

루터가 독일어로 번역하여 보급한 성경책

출처: 구글(https://www.google.co.kr).

중세 후기부터 도시가 발달하고 상업 활동이 활발해지기 시작하면서, 기술 장인과 상인이 경제적, 사회적 세력으로 등장하게 되었는데, 이들이 바로 초기 부르주아다. 부르주아는 길드를 형성하고 활발한 상공업 활동을 통해 재산을 증식하였으며, 봉건 귀족이 누리던 지위와 특권에 점차 도전하게 되면서 새로운 절대군주 체제를 강화하는 데 기여하였다. 유럽의 절대왕정은 신대륙의 발견, 식민지 개척, 원거리 무역 등으로 부를 축적한 군주가 점차 봉건 영주를 지배하면서 압도적인 권력을 장악하게 되었다. 부르주아는 각종 특권 산업에 필요한 특허장(charter)을 획득하는 등 원활한 상공업 활동을 위해 절대군주의 보호망이 절실하였으며, 절대군주 역시 권력을 강화하기 위해 신흥 부르주아의 경제력을 필요로 하였다. 부르주아는 왕이 식민지를 개척하거나 전쟁을 수행할 때 필요한 자금을 지원하였고, 그 대가로 무역독점권, 광산개발권 등과 같은 특허장을 획득하여 도시의 자치권을 더욱 강화하였다.

도시의 경제적 지원에 기초하여 권력을 강화한 절대왕정은 부르주아와의 동맹을 파기하고 이들의 부를 통제하고자 하였다. 18세기 전후로 경제를 장악하며 상류층 지위를 확고히 구축한 부르주아들도 자신들의 보호망이었던 절대왕정이 점점 자신들의 이익과 자치 영역 확대에 걸림돌로 여겨짐에 따라, 절대군주의 간섭이나 통제에서 벗어나고 싶어하였다. 절대왕정이 강화되면서 왕과 부르주아와의 동맹은 결렬될 수밖에 없었다.

부르주아들은 경제적으로는 사유재산의 절대 보장과 산업 활동의 자유를 요구하였고, 정치적으로는 인간의 존엄성과 자유, 평등, 법치를 보장하는 사회제도를 주장하면서 정치 참여를 요구하였다. 이러한 부르주아의 경제적 및 정치적 요구는 시민혁명으로 분출되었다. 다시 말해, 부르주아는 절대왕권을 붕괴시키고 시민혁명을 이끌어 근대 시민사회를 형성하는 주체가 되었다. 부르주아 계층이 시민혁명의 중심 역할을 하였으나, 당시 시대적 상황도 영향을 미쳤다. 프랑스혁명(1789)이 발발한 당시 지배계급의 향락과 부패, 피지배층에 대한 수탈, 수탈한 세금으로 사치와 향락을 일삼았던 루이 16세와 왕비 마리 앙투아네트, 그리고 귀족들로 인해 빈민은 넘쳐 나고, 노동자와 농민들은 고통을 받고 있었다. 당시 영국에서는 근대 시민사회로 넘어가는 데에 기여하였고 산업혁명의 물꼬를 트는 역할을 한 명예혁명(1688)이 발발하는 등 대외적 상황도 함께 맞물려 영향을 주었다. 프랑스혁명의 성공으로 인간의 존엄성과 평등, 박애를 근간으로 하는 근대 시민사회가 건설되었다.

부르주아들이 주도한 시민혁명이 성공하게 되어 봉건 체제는 붕괴되고, 근대 시민사회가 시작되었다. 그러나 근대 시민사회에서도 기존의 봉건 귀족이나 부르주아와 같이 경제력을 가진 자들만이 투표권과 참정권 등과 같은 시민권을 가질 수 있었고, 여성, 노동자, 농민, 빈민 등에게는 시민권이 부여되지 않았다.

4) 현대적 의미의 시민

시민이란 근대 시민사회가 형성하면서 발생한 개념으로서, 모든 인간은 인간으로서의 보편적 권리와 의무를 가진 주체적 존재이자 정치공동체의 유지 및 발전의 주체적 구성원이라는 시민관에 기초하고 있다(이관춘, 2011). 현대적 시민권이란 유럽의 시민혁명을 거치면서 근대 시민계급이 실현시킨 시민권(즉 자유, 평등, 생명, 사유재산, 참정권 등 시민으로서의 전반적인 권리)으로서, 이는 현대사회의 기본적인 구성원리가 되었다.

인간 존엄성, 자유와 평등과 같은 민주주의 이념들은 19세기 말부터 세계 여러 지역으로 확산되기 시작하였다. 19세기 말부터 단일 민족적 정체성에 기초한 민족국가(nation-state)가 발전하였다. 유럽 민족국가들은 다른 국가의 주권을 인정하지 않고 침략과 정복을 통해 식민지화하였다. 유럽 열강들, 그리고 동아시아에서는 일본이 아프리카와 아시아 지역, 북태평양 일부 섬들을 식민지로 지배하였다. 제국주의 열강들은 자국 내에서는 자유와 평등 사상을 주장하면서 식민지 피지배민들에게는 가혹한 수탈과 차별정책을 실시하였다. 이에 따라 1차 및 2차 세계대전을 통해 대부분의 국가들이 식민지로부터 벗어나 독립하게 되었다.

이후 세계인권선언, UN헌장, 각국의 민주주의 헌법 등을 통해 인간 존엄성, 자유, 평등과 같은 기본권 사상이 세계적으로 확산되었다. 아시아와 아프리카 국가, 신생독립 국가, 중남미 국가 등지에서는 독재정권에 저항하는 민주화 운동이 오랜 기간 전개되었고, 이를 통해 민주주의 정부가 수립되었다. 아직까지도 독재정치가 완전히 근절되지는 않았지만, 점차 쇠퇴하는 기로에 놓여 있다. 현재로서는 민주국가만이 시민의 권리를 보장하고, 시민의 책임 수행을 보증할 수 있는 유일한 체제라 할 수 있다(경희대학교 후마니타스 칼리지, 2016; 이관춘, 2011).

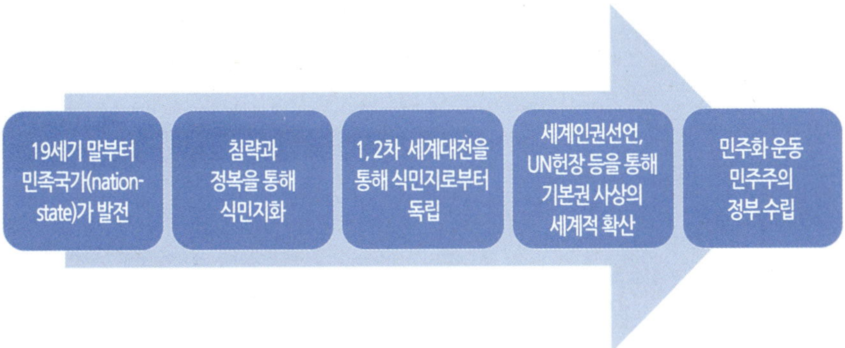

[그림 1-1] 현대 시민사회의 변천과정

읽어 보기

세계인권선언

제1조. 우리는 모두 형제 자매다. 우리 모두는 태어날 때부터 자유롭고, 존엄성과 권리에 있어서 평등하다. 우리 모두는 이성과 양심을 가졌으므로 서로에게 형제자매의 정신으로 행해야 한다.

제2조. 누구든지 차별받지 않아야 한다. 피부색, 성별, 종교, 언어, 국적, 갖고 있는 신념 등이 다를지라도 우리는 모두 평등하다.

제3조. 우리는 누구나 자기 생명을 지킬 권리, 자유를 누릴 권리, 그리고 자신의 안전을 지킬 권리가 있다.

제4조. 어느 누구도 사람을 노예처럼 다루거나 물건처럼 사고 팔 수 없다.

제5조. 어느 누구도 고문이나 가혹하거나 비인도적이거나 모욕적인 처우 또는 형벌을 받지 않는다.

제6조. 우리는 법 앞에서 '한 사람의 인간'으로 인정받을 권리가 있다. 우리는 모두 어디서나 똑같이 법의 보호를 받으며 인간답게 살아간다.

제7조. 법은 누구에게나 평등하게 적용된다. 법은 누구에게나 평등해야 하며, 차별적이어서는 안 된다.
제8조. 억울할 때에는 법의 도움을 청해야 한다. 우리는 누구나 기본적인 권리를 침해당했을 때 법의 도움을 구할 수 있다. 그리고 재판을 해서 그 권리를 되찾을 수 있다.
제9조. 어느 누구도 자의적으로 체포, 구금, 추방을 당하지 않는다. 사람은 정당한 법률에 의하지 않고는 제멋대로 잡히거나 갇히거나 그 나라에서 쫓겨나지 않는다.
제10조. 공평하고 공개적인 재판을 받을 권리가 있다. 우리는 어느 누구를 편들지 않는 독립되고 편견 없는 법원에서 공정한 재판을 받을 권리를 갖는다.
제11조. 누구든지 죄가 증명되기 전까지는 무죄로 추정될 권리가 있다. 공정한 재판으로 유죄가 결정될 때까지는 어느 누구도 죄인이 아니다. 또한 자신을 변호할 수 있는 모든 방법을 보장받아야 한다. 죄를 범했을 때에는 법률에 따라서만 벌을 받으며, 나중에 만들어진 법률로는 처벌받지 않는다.
제12조. 나만의 세상을 가질 수 있다. 나의 사생활, 가족, 집, 편지나 전화 등 통신에 대하여 아무도 함부로 간섭할 수 없다. 나의 명예와 신용에 해를 입지 않으며, 만약 그런 일이 있을 때는 법의 보호를 받을 수 있다.
제13조. 자기 나라 안에서 어디든 오고 갈 수 있으며, 살고 싶은 곳에서 살 수 있다. 어떤 나라에서도 떠날 수 있으며, 또 자기 나라로 다시 돌아올 수 있는 권리가 있다.
제14조. 다른 나라로 피신해 갈 권리가 있다. 누구나 괴롭힘을 당하면 다른 나라로 도망가서 살 권리가 있다. 단, 그 사람이 누가 보아도 나쁜 짓을 저지른 경우는 제외된다.
제15조. 누구나 국적을 가질 권리가 있다. 우리는 누구나 한 나라의 국민이 될 권리를 가지며, 국적을 바꿀 권리도 가진다. 누구도 함부로 나의 국적을 빼앗거나 국적을 바꿀 권리를 방해할 수 없다.
제16조. 성년이 된 남녀는 누구든 결혼할 수 있다. 인종, 국적, 종교를 이유로 제한이 있어서는 안 되며 결혼할 사람 간의 자유로운 동의에 의해서만 결혼할 수 있다. 결혼이나 가정생활, 설령 이혼에 있어서도 남녀는 동등한 권리를 갖는다. 가정은 국가의 보호를 받는다.
제17조. 자기 재산을 소유할 권리가 있다. 누구나 혼자 또는 다른 사람과 함께 재산을 가질 수 있다. 재산은 함부로 빼앗기지 않는다.
제18조. 내가 원하는 종교를 가질 수 있다. 우리는 누구나 사상, 양심, 종교의 자유를 누릴 권리를 갖는다. 스스로 자유롭게 생각할 수 있으며, 생각을 바꾸는 것도 자유이고, 혼자서 또는 여럿이 함께 자기의 생각을 표현할 자유도 있다.
제19조. 생각하고 표현하는 것은 자유이다. 우리는 누구나 의견을 가질 수 있고 또 표현할 수 있다. 누구도 그것을 방해해서는 안 된다. 사람은 누구나 모든 매체를 통해 국경과 상관없이 다른 나라 사람들과 정보와 의견을 교환할 수 있다.
제20조. 평화적으로 단체를 이루어 모일 권리가 있다. 우리는 누구나 평화롭게 집회를 열고

단체를 만들 자유가 있다. 또한 원치 않는 사람에게 소속을 강요할 수는 없다.
제21조. 정치에 참여할 권리가 있다. 우리는 모두 자기 나라 정치에 참여할 권리를 가진다. 그리고 누구나 공무원이 될 수 있다. 선거는 올바르고 평등하게 해야 하며, 비밀투표가 보장되어야 한다.
제22조. 사회보장제도를 누릴 수 있다. 우리는 모두 사회의 일원으로서 사회보장제도에 대한 권리를 가진다. 각 나라의 구조와 자원에 따라서 또한 국제협력을 통해서 사람답게 살 수 있는 권리를 실현할 수 있다.
제23조. 내가 원하는 일을 자유롭게 할 수 있다. 사람은 직업을 자유롭게 골라서 일할 권리를 갖는다. 노동 조건은 일하는 사람에게 공정하고 유리한 것이어야 하며, 일터를 잃지 않도록 보호받을 권리가 있다. 차별 없이 동일한 노동에 대해서는 동일한 임금을 받을 권리를 갖는다. 일에 대한 대가는 일한 사람과 그 가족이 인간다운 생활을 누릴 수 있는 수준이어야 한다. 일하는 사람의 이익을 보호하기 위해 노동조합을 만들고 참여할 권리를 갖는다.
제24조. 휴식과 여가의 권리가 있다. 사람에게는 쉴 권리가 있다. 노동시간은 합리적으로 제한되어야 하며, 정기적인 유급휴가를 포함한 휴식과 여가를 누릴 권리를 갖는다.
제25조. 건강하고 행복한 생활 수준을 누릴 권리가 있다. 누구에게나 가족과 함께 건강하고 행복하게 살아갈 권리가 있다. 이 권리를 위하여 실업, 질병, 장애, 배우자와의 사별, 노령 또는 자신이 어찌할 수 없는 상황에서는 국가가 제공하는 보장제도를 누릴 권리를 갖는다. 어머니와 아이는 특별한 보살핌과 도움을 받을 권리를 갖는다.
제26조. 누구나 교육받을 수 있다. 초등기초단계의 교육은 무료로 제공되어야 한다. 누구나 기술교육과 직업교육을 받을 수 있어야 하며, 고등교육은 실력 있는 모든 사람에게 평등하게 개방돼야 한다. 교육을 통해 우리는 자기의 인격을 발전시키고 사람의 권리와 자유가 소중하다는 것을 배워야 한다. 전 세계 모든 나라와 모든 인종과 모든 종교 간에 서로를 이해하고 우호적으로 지내는 법을 배워야 한다.
제27조. 문화를 즐길 권리가 있다. 누구나 자유롭게 문화생활에 참여하고 예술을 감상할 권리를 갖는다. 과학의 진보와 그 혜택을 나눠 가질 권리를 갖는다. 사람은 자기가 만들어낸 과학 · 문학 · 예술의 산물에서 나오는 이익을 보호받을 권리를 갖는다.
제28조. 인권이 실현되는 세상에서 살 권리가 있다. 우리 모두는 이 선언에 선포된 권리와 자유를 충분히 실현할 수 있는 사회적, 국제적 질서를 누릴 권리를 갖는다.
제29조. 인권이 보장되는 사회를 만들 의무가 있다. 우리에게는 모든 사람의 자유와 권리를 지키고 살기 좋은 세상을 만들 의무가 있다. 다른 사람의 권리와 자유를 존중하기 위하여 필요 시 법에 의해 우리의 자유와 권리가 제한될 수 있다.
제30조. 나의 권리를 보장받기 위해 타인의 권리를 짓밟을 권리는 없다. 또한 누구에게도 어떤 나라에도 남의 권리를 파괴할 목적으로 자기 권리를 사용할 권리는 없다.

5) 글로벌 시민

현대사회에서 시민이란 특정 국가의 국민이나 정치적 공동체의 구성원으로서 정치 참여의 권리를 지닌 사람을 의미한다. 20세기 말부터는 세계화(globalization)가 급속히 진행되면서, 지역이나 국가에 기초한 시민의 개념이 도전을 받게 되었다. 세계화가 진행되면서 국경을 초월하여 운영되는 비정부 조직, 국제무역기구, 국제통화기금, 세계은행, 다국적 기업, 그리고 개인, 재화와 서비스가 국경을 넘어 교류하고 있는 현 상황에서 시민의 개념이 전 지구적 차원으로 확대될 필요가 있다. 이것이 바로 글로벌 시민(global citizen)이다.

글로벌 시민이란 개인과 국가 중심의 사고에서 벗어나 글로벌한 관점에서 사고하며, 나와 다른 문화, 인종, 민족, 종교 등을 존중하여 다양한 사람과 함께 더불어 살면서 전 지구적 · 인류적 문제에 관심을 갖고 더불어 잘 사는 세상을 만들기 위해 능동적으로 참여할 줄 아는 사람을 의미한다(한국해외원조단체협의회, 2009).

글로벌 시민의 개념이 확산된다 하더라도, 기본적으로 시민의 권리는 개인이 속한 국가에서 나오게 되므로, 글로벌 시민의 권리는 '이차적인 개념'이라고 주장하기도 한다. 그러나 세계화가 심화되어 보다 선진화되고 살기 좋은 국가로 이주하거나, 내가 갖고 싶은 상품이나 서비스를 구매하며, 교육 · 과학 · 통신 · 기술 · 인력이 세계적으로 교류하는 작금의 상황을 고려해 볼 때 노동자의 권리, 이주자의 권리, 소비자의 권리를 누가 보장할 것인지에 대한 문제가 제기된다. 우리가 사는 환경, 생태계, 에너지, 전쟁, 빈곤 등의 문제들도 비단 한 국가적 이슈를 넘어서 세계가 함께 대처해야 할 과제인 것이다.

2020년 이후 전 세계를 강타하고 있는 코로나 팬데믹(COVID-19 pandemic)에 따른 변화 양상도 두드러진다. 그 결과 사회구조의 전반적인 패러다임이 변화하고 있으며, 이에 따라 개인의 삶의 양식과 가치관도 변화하고 있다. 또한 세계 각국의 국경 봉쇄, 여행 제한, 이민 축소, 국가주의적 정책, 제노포비아(이방인 혐오감)의 확산으로 인해 세계는 그 어느 때보다도 인권, 다양성, 정의, 평화, 관용과 같은 인류 보편적 가치를 추구하는 글로벌 시민을 요구하고 있다.

코로나 팬데믹으로 인해 바이러스 감염에 대한 불안, 죽음에 대한 두려움, 방역에 대한 부담과 피로, 경제적 피해 등의 문제가 발생하고 있으며, 사회적으로는 낙인과 혐오, 격차와 불평등, 인권 침해 등과 같은 위기 상황이 심각하다(설규주, 2021). 코로나 팬데믹으로 인한 문제와 위기 극복을 위해 전 지구적인 대응과 함께 성숙된 시민의식으로 무장한 시민의 협조가 더욱 절실해졌으며, 이로 인해 글로벌 시민교육의 중요성이 더욱 부각되고 있다.

읽어보기

'시민(citizen)'의 개념은…

'시민(citizen)'이라는 개념은 민주주의를 통치의 기본 질서로 삼은 고대 그리스에서 공동체가 보장하는 모든 권리를 누리는 구성원을 일컫는 의미로 처음 사용되었다. 시민은 성별과 계층, 신분 등의 제약으로 역사적으로 오랜 기간 동안 일부 특권 계급만이 향유할 수 있는 자격으로 이해되었다.

근대국가 체제를 정비하고 국가에 대한 시민의 저항 및 적극적 참여를 통해 시민의 정치적 권리와 사회경제적 권리를 제도화한 19~20세기를 거치면서, 시민권은 특정 국민 국가(nation-state)에 소속된 모든 구성원에게 부여하는 기본권으로 그 개념이 확대되었다.

이와 같이 근대사회의 시민권은 주로 '국가'와 '국민' 간의 긴장관계 속에서 규정된 '권리'로 부각되었다. 반면 시민사회가 성장한 현대에는 민주주의 사회의 구성원으로서 소양과 자질을 갖추고, 역할과 책임을 실천하며 공동체의 문제해결에 적극적으로 참여하는 주체로서의 '시민'의 개념이 강조되고 있다.

한편 세계화는 거시적 · 구조적 차원의 상호연계성을 강화할 뿐만 아니라 일상생활을 더욱 복잡하게 만들고 있다. 이는 세계 거의 모든 장소가 상호 의존적으로 연결 되어 서로 영향을 주고받는 환경이 전 지구적으로 구축되어 있음을 의미한다. 세계화로 인해 자유무역, 이주와 난민, 기후변화와 환경, 갈등과 분쟁, 실시간 온라인 커뮤니케이션 등 개인의 삶을 구성하는 다양한 현상과 문제들이 단일 지역과 국가의 경계를 넘나들며 발생하고 있다.

오늘날 인류가 직면한 공통의 문제를 해결하고 현재와 미래 사회의 지속가능한 발전을 위하여 사회 구성원들은 '글로벌 시민'이라는 공통의 정체성을 함양하고 전 지구적 차원에서 협력하여야 한다.

출처: APCEIU(2015). 유네스코가 권장하는 세계시민교육 교수학습 길라잡이. 유네스코 아시아태평양 국제이해교육원.

2. 시민의 개념적 요소

시민의 개념에는 시민성, 시민지위, 시민권의 세 요소가 포함되어 있다(김영인, 설규주, 2017).

첫째, 시민의 의미에는 시민참여, 시민정신, 시민으로서의 책임과 같은 내용성이 수반되는데, 이러한 내용성을 시민성(citizenship)이라 한다. 시민성은 시민의식 또는 시민의 자질이라고도 불리며, 시대, 정치적 · 사회적 가치관, 문화 등에 따라 가변적이다(허혜경, 김혜수, 2011). 시민성은 민주주의의 이념을 구현하도록 하는 시민의 자질이므로, 시민의 중요한 개념적 요소라 할 수 있다.

둘째, 시민지위는 국가의 법이 규정하는 바에 따라 시민에게 부여된다. 시민지위는 국가 구성원으로서의 형식적인 지위를 의미한다. 예를 들면, 한 개인이 법적으로 대한민국 국민이라면, 대한민국이라는 국가에 토대를 두고 시민의 지위를 지니고 있는 것이다. 시민은 시민지위와 함께 권리와 의무를 동시에 지니게 되는데, 여기서 등장하는 개념이 바로 시민권이다.

셋째, 시민권은 시민지위가 획득되면 특별한 사유가 없는 한 주어진다. 시민권은 특정 국가의 정치, 경제, 사회 등의 활동에 참여할 수 있는 시민으로서의 권리와 의무를 의미한다. 민주주의가 발달할수록 시민권의 범위는 더욱 확대된다.

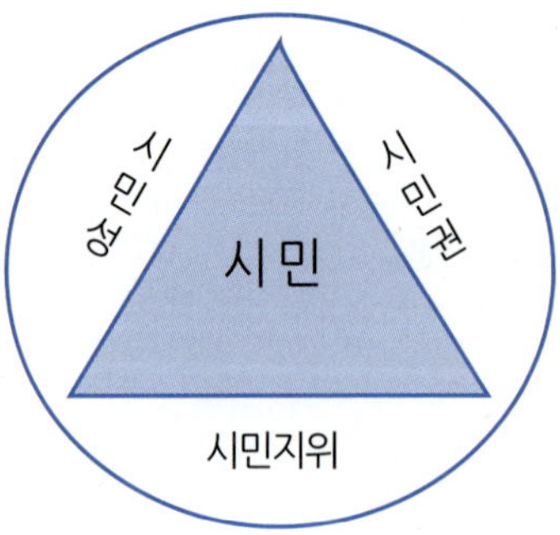

[그림 1-2] 시민개념의 3요소

출처: 김영인, 설규주(2017). 시민교육론. 서울: KNOU Press, p. 8.

시민이 한 국가의 구성원으로서 시민지위와 시민권을 가지고 있으면서, 시민성을 발휘할 때 시민으로서의 개념적 요소에 충실하다고 할 수 있다. 그러나 우리는 사회에서 흔히 시민과 시민성의 분리 현상을 목격하게 된다. 즉, 시민의 자격은 갖추었는데, 시민의 자질이 부족한 경우가 여기에 해당된다. 시민의 세 가지 개념적 요소 중에서 특히 시민성은 노력을 통해 길러질 수 있는 시민의 자질로서, 시민교육에 의해서 함양될 수 있다.

읽어 보기

시민, 신민, 시민성

시민(citizen)은 지역과 국가를 초월하여 긴 인류 역사를 통해 부단히 발전해 온 보편적인 개념이다. 시민의 개념은 신민 또는 국민 개념과 비교할 때 보다 명료해진다.

'신민(subject)'이 절대군주체제 하에서 군주의 지배를 받는 신하라면, '국민(nation)'은 근대 또는 현대 국가를 전제로 하는 국가의 구성원을 의미한다. '시민(citizen)'은 시민사회의 주체인 동시에 가치 있는 삶을 영위하기 위해, 공동체 구성을 위해 노력하며 자신의 결정에 책임을 지는 존재를 의미한다.

시민성(citizenship)은 민주사회의 구성원으로서 개별 시민이 마땅히 지녀야 하는 행동성향을 뜻한다. 시민성은 민주사회의 구성원으로서 자질을 갖추고, 정치에 참여할 수 있는 지식과 역량의 총체를 의미하며, 사회와 개인의 상호작용을 통해서 형성된다.

출처: 한경구, 김종훈, 이규영, 조대훈(2015). SDGs 시대의 세계시민교육 추진방안. 유네스코 아시아태평양 국제이해교육원. (* SDGs: 유엔 지속가능개발 목표)

3. 시민의 유형

시민은 활동의 지향성, 그리고 활동의 자발성과 적극성 수준에 따라 네 유형으로 분류할 수 있다(김영인, 설규주, 2017).

먼저 활동의 지향성에 따라 공적 시민(public citizen)과 사적 시민(private citizen)으로 나눌 수 있다. 사적 시민은 개인적 권리와 이익 실현에 주로 관심을 두고 이를 위해 사적 영역에서 활동하는 시민 유형이다. 반면 공적 시민은 민주주의 가치 실현과 사회 전체의 공공선 실현에 주로 관심을 가지고, 이를 위해 공적 영역에서 참여하는 시민 유형이다. 시민교육은 공적 시민을 양성하는 일에 관심을 두고 있다.

활동의 자발성과 적극성 수준에 따라서는 능동성과 수동성으로 분류할 수 있다.

활동의 지향성 수준(사적 영역(사익) vs. 공적 영역(공익)), 그리고 활동의 자발성과 적극성 수준(능동성 vs. 수동성)에 따라서 시민을 다음 네 유형으로 나눌 수 있다.

① 참여적 시민: 참여형

- 참여적 시민은 공적 영역에서 공익을 지향하며, 자발적이고 적극적으로 참여하는 능동성을 지닌다.

② 추종적 시민: 추종형

- 추종적 시민은 공적 영역에서 공익을 지향하나, 타인의 권유나 동원에 의해 활동하는 수동성을 지닌다.

③ 도피적 시민: 도피형·무관심형

- 도피적 시민은 사적 영역에서 사익에 주로 관심이 있으며, 공적 영역이나 공익에는 관심이 없는 무관심형 또는 현실 도피형으로서, 활동의 자발성과 적극성이 낮은 편이다.

④ 주장적 시민: 주장형

- 주장적 시민은 사적 영역에서 사익에 관심을 가지며, 이를 추구하기 위하여 자발성과 적극성을 띠며 능동적으로 참여하는 유형이다.

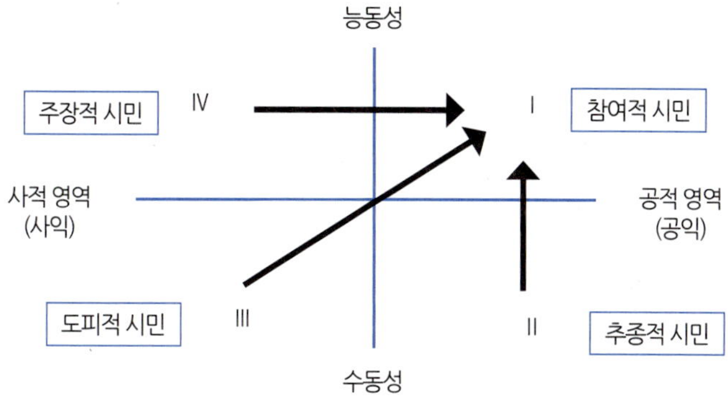

[그림 1-3] 시민 유형

출처: 김영인, 설규주(2017). 시민교육론. 서울: KNOU Press. 수정.

시민의 네 유형 중에서 바람직한 시민 유형은 공적 영역과 공익에 주로 관심이 높으며, 자발성과 적극성을 가지고 능동적으로 참여하고 활동하는 '참여적 시민'이라 할 수 있다. 시민교육을 통해 시민의 자질이 높은 참여적 시민을 양성할 수 있다.

다음 그림에서 화살표가 나타내는 바와 같이 시민교육을 통해 주장적 시민, 도피적 시민, 추종적 시민이 궁극적으로 참여적 시민 유형으로 변화되는 것이 바람직하다. 시민의식을 사적 영역에서 사익의 관점으로 바라볼 때 '약한 · 방어적 민주주의(week · protectionist democracy)'로 해석되는 반면, 공적 영역에서 공익과 공동선의 관점에서 볼 때는 '강한 · 참여적 민주주의(strong · participatory democracy)'로 해석된다(Lisman, 1998). 여기서 공동선(共同善, the common good)이란 사회 전체를 위한 선(善)으로, 공동의 이익이나 공동체를 위한 가치를 추구하는 것을 의미한다. 흔히 공동선은 공익을 강조한다는 측면에서 공공선(公共善)으로도 불린다.

결론적으로 바람직한 시민은 주체적이고 능동적이면서, 사회적 정의와 공동선(common good)을 추구하는 시민성(citizenship)을 소유하여야 한다. 시민사회에서 시민은 공적 참여에 관심을 가지고 공동선을 위해 다른 사람들과 함께 행동할 수 있어야 한다. 여기서 중요한 것은 공익, 즉 공동선을 추구하는 과정에서 개인의 권리와 자유를 침해하는 것은 피해야 한다는 것이다(이동수, 2013). 그러므로 공익과 공동선을 추구함에 있어서 개인의 자유를 충분히 고려하여야 할 것이다.

토론일시: 년 월 일
토론 참여자:

토론주제	오늘날 사회에서 시민들의 삶의 모습은 다양하게 나타나고 있다. 시민들의 삶의 모습에 따라 참여적 시민, 주장적 시민, 추종적 시민, 도피적 시민으로 유형화할 수 있다. 이 중 바람직한 시민 유형과 바람직하지 않은 시민 유형은 각각 무엇이며, 그 이유는 무엇인지 설명하시오. 우리는 어떻게 공적 영역에 관심을 가지고 공익을 실현해야 하는지 토론하시오.

〈토론 사례〉

<table>
<tr><td colspan="5">토론일시: ○○○○년 3월 15일
토론 참여자: 1조　　　　　　　　작성자: 황○○</td></tr>
<tr><td>토론자</td><td></td><td></td><td></td><td></td></tr>
<tr><td>기여도</td><td></td><td></td><td></td><td></td></tr>
<tr><td>토론주제</td><td colspan="4">오늘날 사회에서 시민들의 삶의 모습은 다양하게 나타나고 있다. 이러한 삶의 모습을 토대로 시민들을 참여적 시민, 주장적 시민, 추종적 시민, 도피적 시민으로 유형화할 수 있다. 이 중 어떤 시민 유형이 바람직하며, 그 이유는? 바람직하지 않은 시민 또는 바람직한 시민의 예?
우리는 어떻게 공적 영역에 관심을 가지고 공익을 실현해야 하는지 토론하시오.</td></tr>
<tr><td colspan="5">바람직한 유형) • 참여적 시민
ㄴ 이유 : 능동적이고 공익을 추구하기 때문에 다수에 이익이 될 것이다.
• 추종적 시민
ㄴ 이유 : 능동적인 참여적 시민도 매우 중요한 존재이지만, 공익에 뜻이 있는 수동적인 시민들이 다수여야 좀 더 바람직한 방향으로 공익을 추구할 수 있다고 생각한다. 소수의 참여적 시민들이 뜻을 모으고 다수의 추종적 시민이 이를 현실화하는 것이 가능성이 크다.

바람직한/바람직하지 않은 시민의 유형) • 바람직 : 촛불집회.(탄핵)
이례적으로 다수의 시민이 장기간 평화적인 시위를 진행. 공익에 관심이 있고 능동/수동적인 태도를 지니고 있는 다양한 바람직한 시민을 볼 수 있음.
• 바람직하지않음 : NIMBY, PIMFY 현상
좋은 것은 자신의 앞마당에, 좋지않은 것은 뒷마당에도 들이지않으려는 사익을 추구하는 시민의 모습을 드러냄.

공적영역에 관심을 가지는 방법) - 기본적으로 시민들이 올바른 시민의식을 갖추고, '공적'영역에 대한 무지를 해소해야함. 또한 공적영역에 대해 시민들이 누릴 수 있는 이익이나 권리를 인식하고 주인의식를 키우는 것 또한 방법이 될 수 있음.
공익실현에 기여하는 방법) - 지자체 등 공기관에서 앱 개발 등 시민들에게 쉽게 다가갈 수 있는 방편을 마련하고, 시민들이 올바른 시민의식을 갖추고 정기적으로 공익실현에 관심을 갖고 노력해야함.</td></tr>
</table>

Chapter

2

시민교육

2장 시민교육

1. 시민교육에 대한 오해

우리는 모두 한 국가의 시민이고, 시민으로서의 권리를 소유하고 있다. 그렇다면 시민교육(civic education, citizenship education)이란 무엇인가? 시민교육이라는 명칭은 다소 흔한 것 같으면서도, 구체적으로는 배운 적이 없는 교과목이다.

시민교육에 대한 몇 가지 오해를 해명해 보면 다음과 같다(도정일, 2016).

첫째, 시민교육은 '시위하는 시민을 양성하는 교육'이 아니다. 시민은 헌법이 보장하는 집회, 결사, 표현의 기본권을 침해받지 않는다는 점에서 시위를 조직하거나 시위에 참여할 권리와 자유를 갖는다. 시민은 자신의 권리가 심각하게 침해당하고 유린되었을 경우, 그러한 침해와 유린을 시정할 다른 방법이 없을 때 마지막 수단으로 시위 행위를 선택할 수 있다. 시민교육은 시위에 참여할 권리만을 강조하거나 시위하는 사람을 양성하는 교육이 아니다. 시민교육은 시민이 시위를 하지 않아도 될 민주적인 사회를 만들어가기 위한 교육적 노력인 것이다.

둘째, 시민교육은 시민단체 활동가나 비정부기구(NGO) 운동가를 전문적으로 양성하기 위한 교육이 아니다. 시민은 누구나 자신이 지지하고 싶은 시민단체나 NGO

에 가입하여 활동할 자유가 있다. 시민교육은 이러한 결사체들이 좁게는 사회, 국가, 나아가 지구촌 사회 전체의 삶을 개선하고 인간의 보편적 권익을 신장하기 위하여 어떠한 일을 하고 있는지에 대한 이해를 높이고, 시민으로서 해야 할 실천적인 일을 알려줄 수 있다.

셋째, 시민교육은 진보 정치를 위한 교육 프로그램이 아니다. 시민교육은 민주주의를 위한 교육으로, 시민의 민주적 역량과 덕목을 함양하려는 교육이지, 오로지 진보 입장만을 지지하거나 진보 진영의 편에서 그 세력을 강화하는 데 일조하는 교육이 아니다. 시민교육은 특정한 정치적 이념이나 정치 성향을 지지하기보다는 민주주의를 구현하기 위한 시민의 자질을 함양하는 교육이다. 민주사회의 시민은 진보나 보수, 혹은 그 외의 다른 주장이나 정책이 합리적인지, 민주주의 원칙에 부합한지, 공익을 추구하는지, 보편적 가치에 위배되지는 않는지 등을 고려할 수 있어야 하는데, 여기에 요구되는 시민적 역량을 증진하는 교육활동이 바로 시민교육이다.

2. 민주주의와 시민교육

1) 민주주의와 시민교육

민주주의(democracy)는 고대 그리스어에서 시민, 민중 또는 다수를 뜻하는 데모스(demos)와 권력, 힘, 또는 지배를 뜻하는 크라티아(kratia)를 합친 데모크라티아(demokratia)에서 유래하였으며, 시민이 주권을 행사하는 체제를 의미한다. 민주주의는 국민이 주인이 되어 국민을 위해 정치가 이루어지는 제도로서, 정치, 경제, 사회, 문화의 발전을 자유롭게 추구할 수 있는 국민의 자질에 기반을 두고 있다.

민주주의를 올바르게 운용하기 위해서는 성숙한 민주시민이 필요하다. 민주주의를 정착시키기 위한 기본 조건 중 가장 핵심적인 것은 '시민'이다. 시민에게 요구되는 능력, 자질, 그리고 태도를 시민성 또는 시민의식이라 한다.

시민은 민주주의를 지키고 만들어 가는 민주주의의 운영자라 할 수 있다(도정일, 2016). 시민의식을 갖춘 성숙한 민주시민을 양성하는 것은 쉽지 않을 뿐 아니라 비교적 장기간에 걸친 교육적 노력이 필요하다. 그러므로 민주사회에서 합리적인 의사결정을 할 수 있을 뿐 아니라 공적인 문제에 대해서도 적극 참여하여 올바른 여론 형성에 기여할 수 있는 책임감 있고 성숙한 민주시민을 길러내기 위해서는 시민교육이 반드시 필요하다(손경애 외, 2010).

민주주의를 추구하는 국가들은 자국의 역사적 및 문화적 맥락을 고려하여 시민교육을 다양한 명칭으로 제도화하여 실시하고 있다. 예를 들면, 독일 등의 유럽 국가에서는 시민교육을 "정치교육(Politische Bildung)"이라 지칭하며, 시민사회를 강조하는 미국이나 영국에서는 "시민교육(Citizenship Education 또는 Civic Education)"이라 부르고, 일본에서는 "공민교육"으로 실시하고 있다(손경애 외, 2010).

우리나라에서는 "정치교육"보다는 미국에서 보편적으로 사용하는 "민주시민교육(democratic citizenship education)"이라 지칭하고 있다. 하지만 정치적 참여와 민주적 역량을 길러 자율적인 공동체적 능력을 갖춘 민주시민의 함양에 교육목적을 두고 있기 때문에 독일의 정치교육과 더 가깝다고 볼 수 있다.

2) 시민교육과 시민

시민은 먼저 민주주의에 대해서 정확하게 알아야 하며, 민주사회를 만들어 나갈 권리와 책임, 자율성, 독자적인 사고와 판단을 내릴 수 있는 지적 성숙성, 그리고 참여의식 등을 갖추어야 한다. 그러므로 민주주의가 그 나라에 잘 정착하기 위해서는 책임감, 합리적인 의사결정 능력, 능동적인 사회 참여 등 민주시민으로서의 자질과 능력을 함양하기 위한 시민교육이 반드시 필요하다.

민주주의 사회에서 지향하는 시민으로는 개인으로서 책임감 있는 시민, 참여 지향적 시민, 정의 지향적 시민, 지적 소양을 갖춘 시민, 의사소통 능력을 지닌 시민,

문제해결력을 지닌 시민을 들 수 있다(심성보, 2011; 추병완, 2008; 허혜경, 김혜수, 2017).

① 개인으로서 책임감 있는 시민

지역사회 수준에서 기꺼이 봉사하고자 하며, 도움이 필요한 사람들에게 도움을 제공한다. 책임감 있는 시민은 예상적 책임과 소급적 책임을 가지고, 상대방에 대하여 존중의 원칙을 구체적으로 실현하여야 한다.

책임감은 예상적 책임(prospective responsibility)과 소급적 책임(retrospective responsibility)으로 구분할 수 있다(추병완, 2008). 예상적 책임이란 내가 어떤 사건 전에, 주의를 기울이거나 관심을 가져야 할 문제에 대하여 좀 더 예상적이고 선제적으로 지는 책임의식을 의미한다. 즉 예상적 책임감이 있는 시민은 미래에 일어날 일에 대해서도 예상하여 책임 있는 행동을 하게 된다. 이와 달리, 소급적 책임이란 내가 어떠한 행위를 한 후에, 그 사건의 행위자로서 나에게 원인이 있는 사건이나 결과에 대해 책임을 지는 것을 의미한다.

② 참여 지향적 시민

민주사회에서는 공공의 문제나 공동체의 이슈에 관심이 있으며, 이러한 상황을 해결하기 위하여 기꺼이 참여하는 참여 지향적 시민을 지향한다. 앞서 소개한 공적 영역에서 공익을 지향하고, 적극적으로 참여하는 능동성을 지닌 참여적 시민도 여기에 속한다.

③ 정의 지향적 시민

민주사회에서 지향하는 정의 지향적 시민은 불의에 민감하며, 사회적 · 정치적 · 경제적인 구조에 비판적으로 접근하여 문제의 해결과 변화를 위한 집단적인 전략을 탐색한다.

④ 지적 소양을 갖춘 시민

민주사회에서 지향하는 지적 소양을 갖춘 시민은 비판적 사고력을 지니며, 민주주의의 개념, 정치적 의사결정, 시민의 권리와 의무, 최근 정치적 이슈 등에 대하여 분석하고 이해할 수 있어야 한다.

⑤ 의사소통 능력을 지닌 시민

민주사회에서는 다른 관점을 가진 사람들과 교류하는 능력, 배려하는 능력, 대화능력, 조정하고 설득할 수 있는 능력, 적절한 방식으로 의견을 표출하는 능력, 대인관계기술 등과 같은 의사소통 능력을 지닌 시민을 지향한다.

⑥ 문제해결력을 지닌 시민

민주사회에서 지향하는 문제해결력을 지닌 시민은 다른 사람과 효과적으로 작업할 수 있는 능력, 차이를 인정하고 수용하는 능력, 갈등을 비폭력적 · 비억압적 · 평화적으로 해결할 수 있는 능력 등을 지니고 있다.

이와 같이 민주사회에서 책임 있는 주체로 행동하는 다양한 유형의 시민을 양성하기 위해서는 시민교육이라는 교육적 노력이 수반되어야 한다. 민주주의 사회에서 민주시민교육의 주체는 시민이며, 시민교육의 대상도 시민이다. 바람직한 민주시민교육은 상호 교호적인 의사소통(interactive communication, discourse)의 성격을 지닌다.

3. 시민교육의 이해

1) 시민교육의 개념

우리 사회는 민주주의가 발전하고 시민의식이 성숙함에 따라 시민교육에 대한 관심이 날로 높아지고 있다. 시민교육(citizenship education)은 좁은 의미와 넓은 의미로 이해할 수 있다(김영인 외, 2017).

먼저 좁은 의미의 시민교육은 민주국가의 주권자인 시민을 대상으로 정치현상과 기능에 대해 바르게 이해하고 정치과정의 참여에 필수적인 지식, 기능, 가치, 태도 등을 체계적으로 함양시키는 것이다. 좁은 의미의 시민교육은 민주국가의 구성원으로서의 시민, 민주국가 주권자로서의 시민의 삶을 전제한다. 여기서 주권자로서의 시민의 삶이란 공적 영역에 해당하는 정치에 대한 지식과 관심, 공익정신을 바탕으로 정치과정에 적극적으로 참여하는 삶을 의미한다.

과거에는 민주주의가 정치원리로 인식되었으나, 민주주의가 발전함에 따라 오늘날에는 민주주의 원리가 시민들의 삶의 원리로 보편화되었다. 이에 따라 시민교육의 범위가 시민으로서의 자질 및 시민생활과 밀접한 관련이 있는 영역으로 점차 확대되어, 사회 전반의 공적 영역에 적용될 수 있는 넓은 의미의 시민교육이 요구되고 있다.

넓은 의미의 시민교육이란 사회 공동체의 구성원으로서 자신이 속해 있는 공동체의 활동 공간인 학교, 직장, 지역사회, 국가, 지구촌 등과 공동체의 정치, 경제, 문화, 사회, 생태 영역 등에서 시민으로서의 역할을 다하고 의사결정을 내리며 참여하는 데 필요한 기본 자질을 함양시키는 것을 의미한다. 넓은 의미의 시민교육적 관점에서는 다양한 공동체의 구성원으로서 개인의 이익과 공동체의 이익 간에 조화로운 삶을 추구한다. 즉 넓은 의미의 시민교육은 개인의 권리, 의무, 그리고 책임을 다하는 동시에 공동선의 증진을 위해 적극적으로 참여하는 시민의 삶과 관련 있다.

2) 시민교육의 필요성

시민교육의 필요성을 개인적 차원, 사회적 차원, 국가적 차원, 인류적 차원에서 살펴보면 다음과 같다(김영인 외, 2017).

(1) 개인적 차원의 필요성

첫째, 시민교육은 시민으로서의 역할을 수행하기 위해 필요한 지식, 기능, 태도, 가치 등을 개인에게 함양시키기 위해 필요하다. 시민교육은 개인을 사회의 공적 영역의 시민으로 다시 태어나게 만드는 교육적 활동이라 할 수 있다.

둘째, 시민교육은 시민에게 공익정신을 함양시키기 위해 필요하다. 일반적으로 개인은 사익, 즉 자신의 이익에는 민감하지만 전체의 공익에는 무관심한 경우가 많다. 그러나 공익은 공동체의 유지와 발전을 위한 필수적 요소이다. 시민교육은 시민 개개인에게 공익의 중요성을 인식하고 공익에 대한 관심을 가지도록 함과 동시에 사익과 공익을 조화롭게 추구하는 생활을 하도록 한다.

셋째, 시민교육은 개인에게 권리와 책임에 대한 균형적인 인식과 자세를 함양시키기 위해 필요하다. 민주사회에서 개인의 권리를 행사함에 있어, 사회 전체의 공익이나 타인의 권리를 침해할 수 없으며 그에 상응하는 책임과 의무가 수반된다.

넷째, 시민교육은 시민의 능동적인 참여 능력을 향상시키기 위해 필요하다. 민주사회의 주인으로서 시민은 국가적 또는 사회적인 일에 적극적으로 참여하여야 한다.

마지막으로 시민교육은 개인의 자치 능력을 함양하기 위해 필요하다. 시민교육의 주체는 시민이다. 스스로 결정하고 실행하고 책임지는 자치 능력은 인간 개인의 자율성과 존엄성 유지를 위해 필요할 뿐만 아니라 시민의 역할을 수행하기 위해서도 필요하며, 이는 시민교육을 통해 길러질 수 있다.

(2) 사회적 차원의 필요성

첫째, 시민교육은 사회적 통합을 위해 필요하다. 시민교육은 다양한 차이를 인정하면서도 공동체 구성원으로서 동질성을 확보하고, 사회통합을 유지하기 위해 구심점으로서 필요한 공통적인 가치와 태도, 배려, 관용과 연대감, 공동체 의식 등을 강조한다.

둘째, 시민교육은 사회자본 형성을 위해 필요하다. 사회발전을 위해서 재화, 도구, 토지 등과 같은 물적 자본(physical capital)과 개개인의 능력과 같은 인적 자본(human capital), 그리고 사회관계와 조직에 내재해 있는 신뢰, 정직 등과 같은 사회자본(social capital)의 중요성이 커지고 있다. 이 중에서 시민교육은 공정성, 정의감, 협동심, 연대의식 등과 같은 덕성(virtues)을 갖게 하고 시민문화를 형성하는 사회자본을 위해 필요하다.

마지막으로 시민교육은 건강한 시민사회 형성을 위해 필요하다. 시민교육은 시민사회의 주체인 시민을 양성하고 시민단체와 네트워크 형성에 필요한 지식과 기능을 가르침으로써 건강한 시민사회를 형성할 수 있다.

(3) 국가적 차원의 필요성

첫째, 시민교육은 국가 정책과정에 우수한 시민역량을 투입하기 위해 필요하다. 시민교육을 통해서 시민들의 역량이 향상될 수 있도록 국가는 훌륭한 시민자원을 확보하게 됨과 동시에 우수한 시민역량을 정책과정에 투입할 수 있게 된다.

둘째, 시민교육은 선거과정의 합리성을 높이기 위해 필요하다. 시민교육은 시민의 역량과 도덕성을 향상시키고, 건전한 시민문화를 확산시킴으로써 선거의 합리성을 높이는 데 기여한다.

셋째, 시민교육은 민주주의를 발전시키고, 독재를 방지하기 위해 필요하다. 시민교육은 비판적 사고와 분별력 있는 시민, 그리고 참여하는 시민을 양성함으로써 민주주의 발전과 독재 방지에 기여한다.

마지막으로 시민교육은 역량 있는 지도자를 양성하기 위해 필요하다. 시민교육은 시민들의 잠재 능력과 리더십을 계발함으로써 향후에 국가에 필요한 지도자로 성장할 수 있도록 지원한다.

(4) 인류적 차원의 필요성

첫째, 시민교육은 글로벌 시민사회와 글로벌 시민의식 형성을 위해 필요하다. 시민교육은 시민들에게 박애정신, 인류애, 지구공동체 의식을 함양시킴으로써 글로벌 시민사회와 글로벌 시민의식 형성에 기여한다.

둘째, 시민교육은 힘이 아닌 대화와 타협으로 직면한 다양한 지구촌 문제를 해결하기 위해 필요하다. 시민교육을 통해 지구촌 문제해결에 필요한 다양성과 차이의 인정, 관용과 약자에 대한 배려, 대화를 통해 문제를 해결하려는 자세, 상호 공존에 대한 중요성 인식 등이 함양되어야 한다.

3) 시민교육의 목적

시민교육은 시민의식을 갖춘 능동적인 시민을 길러내기 위한 교육적 활동이다. 시민교육의 목적은 시민 각자가 민주주의 사회에서 생활하는 데 필요한 방향 감각을 획득하고 스스로의 정체성을 발견하며 유지할 수 있도록 지원하는 것이다(이관춘, 2011).

시민교육은 다음과 같은 시민을 양성하는 것을 구체적인 목표로 한다(김영인 외, 2017; 심성보, 2011).

첫째, 시민교육은 '정치적 소양·식견을 갖춘 시민'을 양성하는 것을 목표로 한다. 이것은 정치적 이념, 제도, 공공의 이슈 또는 공동체의 이슈에 관한 지식과 이해를 확장하는 인지적 기능에 주안점을 두는 가치중립적 활동과 관련이 있다. 시민교육은 민주주의에 대해 이해하고, 현 사회의 이슈에 대해 잘 알고 있으며, 정보수집 능력과 비판적 사고력을 가지고, 다른 관점을 가진 사람들과 소통할 수 있는 시민을 양성하는 것이다.

둘째, 시민교육은 문제해결에 적극적으로 행동하는 '참여적·능동적 시민'을 양성하는 것을 목표로 한다. 시민교육은 단순히 시민 개개인의 변화만을 도모하는 것이 아니라 의식적이고 적극적인 '참여적 시민의식(participatory citizenship)'을 갖춘 '공적 시민'을 길러내고자 한다. 여기서 시민교육은 민주주의를 실천하고자(being democratic) 하는 정치적 소양을 계발하고, 나아가 사회적·도덕적 책임과 공동체 참여를 격려하는 데 관심이 있다.

셋째, 시민교육은 '자율적이고 비판적인 성찰적 시민'을 양성하는 것을 목표로 한다. 수동적 시민이 소홀히 하는 것은 시민교육의 비판적 요소로서, 그들은 부정의(injustice)한 상황에 대하여 의문을 갖거나 도전을 할 엄두를 내지 않는다. 따라서 시민교육은 정치적 상황이나 토론, 캠페인 등 삶을 통해 적극적으로, 또 자율적으로 행동하는 비판적이며 성찰적인 시민을 양성하고자 한다.

넷째, 시민교육은 '공익정신을 가진 시민'을 양성하는 것을 목표로 한다. 일반적으로 사익에 대한 관심과 노력은 굳이 교육하지 않아도 자연스럽게 가지게 되나, 공동체의 발전을 위하여 공익정신을 가진 시민을 양성하기 위해서는 교육적 노력이 필요하다. 공익을 침해하면서까지 사익을 추구하여서는 안 되기 때문에, 사익은 적절히 절제되어야 할 뿐 아니라 사익 추구의 한계선이 분명히 설정될 필요가 있다. 민주사회가 발전하기 위해서는 공익정신을 지닌 참여적 시민이 요구되는데, 이는 시민교육을 통해 양성될 수 있다.

4. 시민교육의 원칙

1) 독일의 시민교육과 보이텔스바흐 합의

독일은 제2차 세계대전에서 패한 후 전쟁의 과오를 되풀이하지 않기 위하여, 개개인의 다양성을 존중해 주는 자유민주주의 사회를 건설하고, 성숙한 시민의식을 지닌 시민을 양성하기 위하여 민주시민교육에 심혈을 기울였다. 독일에서는 민주시민교육을 "정치교육(Politische Bildung)"이라는 명칭으로 실시하고 있다. 비록 명칭은 정치교육이지만, 민주주의 전반에 걸친 시민성과 참여 능력을 기르기 위한 시민교육의 일환이다.

독일의 정치교육 교재

독일에서는 1976년 보수와 진보를 망라하는 교육자, 정치가, 연구원 등이 보이텔스바흐라는 소도시에 모여 정치교육의 교육지침을 정립하기 위한 학술대회를 개최하였다. 여기 모인 독일의 정치교육단체와 기관들, 관련 전문가, 좌우 진영 관계자들이 '정치교육에서의 합의 문제'에 대하여 치열하게 토론한 결과, 이념과 정권에 치우치지 않는 교육을 목표로 하는 교육지침을 마련하고, 정치교육, 즉 시민교육을 실시함에 있어 가장 중요한 최소한의 원칙을 마련하였는데, 이것이 바로 "보이텔스바흐 합의(Beutelsbacher Konsens)"이다.

보이텔스바흐 합의는 원래 학교에서 실시하는 정치교육의 교육지침으로 만들어졌으나, 현재는 학교 교육뿐 아니라 군대, 정치단체, 사회기관 등 독일 전반에 적용되는 시민교육의 원칙으로 자리잡게 되었다.

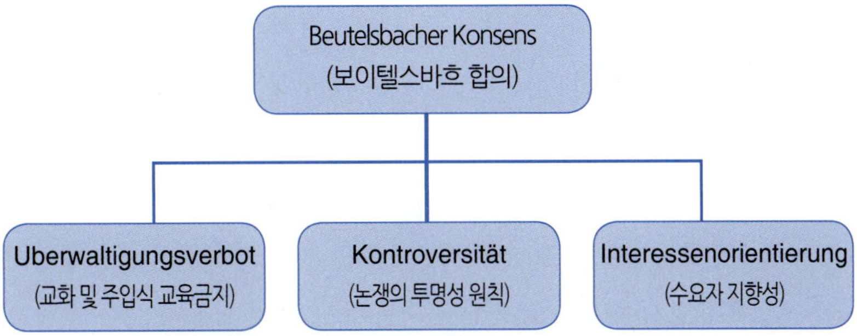

[그림 2-1] 보이텔스바흐 합의

출처: http://blog.naver.com/PostView.nhn?blogId=jongheesalon&logNo=220789015481

보이텔스바흐 합의에서 천명한 정치교육의 세 가지 원칙은 다음과 같다.

① 교화 및 주입식 교육 금지

- 시민교육에서 강압이나 교화, 주입식 교육을 금지한다.
- 가르치는 사람은 자신의 가치관에 따라 학생들을 조정함으로써 학생들의 자율적 판단을 방해해서는 안 된다.

② 논쟁의 투명성 원칙

- 정치적 논쟁과 학문적 논쟁을 격려한다.
- 학문과 정치에서 논쟁적인 사안은 수업에서도 역시 논쟁적으로 이루어져야 한다.
- 시민교육에서는 사회적 논쟁을 객관적으로 소개하여 대립적 논점과 균형을 확보한다.

③ 수요자 지향성(학습자 지향성)

- 학습자 스스로 사회적 상황과 논점, 그리고 이와 관련된 자신의 입장을 비판적으로 검토하여 최종적으로 자신의 결론을 도출한다.
- 학생이 처한 상황과 이해관계를 고려해 스스로 시민적 역량을 기를 수 있도록 한다.

2) 시민교육의 원칙

국내 연구를 살펴보면, 이학영 등(2005)은 시민교육의 원칙으로 보편성의 원칙, 공익성의 원칙, 민주성의 원칙, 그리고 자발성의 원칙을 들었다.

설규주와 정원규(2020)는 학교 민주시민교육을 위한 교육원칙으로 첫째, 민주시민교육의 최소 목표로서 주권자 교육에 근거를 두고 있는 '학습자 자율성 제고 원칙', 둘째, 기계적 중립이나 균형으로 인한 중요한 쟁점의 학습 공백을 지양하고 학습자의 자율적 판단 역량을 제고하는 '논쟁성 재현 원칙', 셋째, 학습자가 스스로를 주권자로 자각할 기회와 공동체에 관여하는 기회를 구조적으로 가져야 한다는 '모든 학습자의 참여 구조화 원칙', 넷째, 입시나 점수화로 연결되는 평가로 인해 학습자가 자신의 의견을 제대로 제시하지 못하는 상황을 방지하기 위한 '학습자 가치 · 태도에 대한 평가 최소화 원칙'을 제시하였다.

김영인 외(2017)는 보이텔스바흐 합의와 국내 연구를 종합하여 시민교육의 원칙을 다음과 같이 정리하였다.

① 보편성의 원칙

- 시민교육은 사회 구성원 모두에게 보편적으로 실시되어야 한다. 즉 성별, 빈부, 인종, 지역, 종교, 정치적 이념 등을 불문하고 시민교육은 누구에게나 접근 가능하여야 한다.

② 공익성의 원칙

- 공익성의 원칙이란, 시민교육은 철저히 사회 전체의 입장과 공공선, 사회정의, 공익의 관점에서 실시되어야 함을 의미한다.
- 시민교육이 사적인 이해관계, 영리 추구, 특정 종교나 정당을 위한 교육이어서는 안 된다. 물론 기업, 종교단체, 정당 등이 주관하여 시민교육을 실시할 수는 있으나, 시민교육의 콘텐츠는 공익성의 원칙에 입각하여야 한다.

③ 민주성의 원칙

- 시민교육은 교수자와 학습자 간에 인간 존엄성을 바탕으로 민주적인 절차와 원리(예. 자유와 평등, 대화와 토론, 민주적인 절차 등)를 토대로 민주성의 원칙에 입각하여 운영해야 한다.

④ 자율성의 원칙

- 시민교육은 교수자와 학습자의 자율적인 의사와 자발적인 참여를 바탕으로 이루어져야 한다.

⑤ 개방성의 원칙

- 개방성의 원칙은 보이텔스바흐 합의에서 논쟁의 투명성 원칙과 일관된다. 사회적 쟁점과 문제를 시민교육에서 그대로 소개하여 교육자료로 활용해야 한다.
- 사회적 논쟁과 문제를 시민교육의 주제로서 객관적으로 다룰 경우, 보다 생생한 시민교육을 실시할 수 있다.

⑥ 교화와 주입 금지의 원칙

- 시민교육에서는 특정한 내용이나 입장, 지배세력이나 교사의 주관적인 가치 또는 신념을 학습자에게 강요하거나 주입해서는 안 된다.
- 시민교육에서는 공정하고 객관적인 내용과 방법을 기초로 하여 학습자가 스스로 생각하고 판단할수 있도록 학습자의 주도성과 자율성이 보장되어야 한다.

3) 세계화 시대의 시민교육의 내용

세계화가 진행되고 있는 우리 사회, 다문화사회, 다원주의사회에서는 어떠한 시민교육의 내용이 포함되어야 할까? 거트먼(Gutmann, 2004)은 세계화가 진행되고 있는 다문화사회에서 시민교육의 핵심 요소로 '숙고하는 태도(deliberation)'를 들었다.

시민은 개인적으로 인정받거나 사적 이익만을 위해서가 아니라, 공익을 위해서 부정의에 저항하는 사람이다. 특정 대상에게 주어지는 특권을 타파하고, 정보와 역량을 확보하며, 나 자신만이 아니라 공동체를 위해 행동하는 과정에서 개인은 시민으로 성장한다(Banks, 2007).

세계화 시대에 시민교육을 통해 지구적인 시민, 다양성을 인정하고 포용하는 시민, 보편적 인간을 지향하는 시민을 양성할 수 있다. 다음은 뱅크스(Banks, 2007)가 제시한 세계화 시대의 시민교육의 내용이다.

① 다양성, 통일성

- 학생들은 자신이 속한 지역사회, 국가, 세계 속에서 통일성과 다양성이 내포되어 있는 복잡한 관계에 대해 학습한다.

② 세계의 상호 관련성

- 학생들은 지역, 사회, 국가의 구성원이 전 세계 다른 사람들과 점점 더 상호 의존적인 관계를 맺어가는 양상에 대해 학습해야 한다. 그리고 사람들이 전 세계적으로 일어나는 경제, 정치, 문화, 환경, 기술의 변화 양상과 밀접하게 관련되어 있음을 인식한다.

③ 인권

- 인권교육이 다문화 국가의 시민성 교육과정과 프로그램의 기반이 되어야 한다.

④ 경험과 참여

- 학생들은 민주주의와 그 제도에 대한 지식을 배워야 하며, 민주주의를 실천해 볼 수 있는 참여의 기회를 제공받아야 한다.

세계화 시대의 시민교육에는 다음과 같은 열 가지의 개념이 포함되어야 한다(Banks, 2007).

- 민주주의
- 다양성
- 세계화
- 지속가능한 발전
- 제국, 제국주의, 권력
- 편견, 차별, 인종주의
- 이주, 난민
- 정체성, 다양성
- 다양한 관점
- 애국심과 세계시민주의(cosmopolitanism)

여기서 문제는 사람마다 세상을 바라보는 관점이나 입장이 다르므로 '다양하다'고 파악하는 준거 자체도 다를 수 있으므로(정민승 외, 2021), 시민교육은 시민교육의 원칙에 입각하여 실시되어야 할 것이다.

토론일시: 년 월 일 토론 참여자:	
토론주제	독일에서는 사회에서 벌어지고 있는 논쟁이나 공적 이슈를 있는 그대로 소개하여 정치교육의 교육 자료로 활용한다. 그러나 우리나라에서는 사회에서 이슈화되고 있는 실제적 사안이나 논쟁을 그대로 시민교육 현장에서 활용하는 것에 대해 찬 · 반 의견이 대립하고 있다. 이에 대하여 조별로 토론하시오.

〈토론 사례〉

토론일시: ○○○○년 3월 22일
토론 참여자:

작성자: 김 ○○

토론자						
기여도		○	○			

토론주제	1) 독일에서는 현실사회에서 벌어지고 있는 논쟁이나 사안을 있는 그대로 시민교육에서 소개하여 교육내용 또는 자료로 활용한다. 우리 사회에서는 현실사회의 논쟁이나 사안을 그대로 시민교육에서 활용하는 것에 대해 찬 · 반 의견이 대립하고 있다. 이에 대한 각 조의 생각은 어떠한가? 2) 조별 과제 주제 정하기: 인권 시민교육, 소비자 시민교육, 다문화 시민교육, 미디어 시민교육, 환경 시민교육(생태, 기후변화), 기타(정치, 노동)

찬셩한다고 생각합니다. 왜냐하면 모든 사람에게는 알권리가 있을 뿐만 아니라 앞으로 살아갈 사회는 모든 일이 미화되는 사회가 아닌 현실사회 이기 때문에 굳이 좋은 쪽으로만 배워야 한다고 생각하지 않습니다. 또한 오히려 현실사회를 그대로 배우게된다면 그 현실에 대한 자신의 생각을 더욱 또렷하게 생각해낼수 있기 때문에 현실사회를 그대로 받아들여야 한다고 생각합니다. 반대하는 입장에서 생각해보면 아직 어린아이들에게 앞으로 더 좋아질 미래를 만들어 가자는 식으로 사회를 미화시켜서 가르쳐줘야 한다고 생각할 것입니다. 하지만 지금 현재도 전 박근혜 대통령 퇴진을 위해 광화문에서 어린아이들도 시위를 하며 자신의 의견을 펼치고 있는 상황인데 오히려 이렇게 자신의 생각을 펼치는 것이 나아가서도 현실에 더 적응을 할수 있을 것 같습니다. 따라서 저는 독일의 현실사회교육을 찬성하고 나아가 우리나라도 발전하여 이런 교육을 실시했으면 좋겠습니다.

Chapter

3

시민의식: 인간 존엄성, 자유와 평등, 정의

3장 시민의식: 인간 존엄성, 자유와 평등, 정의

시민의식이란 시민으로서 함양해야 할 자질을 의미한다. 시민의식의 예로는 인간 존엄성, 자유와 평등, 정의, 시민참여, 관용 등을 들 수 있다. 시민의식은 시민, 나아가 글로벌 시민이 응당 추구해야 하는 인류 보편적 가치라 할 수 있다. 제3장과 제4장에서 이러한 시민의식에 대해 자세히 살펴보고자 한다.

1. 인간 존엄성

1) 인간 존엄성의 개념

인간 존엄성은 인간은 인간이라는 이유만으로 존재 가치가 있으며, 그 인격은 존중받아야 한다는 이념이다. 인간 존엄성은 가장 기본적인 인류 보편적 가치이자 시민의식 중 하나이다. 인간은 인간이라는 이유만으로도 존엄한 가치를 보장받아야 한다. 인간 존엄성이란 자신과 다른 사람이 인간으로서 존엄한 존재임을 인정하고 존중하는 것이다. 인간 존엄성은 인간이 태어나면서부터 가지게 되는 천부적인 권리로서, '천부인권'이라 표현된다.

민주주의의 최고 이념은 인간의 존엄성을 존중하는 것이다. 인간 존엄성은 민주주의의 근본적 가치이므로 민주주의의 주체인 시민은 인간의 존엄성을 존중하는 시민의식을 지녀야 한다. 인간 존엄성은 자유, 평등, 인간다운 생활을 누릴 권리 등과 같은 기본권이 보장됨으로써 실현될 수 있다.

UN 인권위원회 의장이자 루스벨트 대통령 영부인
엘리너 루스벨트가 「세계인권선언」 초안을 검토하는 모습

1948년 UN에서 선포한 「세계인권선언」의 전문(前文)에서는 "인류 모든 구성원이 타고난 존엄성과 평등하고도 양도할 수 없는 권리를 인정하는 것이 전 세계의 자유와 정의와 평화의 기초"라 하였으며, 1966년 UN에서 채택된 「시민적·정치적 권리에 관한 국제협약(B협약)」의 전문에서는 "인간의 여러 권리는 인간이 나면서부터 가지고 있는 존엄성에서 유래한다"고 명시하였다.

우리나라에서는 「대한민국헌법」 제10조에서 "모든 국민은 인간으로서의 존엄과 가치를 가지며, 행복을 추구할 권리를 가진다. 국가는 개인이 가지는 불가침의 기본적 인권을 확인하고 이를 보장할 의무를 진다", 그리고 동법 제34조에서는 "모든 국민은 인간다운 생활을 할 권리를 가진다"고 명시하고 있는데, 이는 인간 존엄성을 인정하는 것이다.

인간 존엄성을 실현하기 위해서는 인간은 어떠한 시간적 및 공간적 조건에 상관없이 존엄성이 보장되어야 할 것이며, 인간이라는 존재 그 자체를 목적적 존재로 대우하되, 인간을 결코 다른 목적을 위한 수단으로 이용해서는 안 된다.

2) 인간 존엄성의 근거

지구상에 살고 있는 인류의 전체 수를 세계 인구(世界人口)라 하는데, 2021년 12월 10일 기준, 세계 인구는 약 79억 1,243만 명이라 한다. 이 인류의 공통점을 찾는다면, 그것은 바로 인간이라는 점이다.

인간이라는 존재 자체가 바로 인간 존엄성의 근거가 될 수 있다. 즉, 인간 존엄성의 근거는 인간 존재에 대하여 무조건적이라 할 수 있다.

인간 존엄성의 잘못된 근거의 예를 들어보면 다음과 같다.

- ○○은 좋은 직업을 가지고 있기 때문에 존엄하다.
- ○○은 잘 살기 때문에 존엄하다.
- ○○은 유명하기 때문에 존엄하다.
- ○○은 함께 있으면 편하기 때문에 존엄하다.
- ○○은 나와 같은 종교를 가졌기 때문에 존엄하다.

위의 예와 같이 인간이 존엄한 근거를 직업, 인종, 외모, 국적, 경제력, 학력, 종교, 인지도 등에서 찾아서는 안 된다. 인간이 존엄한 근거는 어떤 특정한 조건이나 상황과 상관없이 모든 인간에게 공통적으로 해당 되는 사실, 즉 우리가 모두 같은 인간이라는 사실 그 자체가 인간 존엄성의 근거가 된다.

인간은 존엄하므로 인권을 지니며, 인권은 인간의 존엄성을 보장하기 위해 필수불

가결하다는 것이 인권사상의 일반적 전제이다. 이러한 사상은 우리가 제9장에서 다루게 될 인권 시민교육의 근거가 될 수 있다.

인간의 존엄성을 인정한다는 것은 인간 삶의 가장 기본적인 가치라 할 수 있다. 인간 존엄성이 보장된다는 것은 그 사회에서 인간이 서로를 어떤 존재로 파악하느냐, 서로와의 상호작용이나 대인관계를 어떻게 형성하느냐, 나아가 다른 민주적 가치가 실현되는 정도와도 밀접하게 관련된다. 그러므로 인간 존엄성은 민주사회 운영의 기본적인 방향을 제시해 준다.

2. 자유와 평등

인간 존엄성을 보장하기 위해서는 자유와 평등을 보장하고 실현하는 것이 필수적으로 요구된다. 자유와 평등은 민주주의의 기본 가치이지만, 자유와 평등이 항상 서로 조화를 이룰 수 있는 것은 아니다. 자유를 강조하는 과정에서 평등이 훼손될 수도 있고, 평등을 실현하는 과정에서 자유가 제한될 수 있기 때문이다. 한 가지 분명한 것은 인간다운 삶을 살기 위해서, 즉 인간 존엄성을 보장받기 위해서는 자유와 평등이 모두 필요하다는 것이다. 따라서 시민은 인간의 존엄성과 함께 자유와 평등을 균형 있게 추구하여야 할 것이다.

1) 자유

자유의 사전적 의미는 외부적인 구속이나 무엇에 얽매이지 않고, 자기 마음대로 할 수 있는 상태이다. 즉, 자기 이외의 다른 무엇의 강제나 구속 등과 같은 외부적 압력을 받지 않고 자기의 의사와 행동을 스스로 결정하는 것을 자유라 한다.

적극적 의미에서 자유란 자기를 스스로 지배하는 내면에서 비롯된 자유를 의미하며, 소극적 의미에서 자유란 다른 사람이나 세력으로부터 강제되거나 지배를 받지 않는 상태를 의미한다(손경애 외, 2010). 이로 미루어 보아 자유는 인간 존엄성을 실현하는 데 있어서 반드시 필요한 전제 조건임을 알 수 있다.

우리나라에서 보장하고 있는 자유는 「대한민국헌법」에 열거되어 있다. 구체적으로 살펴보면, 「대한민국헌법」에서는 신체의 자유(제12조), 거주 · 이전의 자유(제14조), 직업선택의 자유(제15조), 주거의 자유(제16조), 사생활의 비밀과 자유를 침해받지 아니할 것(제17조), 양심의 자유(제19조), 종교의 자유(제20조), 언론 · 출판의 자유(제21조), 집회 · 결사의 자유(제21조), 학문과 예술의 자유(제22조)를 보장하고 있다. 그리고 대한민국의 경제 질서는 개인과 기업의 경제상의 자유와 창의를 존중함을 기본으로 한다(제119조)고 명시함으로써 자유주의 경제 질서, 즉 경제적 자유를 표방하고 있다.

자유에 대한 국민의 권리, 자유권은 시민이 국가 권력의 간섭이나 통제를 받지 아니하고, 자신의 의사에 따라 행동할 수 있는 권리를 의미한다. 자유권의 유형과 내용은 다음 표와 같다(김영인, 설규주, 2017; 권영성, 2010).

〈표 3-1〉 자유권의 유형과 내용

유형	내용
인신(人身)의 자유권	• 생명권 • 신체를 훼손당하지 않을 권리 • 신체의 자유
사생활 자유권	• 사생활의 비밀과 자유 • 주거의 자유 • 거주 · 이전의 자유 • 통신의 자유
정신적 자유권	• 양심의 자유 • 종교의자유 • 언론 · 출판 · 집회 · 결사의 자유 • 학문과 예술의 자유
경제적 자유권	• 재산권 • 직업 선택의 자유 • 소비자의 권리

출처: 김영인, 설규주(2017). 시민교육론. KNOU Press.

이 외에도 국민의 자유와 권리는 헌법에 열거되지 아니한 이유로 경시되지 아니한다(제37조 1항)고 밝히고 있다. 국민의 모든 자유와 권리는 국가안전보장·질서유지 또는 공공복리를 위하여 필요한 경우에 한하여 법률로서 제한할 수 있으며, 제한하는 경우에도 자유와 권리의 본질적인 내용을 침해할 수 없다고 명시하고 있다(제37조 2항).

자유는 모든 인간이 지닌 보편적 속성, 즉 인간의 본성으로 간주된다. 자유를 통해 인간은 자아실현을 하고, 인간 존엄성을 보장받으며, 행복한 삶을 누리게 되어, 그 사회가 발전하게 된다.

하지만 자유와 방종은 반드시 구분되어야 한다. 방종(self-indulgence)은 자신의 욕구나 이익에 따라 행동하는 것을 의미한다. 자유와 방종의 차이는 자신의 행동에 대하여 책임을 질 수 있는지 여부에 달렸다. 따라서 책임과 의무가 수반되지 않는 자유는 방종으로 이어질 가능성이 높다.

그러므로 자유를 올바르게 추구하기 위해서는 다음 사항에 유의하여야 한다. 첫째, 자신과 다른 사람의 자유를 모두 소중하게 여겨야 한다. 둘째, 반드시 책임과 의무가 따르는 자유를 행사하여야 한다. 셋째, 자유를 행사함에 있어서는 한계가 있음을 인식하여야 한다. 예를 들어, 자신의 자유를 강조하는 과정에서 다른 사람의 자유와 권리를 침해하거나, 국가 안보와 공공질서를 훼손하는 경우에는 법적으로 자유의 행사를 제한받을 수 있다.

Status of Liberty

결론적으로 공동체 안에서 자유를 누리기 위해서는 다른 사람의 자유를 존중하고, 책임과 의무를 다하며, 자신의 욕구를 절제하는 태도가 필요하다. 이와 같이 성숙한 방식으로 자유를 추구하는 것이 장기적으로는 모든 사람이 더 많은 자유를 누리고 서로 존중하는 삶을 사는 방법이 될 수 있다.

2) 평등

(1) 평등의 개념

평등은 권리, 의무, 자격 등이 차별 없이 고르고 한결같은 것이라 정의할 수 있다. 인간은 성, 인종, 신분, 종교, 지위 등으로 인해 차별을 받아서는 안 되는 평등한 존재이므로 동등하게 대우를 받아야 한다.

민주사회에서 인간 존엄성을 보장하기 위해서는 자유와 함께 평등이 실현되어야 한다. 평등은 인간의 존엄성을 실현하기 위하여 필수적인 요소라 할 수 있다. 인간은 태어나면서부터 평등하고, 대우에 있어서도 평등하고, 법 앞에서도 평등하다.

「대한민국헌법」 제11조 1항에서는 평등에 대하여 "모든 국민은 법 앞에 평등하다. 누구든지 성별·종교 또는 사회적 신분에 의하여 정치적·경제적·사회적·문화적 생활의 모든 영역에 있어서 차별을 받지 아니한다"고 명시하고 있다.

헌법재판소는 "헌법 제11조 제1항의 평등의 원칙은 일체의 차별적 대우를 부정하는 절대적 평등을 의미하는 것이 아니라 입법과 법의 적용에 있어서 합리적 근거 없는 차별을 하여서는 아니 된다는 상대적 평등을 뜻하고, 따라서 합리적 근거 있는 차별 내지 불평등은 평등의 원칙에 반하는 것은 아니다"라고 하였다. 여기서 합리적 근거가 있는 차별인지 여부는 "그 차별이 인간의 존엄성 존중이라는 헌법 원리에 반(反)하지 아니하면서 정당한 입법 목적을 달성하기 위하여 필요하고도 적정한 것인가를 기준으로 판단되어야 한다"고 하여 인간 존엄성 존중을 평등의 원칙

위해(危害) 여부의 판단 기준으로 하였다.[1)]

(2) 평등의 분류

평등에 있어서 '차별적 대우를 받지 아니한다'는 것은 인간 생활 모든 면에서 차이가 나지 않는다는 의미가 아니라, 누구나 균등한 기회를 제공받고 법 앞에서 동일한 대우를 받는다는 의미이다. 그러므로 현실적으로 절대적인 평등을 요구할 수는 없다. 사람마다 신체적 조건, 지식과 기술, 능력, 취미와 소질, 성향 등이 다양하며, 또 직업이나 직무의 성격에 따라 특정한 능력을 필요로 하기 때문에, 그에 따른 지위와 책임, 소득 등의 차이가 나게 마련이다. 이러한 이유로 평등의 개념은 논쟁적이다.

평등을 정의함에 있어서는 터너(Turner)가 분류한 평등의 네 가지 유형을 살펴볼 필요가 있다(선우현, 2012). 터너는 평등을 본체론적 평등, 기회의 평등, 조건의 평등, 그리고 결과의 평등이라는 네 유형으로 설명하고 있다.

첫째, 본체론적 평등이란 인간은 동등한 존재로 태어났기 때문에 모든 인간은 '예외 없이' 평등하다고 보는 입장이다. 즉, 절대적 평등관이 여기에 해당한다.

둘째, 기회의 평등이란 인간은 누구나 자신의 능력을 발휘할 수 있는 기회를 평등하게 제공받아야 한다는 것을 의미한다. 즉, 모든 사람은 동일하게 기회를 가져야 한다는 것이다.

셋째, 기회의 평등만으로는 평등을 실현하기 어려우므로 환경, 경제적 지원, 문화 등 조건의 차이를 극복할 수 있도록, 조건의 평등을 실시하여 같은 여건에서 출발할 수 있도록 한다. 즉, 능력의 차이가 조건의 차이에서 비롯되서는 안 된다는 것이다.

---

1) 헌재 1994. 2. 24. 92헌바43, 헌재판례집 6-1, 75면; 1995. 2. 23. 선고, 93헌비43, 형법 제35조 등 위헌소원, 헌재판례집 7 1, 236면; 1997. 8. 21. 선고, 94 헌비 2, 형사소송법 제260조 제1항 위헌소원, 헌재판례집 9-2, 234면; 헌재 1998. 9. 30. 선고, 98헌가7동, 헌재판례집 10-2, 461, 476면 등 참조(정강곤(2003). 인간의 존엄성에 관한 연구. 호남대학교 대학원 석사학위 논문, 재인용)

넷째, 결과의 평등이란 기회의 평등과 조건의 평등이 이루어진다 하여도 결국 능력에 따른 결과의 불평등이 초래되므로, 이것을 인위적인 조절을 통해 평등하게 만들어야 한다는 것이다.

이외에도 평등의 개념을 다양하게 설명할 수 있다. 먼저 평등은 절대적 평등과 상대적 평등으로 분류할 수 있다. 절대적 평등은 형식적 평등이라고도 하며, 이는 개개인에게 주어진 선천적 또는 후천적 차이를 고려하지 않고 동일하게 대우하는 것을 의미한다. 이는 사람들의 능력에 따라 서로 자유롭게 경쟁할 수 있도록 모든 인간에게 동일한 기회를 준다는 의미에서 '기회의 평등'이라고도 부른다. 반면 상대적 평등은 실질적 평등이라고도 부르는데, 이는 "같은 것은 같게, 다른 것은 다르게" 다룬다는 의미를 내포한다. 모든 사람을 평등하게 대우하되, 합리적 근거 또는 정당한 이유가 있는 불평등 또는 차별은 허용된다고 할 때, 바로 '상대적 평등'을 의미하는 것이다.

또한 평등을 '기계적이고 형식적인 평등'과 '비례적이고 실질적인 평등'으로 설명하기도 한다. '기계적이고 형식적인 평등'이란 다양한 차이를 인정하지 않고 모든 사람이 모든 면에서 똑같아야 한다는 것이다. 반면 '비례적이고 실질적인 평등'이란 각기 다른 능력이나 소질 발휘에 차등적으로 보상하는 것을 의미한다. 평등은 모든 사람이 모든 면에서 똑같아야 한다는 '기계적이고 형식적인 평등'이 아니라, 각기 다른 소질이나 능력을 발휘할 경우 그에 대해 차등적으로 보상받을 수 있는 '비례적이고 실질적인 평등'임을 인식하여야 한다(김영인 외, 2017).

종합적으로 보면, 절대적 평등보다는 상대적 평등을, '기계적이고 형식적인 평등'보다는 '비례적이고 실질적인 평등'을 추구해야 할 것이다.

(3) 평등의 실현

평등이란 사람이 지닌 선천적, 후천적 차이를 인정하고, 각 개인이 지닌 능력과 관심을 충분히 발휘할 수 있는 기회와 조건을 균등하게 보장함으로써 실현될 수 있는 가치이다.

예를 들면, 「교육기본법」 제4조에서는 “모든 국민은 성별, 종교, 신념, 인종, 사회적 신분, 경제적 지위 또는 신체적 조건 등을 이유로 교육에서 차별을 받지 아니한다”고 명시함으로써 교육의 기회 균등을 보장하고 있다. 「대한민국헌법」 제31조에서는 “모든 국민은 능력에 따라 균등하게 교육을 받을 권리를 가진다”고 명시함으로써, 능력에 따른 차이를 인정하고 있다. 우리나라 국민은 교육의 기회균등의 일환으로 의무교육을 무상으로 제공받는 동시에 “능력에 따라” 균등하게 교육을 받을 권리를 가지는 것이다.

평등권과 관련하여 경제민주화 조항이라 알려져 있는 「대한민국헌법」 제119조 2항에서는 “국가는 균형 있는 국민경제의 성장 및 안정과 적정한 소득의 분배를 유지하고, 시장의 지배와 경제력의 남용을 방지하며, 경제주체 간의 조화를 통한 경제의 민주화를 위하여 경제에 관한 규제와 조정을 할 수 있다”고 명시하고 있다. 이 조항을 통해 「대한민국헌법」이 적정 수준에서의 평등권을 보장하기 위하여 국가의 경제적 개입을 인정하고 있음을 알 수 있다(이동수, 2013).

평등이 실현되기 위해서는 다음 사항에 사회적 관심을 기울여야 할 것이다(김영인 외, 2017).

첫째, 기회의 평등을 보장하여야 한다. 원칙적으로 기회는 균등하게 주어져야 하며, 이를 제한하는 경우에는 제한 사유가 사회적 차원에서 합리적으로 용인될 수 있는 것이어야 한다.

둘째, 조건의 평등을 보장하여야 한다. 환경, 경제력, 문화적 풍토 등과 같이 구조적으로 조건의 차이가 있는 경우에는 기회의 균등만으로는 평등이 실현될 수 없기 때문이다. 그러므로 평등을 실현하기 위해 실질적이고 공정한 경쟁을 위한 환경과 조건을 균등하게 보장하는 것이 필요하다.

셋째, 결과의 평등을 구현하기 위해 적극적인 불평등 시정 조치를 하여야 한다. 기회의 평등과 조건의 평등을 통해서도 평등이 실현되기 어려운 경우에는 한시적으로 불평등을 시정하기 위한 적극적 조치(affirmative action)가 필요하다. 예를 들어, 장애인, 국가유공자 등과 같이 구조적으로 불리한 위치에 있는 사회적 소수집단에게 적극적으로 불평등을 시정하기 위하여 장애인고용할당제, 국가유공자 가산점 등을 실시할 수 있다.

종합하면, 모든 인간은 본질적으로 평등하므로, 기회를 평등하게 제공받아야 한다. 나아가 평등에 있어서 성, 인종, 종교, 신분, 가문, 출신지역 등과 같은 선천적 조건이나 학력, 빈부 등과 같은 후천적 조건으로 인한 부당한 차별에 대해서는 문제를 제기하고, 평등한 대우를 요구할 수 있어야 한다.

그러나 평등은 '기계적 · 절대적 평등'이 아니라 '비례적 · 상대적 평등'이라는 인식이 수반되어야 할 것이며, 사회 구성원들이 용인할 수 있는 합리적 근거에 의한 차등적인 대우를 인정해야 할 것이다. 단, 차등적 대우가 구조적 · 사회 문화적 · 영속적일 경우에는 문제가 될 수 있으므로 조건의 평등, 결과의 평등 등을 통해 불평등을 개선하여야 한다.

3. 정의

정의(正義)의 사전적 정의를 살펴보면, 진리에 맞는 올바른 도리이다. 정의란 개인과 개인 간의 올바른 도리, 또는 사회를 구성하고 유지하는 공정한 도리를 의미한다. 우리나라의 청년 세대는 정의와 공정성을 갈망하는 세대이다. 민주시민사회에서는 '정의'를 추구하는 바, 시민의식의 하나로 정의를 살펴볼 필요가 있다.

1) 정의와 공정성

정의를 바라보는 관점에 따라 다양한 정의관이 존재한다. 근대 인권론자들의 정의관은 각자의 몫을 공정(공평)하게 보장해야 한다는 공정으로서의 정의관, 최대다수의 최대행복을 추구하는 공리주의 정의관, 소유권의 불가침성을 옹호하는 자유지상주의 정의관, 사회적 약자를 우대해야 한다는 사회정의관 등 다양하다. 그러나 인간 삶의 양상은 천태만상이므로, 이 가운데 어느 하나를 고집하기보다는 다양한 정의관을 조화시키려는 노력이 필요하다(이상익, 2016).

정의를 논하기에 앞서 먼저 정의를 실현하는 데 필수적인 요소인 공정성에 대하여 살펴볼 필요가 있다. 공정성(fairness)이란 옳은 것과 그른 것, 좋은 것과 나쁜 것, 중요한 것과 중요하지 않은 것 등을 판단하고 평가하는 데 있어 합리적·객관적·중립적인 입장에서 정확하게 분별해 내는 것을 의미한다(김영인 외, 2017). 공정성을 확보하기 위해서는 장소와 시간, 대상에 따라 평가와 판단이 일관적으로 이루어져야 한다. 같은 이념, 정당, 진영, 인맥 등에 따라 평가와 판단의 기준이 달라진다면 공정성이 훼손될 수 밖에 없다.

공정성은 우리나라를 포함하여 현대 국가들이 사회정의를 구현하기 위하여 추구하는 시민의식 중 하나이다. 공정성은 정의를 실현하는 절차와 관련된 덕목으로, 절차가 공정해야 정의가 실현된다는 입장과 밀접한 관련이 있다.

2) 분배적 정의와 절차적 정의

정의(justice)란 모든 사람에게 각자가 받아야 할 응분의 몫을 주는 것을 의미한다. 정의로운 사회는 모든 시민이 자신의 마땅한 몫을 누리는 사회로서 분배적 정의와 관련이 있다. 여기서 응분의 몫에는 보상과 제재에서 모두 '같은 것은 같게, 다른 것은 다르게' 취급하는 것을 의미한다. 하지만 사회적 약자를 배려하기 위한 차등적 분배는 정의의 이념에 위배되지 않는 정의의 예외라 할 수 있다.

그러나 분배의 결과만 가지고 정의를 판단하기보다는 각자의 몫을 어떤 방식과 절차로 분배하는 것이 정의로운가를 고려하여야 할 것이다. 미국의 정치 철학자인 존 롤스(John Rawls)는 『정의론(*A theory of justice*)』, 『공정으로서의 정의(*Justice as fairness*)』 등의 저서를 통해 민주주의 사회에서의 사회 정의에 대한 이론을 정립하였다.

John Rawls
(1921~2002)

『정의론』

『공정으로서의 정의』

롤스는 순수한 절차적 정의(pure procedural justice)를 확립함으로써 공정한 절차와 정의로운 분배를 달성할 수 있다고 주장한다. 순수한 절차적 정의란 절차가 공정하면 결과도 공정할 것이라는 전제 하에 결과 자체의 정의를 따지지 않고 절차 자체의 정의로움을 추구하는 것을 의미한다. 예를 들어, 선거나 경기에서 공정한 규칙을 적용하면 그 결과도 공정할 것이라 생각하기 때문에 정의롭다고 보는 것이다.

그렇다면 시민들이 정의를 실현하기 위하여 해야 할 역할은 무엇인가? 공정한 절차를 수립해서 결과의 정의로움을 도모하려는 태도를 가짐과 동시에 현재 사회의 제도와 절차, 이를 통한 결과가 정의로운가에 대하여 끊임없이 반성적으로 검토하는 자세를 가져야 한다. 다시 말해, 시민은 공정한 절차를 통해 달성된 결과가 진정 정의로운지에 대한 반성적 사고(反省的 思考, reflective thinking)가 필요하다.

참고

사회 정의 (social justice)	개인의 정당한 몫을 배분해 주는 것으로, 이해가 상충되는 당사자들 가운데 어느 한편을 일방적으로 부당하게 희생시키지 않고 모든 당사자의 이익을 공정하게 고려하여야 한다는 원칙이다. 이 때 무엇이 정당한 것인가에 대해서는 절차를 중시하는 입장과 실질(결과)을 중시하는 입장이 있다. 전자를 절차적 정의 또는 형식적 정의라고 하고, 후자를 실질적 정의라고 부른다. 사회 정의에 대하여 미국 철학자 존 롤스(John Rawls)는 그의 저서 「정의론」에서 "모든 이에게 자유를 완벽하게 누릴 수 있도록 하여야 한다는 것이 정의의 첫째 원칙이고, 가장 빈곤한 사람들의 복지에 대하여 우선적으로 배려하여야 한다는 것이 정의의 둘째 원칙이다"라고 주장하였다. – Basic 고교생을 위한 사회용어사전

3) 부정의감(sense of injustice)

부정의감(sense of injustice)이란 정당하지 못한 상황, 제도, 구조, 문화, 정책 등에 대해 옳지 못하다고 생각하는 감수성, 즉 부정의에 대해 억울함을 느끼고 저항하는 감정을 의미한다(설규주, 2003). 일반적으로 시민들은 '사회적으로 타당한' 기대를 하며 살아간다. 예를 들어, 우리는 일반적으로 공무원에 대하여 공정함을, 친구에게는 우정을, 우리가 점원에게는 그 상황에 맞는 서비스를 기대한다. 부정의감이란 사회적으로 타당하다고 여겨지는 기대가 충족되지 못한 상황에 대하여 부당하다고 느끼는 감수성이다.

부정의감은 정당한 상황, 제도, 구조, 문화, 정책 등에 대한 감각을 전제로 하며, 부당함에 대하여 억울함을 느끼는 데서 비롯된다. 부정의감은 정의로움을 회복하기 위한 감수성이자 시민의 권리라 할 수 있다. 시민이 정의를 추구하는 과정에서 이러한 부정의감을 중요한 자원으로 활용할 수 있다.

니부어(Niebuhr)는 부정의감을 사회적 지성이나 도덕적 활력의 원천으로 보았다. 예를 들어, 부당하거나 억울하다는 감정도 없이 고통을 참아내는 흑인에 비해, 인종차별에 부정의감을 가지고 저항하는 흑인이 흑인 해방에 훨씬 더 기여할 수 있다고 보았다.

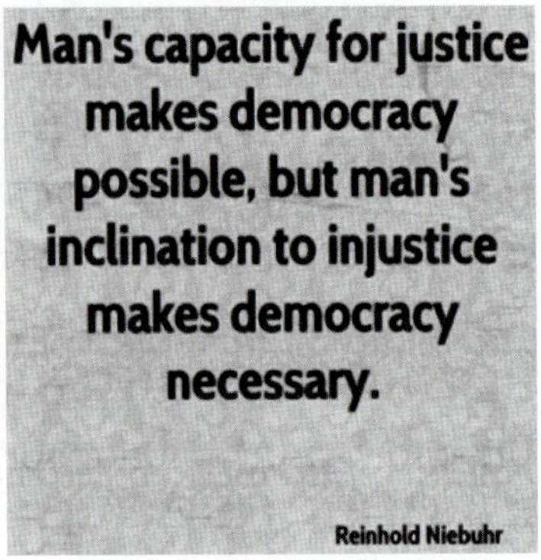

Reinhold Niebuhr(1892 ~ 1971)와 부정의감,
"정의를 향한 인간의 포용력이 민주주의를 가능케 하지만,
부정의에 대한 인간의 성향이 민주주의가 있어야 하는 이유이다"

부정의감의 유형에는 두 가지가 있다(설규주, 2003). 첫째, 나와 관련된 부정의한 상황에 대한 부정의감이고, 두 번째는 다른 사람이 피해를 당했을 경우에 느끼는 부정의감이다. 나와 관련된 상황에서 느끼는 부정의감을 토대로 다른 사람과 관련된 부정의감으로 발전할 수 있으나, 이것만으로 적극적인 시민의식이라고 보기에는 다소 부족함이 있다. 다른 사람과 관련된 부정의한 상황에서 느끼는 부정의감은 보편적 정의와 관련 있다. 나와는 직접적인 상관이 없는 일이나 다른 사람의 고통과 피해에 대해 분노를 느끼고 공감하는 부정의감은 보편적 정의를 수립하는 데 중요한 자원이 된다. 따라서 부정의에 대한 감수성을 가지고, 이에 정의롭게 대처할 수 있는 방안을 모색하는 것이 바람직한 시민의식이라 할 수 있다.

토론일시: 년 월 일 토론 참여자:	
토론주제	자유와 평등은 모두 인간 존엄성을 실현하기 위해 요구되는 기본권이지만, 이들은 때로는 서로 상충하기도 한다. 현재 우리나라가 처한 상황으로 볼 때 둘(자유와 평등 vs. 인간 존엄성) 중 어느 쪽이 더 우선적으로 요청된다고 생각하는가? 그리고 양자를 조화롭게 추구할 수 있는 방안은 과연 있는가?

〈토론 사례 1〉

토론일시: ○○○○년 5월 10일 토론 참여자:	작성자: 정 ○○
토론주제	자유와 평등은 모두 인간 존엄성을 실현하기 위해 요구되는 기본권이지만, 이들은 때로는 서로 상충하기도 한다. 현재 우리나라가 처한 상황으로 볼 때 둘(자유와 평등 vs. 인간 존엄성) 중 어느 쪽이 더 우선적으로 요청된다고 생각하는가? 그리고 양자를 조화롭게 추구할 수 있는 방안은 과연 있는가?

<자유와 평등 vs 인간의 존엄성> 중 어느 것이 중요하다라고 할 것 없이 둘 다 조화롭게 유지되는 것이 가장 바람직하다고 생각한다.

하지만 굳이 둘 중 한가지만 선택해야 한다면 "인간의 존엄성"을 꼽겠다. 왜냐하면 민주주의가 추구하는 목표인 인간의 존엄성을 이바지 하기 위해 '자유와 평등'이 필요한 것이지 '자유와 평등을 우선시 하기 위해 인간의 존엄성을 괄시해도 되는 것은 아니라고 생각하기 때문이다.

예를들면, 피임을 생각해 볼 수 있다. 남녀의 자유로운 성관계는 무계획적인 임신을 초래하게 되며, 이러한 임신은 낙태로 이어지는 것이 다반수다. 이때 태아의 인권의 존엄성은 유살된다.

평등 역시 무차별적인 (예: 한부모 가정에게 지원하는 복지를 가정의 소득에 상관없이 평등적으로 일괄 지원하는 경우) 사회적 복지를 지원하게 된다면, 정작 복지를 지원 받아야 할 저소득층 가정(인간의 존엄성)의 지원을 빼앗는 경우가 생기게도 한다

토론일시: 년 월 일 토론 참여자:	
토론주제	부정의감의 사례와 토론 1. 당신의 삶(ex. 친구관계, 학교생활, 아르바이트, 가정 등) 속에서 부정의감을 경험한 적이 있습니까? 2. 부정의감을 경험할 경우 취해야 할 우리의 태도에 대하여 토론하시오.

〈토론 사례 2〉

<table>
<tr><td colspan="2">토론일시: 년 월 일
토론 참여자: 작성자: 황○○</td></tr>
<tr><td>토론주제</td><td>부정의감의 사례와 토론
1. 당신의 삶(ex. 친구관계, 학교생활, 아르바이트, 가정 등) 속에서 부정의감을 경험한 적이 있습니까?
2. 부정의감을 경험할 경우 취해야 할 우리의 태도에 대하여 토론하시오.</td></tr>
<tr><td colspan="2">1. <부정의감의 사례>
- 구조적인 문제 (ex. 군대 내 계급 격차에 따른 갈등. 회사 내 부적절한 업무지시)
- 풍토적인 문제 (ex. 소수자들이 겪고있는 편견에 대한 문제, 가부장적 의식이 남아있는 가정의 문제)
- 상황적인 문제 (ex. 자연스럽게 계급/상하관계 사이에 소위 갑질이 발생함. 이를 따를 수 밖에 없음)
↳ 즉 부정의감은 사회적으로 형성되는 '타당한 기대'가 충족되지 못한 상황에서 정당하지 못한 여러 상황에 대해 옳지 못하다고 생각하는 감수성이다. 군대나 회사 등의 조직에서 공정성과 형평성을 기대했지만 이루어지지 않았을 때, 소수자들이 평등을 기대했지만 편견과 차별을 받을 때 등을 그 예로 들 수 있다.

2. <부정의감을 경험했을 때의 태도>
- 부정의감을 경험했을 때는 다양한 태도를 취할 수 있다.
부정의감을 느끼고 체념한다 할지어도, 혼자 스스로 체념하거나 SNS 등에 끄적일 수 있다. 체념을 느끼는 사람이라면 활성화되어있는 대나무숲이나 SNS 계정에 올려 조금이라도 이슈화 시키는게 좋은 방안이 될 것이다. 분노를 느끼는 경우에는, 정당하지 못한 상황에 있어 적극적으로 항변을 하거나 1인 시위 등 사회적인 참여로 타인들의 관심과 행동을 유도하는 것이 좋은 예가 될 수 있다. 체념·분노·저항 등 어떤 부정의감을 느끼던간에 그 표출이 적극적 조치로 이어져 사회에서 계속 논의될 수 있도록 하는 것이 중요하다. 이런 노력들이 모이면 부정의를 개선할 수 있을 것이다.</td></tr>
</table>

Chapter

4

시민의식:
시민참여,
관용,
시민불복종

4장 시민의식: 시민참여, 관용, 시민불복종

1. 시민참여

1) 시민참여의 개념

시민참여란 정치 공동체의 의사결정과정에 시민이 적극적 및 능동적인 주체로서 기여하는 것을 의미한다(김영인 외, 2017). 시민참여는 민주사회의 구성원인 시민의 권리이자 의무라 할 수 있다. 시민참여를 통해 시민 개인의 사익을 보호하는 동시에 정치공동체의 공익을 보호할 수 있다.

Mahatma Gandhi
(1869 ~1948)

민주사회의 정치과정에서는 시민의 자발적 의사결정이 관건이므로 시민참여는 상당히 중요하다. 시민이 무관심할 경우 민주사회의 발전을 기대하기 어렵기 때문에, 시민참여는 시민의 핵심 역량이라 할 수 있다.

마하트마 간디(Mahatma Gandhi)가 주장한 "권리의 진정한 근원은 의무이다"라는 말이 시사하듯, 시민은 자신의 권리를 주장하기 전에 주권자로서 책임과 의무를 다하여 참여하는 태도가 필요하다. 개인의 권리나 사익을 추구하기 위하여 참여할 경우에는 사회적 갈등과 대립을 가져올 수 있으므로, 민주사회의 유지 및 발전을 위하여 공익을 추구하는 사회적 책임과 의무로서 참여의식을 발휘하는 것이 중요하다.

'시민으로서의 인간'은 사회 안에서 '나 홀로'가 아니라 '다른 사람과의 관계' 속에서의 자아실현을 할 수 있다. 즉, 시민으로서 자아실현은 다른 사람들과의 관계 속에서 성취되는 특징이 있다. 우리가 성숙한 시민으로 공익을 지향하는 행동은 거창하거나 막연한 것은 아니다. 더 정의로운 세상을 만들기 위해 투표를 하고, 국민청원에 동참하고 그런 행동도 있지만, 생활하면서 가급적 가까운 거리는 걸어다니고, 일회용품 사용을 자제하는 것, 코로나 팬데믹 상황에서 사회적 거리두기나 방역지침을 잘 지키는 것 역시 공익을 추구하는 행동이라 할 수 있다. 이러한 행동의 결과는 물론 공공의 이익이 되는 동시에 그 이익이 시민 자신에게도 돌아가게 된다. 예를 들어, 우리가 지속가능한 환경을 위해 텀블러를 사용해서 일회용 컵의 사용을 줄인다면, 비록 작은 행동의 실천이지만, 나를 포함한 모두가 지속가능한 지구에서 살게 되어 바람직하다. 따라서 공익을 염두에 두고 한번 더 개념 있게 실천하는 행동의 결과는 공동체, 개인, 그리고 시민으로서 개인의 자아실현에도 기여하게 되는 선순환의 구조를 띄게 된다.

2) 시민참여의 기능

아리스토텔레스는 "시민으로 인정받길 원한다면 공동체 운영에 적극적으로 참여해야 한다"고 강조하였다. 시민의 자발적 의사에 의해서 이루어지는 시민참여는 건강한 민주사회를 형성하는 중요한 요인이다.

시민참여는 첫째, 시민의 주권의식을 신장하며, 둘째, 시민 자신의 이익을 보호하고, 셋째, 공동체 구성원의 이익을 증진하며, 넷째, 권력 남용을 통제하고, 다섯째, 정치적 동물로서 인간의 본질을 실현하는 기능을 한다(김영인 외, 2017). 시민참여의 기능에 대하여 살펴보면 다음과 같다.

① 시민의 주권의식 신장

- 시민참여를 통해 시민은 스스로 민주사회의 진정한 주권자임을 알 수 있다.
- 시민의 의사를 대변하는 대의민주주의를 보완하고, 시민에 의한 참여민주주의 정신을 발휘한다.

② 시민 자신의 이익 보호

- 시민은 대표자를 선출하거나 공공정책 또는 공공문제에 관한 의사결정과정에 참여함으로써 자신의 이익을 적극적으로 보호하고 증진할 수 있다.

③ 공동체 구성원의 이익 증진

- 시민참여를 통해 공동체 구성원의 이익, 즉 공익을 실현하고 사회를 보다 나은 방향으로 변화시킬 수 있다.
- 시민들의 자발적인 참여를 통해 사회가 성숙한 수준으로 발전하게 되어 궁극적으로 사회 구성원의 공적 행복(public happiness)을 추구할 수 있다.

④ 권력 남용 통제

- 시민참여를 통해 일부 권력자들의 사적 이익 추구 및 권력 남용을 견제할 수 있다.
- 정부나 공직자, 대표자의 잘못된 의사결정은 곧 시민에게 피해를 줄 수 있으므로 시민참여를 통해 이를 방지하고 감시함으로써 시민의 이익을 보호할 수 있다.

⑤ 정치적 동물로서 본질 실현

- 아리스토텔레스에 따르면, 인간은 정치적 동물이며, 정치공동체를 갖지 않는

자는 신이거나 동물 중 하나이다. 따라서 시민참여가 인간의 본질적인 측면 중의 하나이다.

- 시민참여를 통해 정치적 존재로서 자신의 가치와 존엄에 대해 확인하고 스스로에 대해 자긍심을 갖게 된다.

3) 능동적 시민참여의 구성요소

능동적 시민참여는 성숙한 시민의식에서 비롯된다. 핀란드는 학생들이 능동적 행동과 참여를 경험함으로써 시민의식을 높이는 시민교육을 실시하고 있다. 핀란드 시민교육에서는 능동적인 시민의식을 정체성, 참여, 상호작용, 배려의 개념으로 설명한다(심성보, 2011). 핀란드의 시민교육 사례를 통해 살펴본 능동적 시민참여의 구성요소는 다음과 같다.

① 정체성(identity)

정체성은 능동적인 시민의식의 핵심이라 할 수 있다. 시민들은 건전한 자신의 이미지를 창조하고 유지하며 자신의 정체성을 확립해 나간다. 정체성은 시민들로 하여금 공동체나 사회 안에서 자신의 위치와 역할을 인식하도록 돕는다. 따라서 시민은 건강한 시민 정체성을 갖춤으로써 그 사회에서 인간다운 존재, 공적 존재가 될 수 있으며, 능동적으로 사회에 기여하는 시민이 될 수 있다.

② 참여(participation)

시민참여를 통해 시민은 참된 시민의식을 경험할 수 있다. 참여는 시민의 의지와 동기의 문제이므로, 능동적인 시민참여를 격려하여야 한다. 학생들은 다양한 지역공동체, 단체, 집단 등에 참여함으로써 관련된 문제에 자신들이 직접 영향을 미칠 수 있다는 생생한 경험을 통해 능동적인 시민참여의식을 높일 수 있다.

③ 상호작용(interaction)

다양한 상황에서 상호작용할 수 있는 만남의 활성화는 능동적인 시민참여를 강화하는 중요한 요인이 된다. 상호작용은 대면뿐 아니라 비대면으로 이루어질 수 있다. 상호작용을 통해 시민들은 다른 사람에게 초점을 맞추고, 공동체 안에서 의견을 조율하거나 논쟁, 토론, 이의제기, 문제해결 등과 같은 다양한 경험을 하게 되어 능동적으로 공동체에 참여하는 방법을 습득할 수 있다.

④ 배려(caring)

자신과 다른 사람, 그리고 공동체에 대한 진정한 배려는 능동적인 시민참여의 원동력이 된다. 먼저 자기 자신에 대한 배려에서 시작하여 점차적으로 감정이입을 통해 다른 사람, 지역공동체, 국가, 지구공동체 수준으로까지 배려의 범위가 확대된다. 배려에 기초한 능동적인 시민참여는 공감과 사회적 책임까지 수반한다.

4) 시민참여의 방법

시민참여를 할 수 있는 방법으로는 첫째, 선거와 투표, 둘째, 단체 활동, 셋째, 여론 형성, 그리고 넷째, 자원봉사를 들 수 있다(김영인 외, 2017).

① 선거와 투표

- 선거와 투표는 현대 민주정치에서 가장 널리 활용되는 시민참여의 대표적인 방법이다.
- 선거와 투표를 통해 시민들은 대표자를 선출하거나 공공정책에 관한 의사 표현을 할 수 있다.
- 선거와 투표의 시민참여율을 높이기 위해 시민 스스로가 노력하여야 한다.

② 단체 활동

- 시민은 자신의 정치이념에 부합하는 정당에 가입하여 활동할 수 있다.
- 시민은 공익을 위해 시민단체에 가입하여 활동할 수 있다. 시민은 시민단체의 구성원으로서 권력을 견제, 비판, 감시하고, 대안을 제시하는 역할을 한다.
- 특정집단의 이익을 보호하기 위해 이익단체에 가입하여 정치과정에 의사를 투입할 수 있다.

③ 여론 형성

- 시민은 사회적 쟁점이나 공적 이슈에 대하여 토론, 공청회, 집회, 언론매체 등을 통하여 여론을 조성할 수 있다.
- 여론은 정부가 정책을 결정하는 데 있어 매우 중요한 압력수단이 될 수 있다.
- 사적인 이익을 추구하기 위하여 여론을 조작하거나 왜곡하는 일, 가짜 뉴스를 퍼뜨리는 일 등은 바람직하지 않다.

④ 자원봉사

- 자원봉사란 특정 개인의 힘으로는 해결하기 어렵고 정부의 지원도 충분히 미치지 않는 영역에 자발적으로 참여하여 돕는 활동을 의미한다.
- 자원봉사는 다른 사람이나 물질의 영향력에 의지하지 않은 개인의 자유로운 결정, 즉 자발성을 핵심으로 하며, 무상으로 이루어지는 활동이다(양애경 외, 2016).
- 자원봉사는 어느 특정 개인의 사익이 아닌 공익을 위한 활동이다.
- 노인, 다문화가정 등과 같은 사회적 소수자 집단이나 자연재해 혹은 불의의 사건, 사고로 인해 생활의 어려움을 겪는 사람들을 위하여 자원봉사에 참여할 수 있다.

참고 자료

다음은 만 19~69세 성인을 대상으로 시민의식을 측정한 결과이다. 민주사회의 근간이 되는 시민의식에 대한 시민들의 동의 정도는 민주주의의 성숙도를 측정하는 대표적인 사회의 질 지표이다. 시민의식을 측정하는 시민의 덕목 8개 항목(7점 척도로 측정)은 다음과 같다.

① 선거 시 반드시 투표에 참여한다.
② 세금을 정직하게 납부한다.
③ 법과 규칙을 준수한다.
④ 정부가 하는 일에 대해 관심을 갖는다.
⑤ 사회 또는 정치단체에서 적극적으로 활동한다.
⑥ 다른 사람의 생각이나 의견을 존중한다.
⑦ 조금 비싸더라도 윤리적이거나 환경을 파괴하지 않는 상품을 구매한다.
⑧ 국가 위기 시 기꺼이 군복무를 한다.

시민으로서 가져야 할 개인의 의무를 보여주는 8개 항목에 대해 얼마나 중요하게 생각하는지로 측정되는 시민의식은 만 19~69세 성인을 조사대상으로 하였을 때, 2020년 5.46점(7점 만점)으로 나타났다.

8개 항목 중 '세금 납부'와 '법, 규칙 준수'가 6.0점으로 시민의식 수준이 높게 평가되었으며, '사회, 정치단체 활동'은 4.6점으로 비교적 낮게 나타났다.

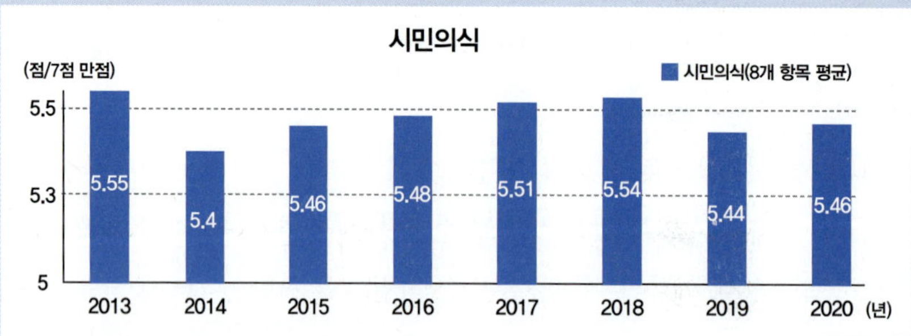

출처: 한국행정연구원. 사회통합실태조사; 통계청. e-나라지표. https://kostat.go.kr

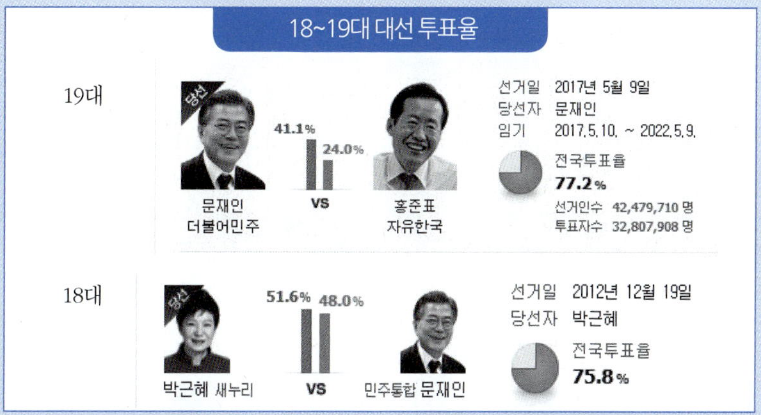

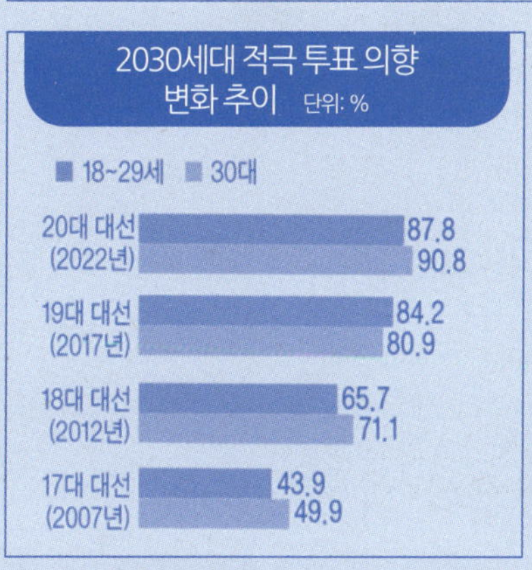

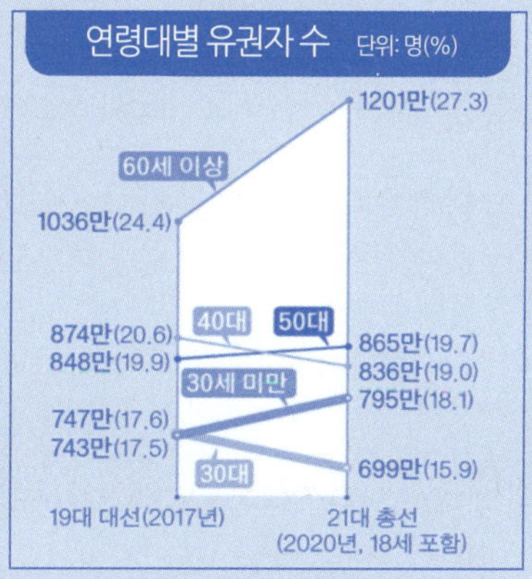

출처: 코리아리서치, 월드리서치, 피플네트웍스리서치(좌); 중앙선관위(우).

2022년 3 · 9 대선을 바라보는 청년 세대들의 정치 참여의식은 점점 더 높아지고 있다. 저출산 · 고령화가 심화되면서 유권자 수만 보면 고령층 유권자의 비중이 높다. 이에 비해 청년 세대는 2021년도 4 · 15 총선 때 처음 투표권을 갖게 된 만 18세 유권자(54만 8,986명)를 제외하면 실제로는 50만 7,173명으로 감소하였음에도 불구하고, 이들의 정치적 관심과 참여의식은 충분히 감지할 수 있을 정도로 적극적이다.

'정치 무관심' 세대로 꼽혀온 젊은 층의 투표율이 최근 급속히 상승함에 따라 2030 청년 표심의 중요성은 수치로도 확인되고 있다.

대선후보들도 적극적인 정치 참여 세대로 변모한 청년 세대를 겨냥한 다양한 정책들을 내놓고 있다. 청년 세대가 내가 지닌 한 표의 가치를 깨닫고 행사한다면, 정치인들은 이들의 목소리에 귀를 기울일 수 밖에 없다는 방증이다.

토론 참고 자료

정치적 무관심과 시민교육

오늘날 민주주의 발전을 저해하는 사람의 두드러진 행태로는 정치적 무관심, 무책임성, 감정적 판단, 이기적인 태도 등을 들 수 있다. 이 중 시민들의 정치적 무관심은 민주주의를 위협하는 가장 큰 요인이 되고 있다.

민주사회의 주인인 시민들이 민주주의와 국정 운영에 대해 무관심하게 되면 그 국가와 민주주의 발전에 부정적인 영향을 미치게 된다. 자신의 권세만을 추구하는 정치꾼들이 판을 칠 것이며, 정치적 부패는 심화될 것이다. 나아가 민주주의는 퇴보하고 독재와 권위주의가 기승을 부릴 것이다. 이렇게 되면 시민의 민주주의 주권자 역할은 약화될 것이며, 나아가 공공선과 시민의 권익을 보장받기는 어려워질 것이다.

라스웰(H. D. Lasswell)은 정치적 무관심의 유형을 다음과 같이 구분하였다.

1) 탈정치적 무관심(depolitical apathy)
 - 권력이나 정치의 세계에 참여했다가 환멸을 느껴 무관심하게 되는 유형
2) 무정치적 무관심(apolitical apathy)
 - 정치나 권력 외의 예술, 개인의 사생활, 학문 등과 같은 다른 세계에 몰입하여 정치에 무관심한 유형
3) 반정치적 무관심(antipolitical apathy)
 - 정치세계와는 다른 신념, 종교 등을 가지고 있어 이것이 정치와 본질적으로 충돌함으로써 자신의 가치관에 입각하여 정치에 무관심한 유형

정치적 무관심은 정치 참여의 회피로 나타나는 경우가 대부분이다. 특히 정치적 무관심은 대의민주주의의 꽃인 선거 참여의 저조로 나타나 대의민주주의를 심각하게 위협하기도 한다.

시민들의 정치적 무관심과 비정치적 태도를 개선하기 위해서는 먼저 그 원인을 정확하게 진단하여 이에 적합한 대안을 제시할 필요가 있다. 일반적으로 정치적 무관심을 조장시키는 요인으로는 정치과정의 전문화 · 복잡화 · 거대화로 인한 무력감과 체념, 비정치적이고 향락적인 대중문화, 소비주의와 개인 사생활주의, 정치인들의 무능과 부정부패로 인한 정치 불신감, 스트레스로 인하여 누적된 피로 등을 들 수 있다.

이러한 요인을 개선시키기 위해서는 구조적 · 제도적 차원의 조치와 함께 시민교육 프로그램이 운영될 필요가 있다. 정치적 무관심을 조장하는 요인 중 많은 부분은 사람들의 인식, 사고방식, 가치관, 태도와 생활습관 등과 관련이 있어서 시민교육 차원의 접근과 대책이 필요하다. 따라서 시민교육을 통해서 민주주의에 대한 관심과 참여를 격려하며, 시민으로서의 역량을 함양시키는 것이 바람직하다.

토론일시: 년 월 일 토론 참여자:	
토론주제	1) 각종 선거의 투표율 저하가 현대 민주주의의 큰 문제로 거론되고 있다. 투표율을 높이기 위한 방안으로 투표의무화, 투표자에 대한 인센티브 제공, 비투표자에 대한 범칙금 부과 등과 같은 다양한 아이디어가 제시되고 있다. 이런 방안에 대해 어떻게 생각하는가? 투표는 의무인가? 권리인가? 투표율을 높이기 위한 방안에는 어떤 것들이 있는가? 2) 현대인의 정치적 무관심을 극복할 수 있는 방안을 제시하시오.

〈토론 사례 1〉

토론일시: ○○○○년 4월 19일
토론조: 2

작성자: 김○○

토론자					
기여도					

토론주제	1) 각종 선거의 투표율 저하가 현대 민주주의의 큰 문제로 거론 되고 있다. 투표율을 높이기 위한 방안으로 투표의무화, 투표자에 대한 인센티브 제공, 비투표자에 대한 범칙금 부과 등과 같은 다양한 아이디어가 제시되고 있다. 이런 방안에 대해 어떻게 생각하는가? 투표는 의무인가? 권리인가? 투표율을 높이기 위한 방안에는 어떤 것들이 있는가? 2) 현대인의 정치적 무관심을 극복할 수 있는 방안을 제시하시오.

투표율을 높이기 위한 인센티브 제공에 대해서는 긍정적이다. 다만, 그 인센티브가 충분히 실현가능한 범위 내에서 투표율을 높일 수 있을 만큼 매력적이어야 한다. 예를 들어, 투표인들에게 일정량의 세금면제 혜택을 준다면, 참정권을 갖는 인구가 성인임을 감안할 때 상당한 매력이 아닌가?. 추가로 대학생의 경우는 투표 여부를 학점에 소급 반영해주는 것, 회사원에게는 인센티브를 주는것으로 각 참정 인구들에게 어필할 수 있을 것이다.

다만, 투표를 하고 말고는 개인의 권리이지, 의무는 아니라고 본다. 그렇기에 권리를 행사하는 사람에 인센티브를 부여해 자발적인 참여를 장려하는 것은 옳지만, 의무로 받아들이고 불참자에게 패널티를 부과하는 것은, 자유민주주의 사회에서 약간 엇나가는 방향이라고 본다.

거시적으로 보면, 사회적, 교육적 분야의 개편이 필요하다. 고등학교를 졸업하고 성인이 되어 참정권을 갖지만, 고등학교 때까지 정치와 투표의 중요성을 교육받은 적이 없기 때문에 투표에 대한 동기부여가 되지 않아 젊은층의 투표율이 낮다. 따라서, 고등학교에서 정치와 참여의식, 그리고 투표의 중요성에 대한 교육을 해서 예비 참정인들에게 동기부여를 해줄 필요가 있다.

또한, 대부분의 불참자는 단지 투표장까지 가서 투표하기 귀찮다는 이유로 투표를 하지 않으며, 후보자들의 공약을 다 읽어보고 투표하는 경우는 거의 없다시피 하다. 이런 부분의 해결책은 모바일 시스템의 도입이라고 본다. 물론, 모바일 시스템은 많은 위험요소도 안고 있다. 하지만 시스템적인 부분에서 잘 보완해서 시행된다면, 가장 투표율 증가에 큰 영향을 주지 않을까.

마지막으로, 사회 전반적으로 정치이슈를 쉬쉬하는 경향이 사라져야 한다고 본다. 정치이야기를 꺼내면 (특히) 젊은층은 분위기를 어색해하고 전환하려 하는데, 이런것도 다 정치적 무관심에서 유래된 것이다. 서로 자신의 정치적 의견을 나누고 토론하는 문화가 형성이 되면, 점차 사회 전반적인 시민의 정치관심도 오르고, 정치적 지식도 늘어 더이상 정치를 정치인들의 그들만의 리그로 보는 무관심도 사라질 것이다.

〈토론 사례 2〉

토론일시: ○○○○년 4월 19일 작성자: 양○○
토론조:

토론자					
기여도					

토론주제

1) 각종 선거의 투표율 저하가 현대 민주주의의 큰 문제로 거론 되고 있다. 투표율을 높이기 위한 방안으로 투표의무화, 투표자에 대한 인센티브 제공, 비투표자에 대한 범칙금 부과 등과 같은 다양한 아이디어가 제시되고 있다. 이런 방안에 대해 어떻게 생각하는가? 투표는 의무인가? 권리인가? 투표율을 높이기 위한 방안에는 어떤 것들이 있는가?

2) 현대인의 정치적 무관심을 극복할 수 있는 방안을 제시하시오.

투표는 권리이지만 권리라고 해서 자기 마음대로 무시하거나 방치해선 안된다고 생각한다. 투표를 하고자 하는 의도가 모든 국민의 의견을 투표로 받아들이려 하는 것인데 모두가 방치한다면 목소리 큰 사람들에 의해서만 돌아가는 사회가 되어버릴 것이다.

이 상황에서 국민들이 투표를 기권하거나 포기하는 이유 중 하나는 일단 자신의 표가 사표될 것이라 생각하는 것이다. 이 생각은 어차피 자신이 원하는 사람을 뽑더라도 영향력있는 사람이 될 것이라는 생각에서부터 나오는 것이다. 이를 해결하기 위해서는 당선자의 투표율과 기권표율을 비교하여 통계자료를 만들어서 시민들의 인식을 바꿔야한다고 생각한다. 또한 벌금형이나 패널티를 두어 경각심을 일으켜서라도 투표율을 올려야 그나마 나은 사회를 만들 수 있다고 생각한다. 그리고 어릴때부터 선거관련 홍보를 하여 투표를 해야하는 이유, 효과를 알려두어야 하고, 거리 때문에 가고싶어도 투표를 하지 못하는 사람들이 있는 경우도 있으니 대학교에도 투표함을 두고 자신의 고향이 아닌 곳에서도 뽑을 수 있도록 좀더 많은 투표장소를 늘려야 한다고 생각합니다.

→ 벌금의 지불은 우리나라의 투표에 대한 인식을 삭막하게 만들수 있음. 우리나라는 투표 – 권리/ SNS 활용하여 정치에 대한 무관심을 깨야하고 조금 더 가까이 해야한다./ *글로벌 시민교육을 각 대학에서 의무화해서 정치에 대한 생각을 깨게 해야함./ 기권란을 만들어야 함./ 한국사공부를 하면서 좀더 정치에 관심을 갖게 해야함.//

2. 관용

자유 민주주의 사회를 가능하게 하는 시민의식 중 하나이며, 오늘날 다원주의 사회의 기초가 되는 관용에 대하여 살펴보고자 한다. 여기서는 관용의 개념, 관용의 조건, 관용의 필요성, 관용의 한계, 그리고 글로벌 사회에서의 관용의 실천에 대해 다루어 보도록 하겠다.

1) 관용의 개념

관용(寬容)의 사전적 의미를 살펴보면 남의 잘못을 너그럽게 받아들이거나 용서하는 것이다. 즉, 관용은 다른 사람을 대하는 너그러운 마음과 태도, 다른 사람의 실수나 잘못을 너그럽게 받아들이고 용서하는 태도로서, 그 안에는 사랑, 용서, 관대함, 용인함 등의 덕목이 내포되어 있다.

관용(tolerance)을 어원적으로 살펴보면, '견디다, 참다'의 의미를 지닌 라틴어 'tolerare'에서 파생된 'tolerantia'에서 비롯되었다. 브리태니커 백과사전에 따르면 'tolerance'는 '다른 사람들에게 행위나 판단의 자유를 허용하는 것, 자신의 견해 또는 일반적인 방식이나 관점과 다른 것을 편견 없이 끈기 있게 참아주는 것'으로 정의된다. 옥스퍼드 영어사전에서는 'tolerance'를 ① 권위적인 명령에 의한 간섭과 방해를 받지 않고 존재하거나 행동할 수 있도록 허용되는 것, ② 어떤 것에 대해 강력하게 반대하면서도 동시에 용납하는 것, ③ 국가의 정책으로서 사회의 여러 차원에서 다양성을 허용하는 것 등으로 정의하고 있다.

관용은 사전적 의미만으로도 다른 사람을 대하는 너그러운 마음과 함께 다른 문화에 대한 이해와 존중이 내포된 복잡하고 방대한 개념의 사회적 가치이다. 그러나 시민의식으로서 관용을 설명하고자 할 때에는 관용의 사전적 의미만으로는 충분치 않다.

킹(King, 1976)에 의하면, 관용이란 '어떤 대상(개인, 집단, 종족, 문화나 예술작품,

종교, 이념과 사상 등)에 대해 반대하지만 그 대상에 대해 부정적 행위(반대, 거부, 억압, 처벌, 배척, 추방, 폭력 행사 등)를 자발적으로 중지하는 것'으로 정의된다. 그는 부정적 표현으로서의 '반대(objection)'와 긍정적 태도로서의 '용인(acception)'의 개념으로 관용의 의미를 설명하여, 관용을 '싫어하는 대상에 대하여 부정적인 행위를 자발적으로 중지'하는 것이라 정의하였다. 호튼(Horton, 2011)은 관용의 개념을 어떤 개인이나 집단이 타인의 신념, 행위, 혹은 관행 등을 억압할 수 있음에도 불구하고 기꺼이 인내하는 것이라 정의하였다. 아펠(Apel, 1997)은 관용을 어떤 대상에 대하여 서로 윤리적 입장이 다르더라도 그것을 가치 있는 것으로 이해하고 존중하는 것이라 정의하였다.

이와 같이 관용은 다른 사람을 대하는 너그러운 마음, 나아가 싫어하거나 인정할 수 없는 대상에 대해 부정적 행위를 자발적으로 중지하거나 인내심을 발휘하여 참는 태도로 설명할 수 있다. 또한 관용은 관용의 상황(circumstances of toleration)을 고려하여 적용할 수 있다. 일반적으로 같거나 유사한 상황에서는 관용의 문제가 제기되지 않기 때문에, 관용은 다름(difference)이나 다양성(diversity)이 전제되어야 한다(김상범, 2013). 이러한 다름이나 다양성으로 인해 워녹(Warnock, 1987)은 불승인(disapproval), 불호(dislike), 혐오(disgust)가 생기는 경우까지 모두 포함하여 관용의 문제를 다루어야 한다고 주장한다. 따라서 관용은 다른 문화에 대하여 이해하고 존중하는 상황을 고려하여야 한다.

이러한 맥락에서 보면 관용에는 어떤 대상에 대하여 너그럽게 대하는 태도, 나아가 싫어하거나 인정할 수 없는 대상에 대하여 반대하지 않고 그대로 수용하는 '의도적 자제(self-restraint)'가 내포되어 있음을 알 수 있다(송수원, 2014).

2) 관용의 조건

관용이 성립되기 위해서는 다음 조건을 만족시켜야 한다(김용환 외, 2000; 조영제, 1998).

첫째, 관용은 관용의 대상, 즉 다른 사람이 누릴 수 있는 자유와 권리의 확대 간에 관련이 있어야 한다. 관용은 상호 평등적인 관계에서 다른 사람의 권리와 자유를 확대하려는 데 목적을 둔 실천적 가치이다.

둘째, 관용은 그 대상이 싫어하거나 반대하는 것이어야 한다는 점이다. 따라서 갈등 관계에 있는 대상에 대해서 관용의 문제가 발생할 수 있다. 단 부도덕한 행위는 관용의 대상이 될 수 없다.

셋째, 관용하는 사람은 관용의 대상에게 어떤 영향력을 미칠 수 있는 힘을 소유하고 있음에도 불구하고 그것을 행사하지 않는다. 관용은 힘의 행사를 자발적으로 중지할 수 있는 능력이 있어야 하므로, 강제적 시인이나 묵인과는 구별된다.

한편, 니콜슨(Nicholson)은 관용을 구성하는 기준을 다음의 여섯 가지로 세분화하였다(Nicholson, 1985; 김영인 외, 2017 재인용).

① 차이(deviance)

관용의 대상은 관용하는 사람과는 다른 생각, 행동, 믿음을 가진다.

② 중요성(importance)

관용하는 사람과 관용의 대상은 사소한 것이 아니라 인생의 중요한 문제에 있어서 서로 차이를 보인다.

③ 반대(disapproval)

관용하는 사람은 관용의 대상에 대해 도덕적 측면에서는 동의하거나 받아들이지 않는다.

④ 힘(power)

관용하는 사람은 관용의 대상을 억압하거나 막을 수 있는 영향력을 가지고 있다.

⑤ 비(非)거부(non-rejection)

힘을 가지고 있음에도 불구하고 관용하는 사람은 그 힘을 사용하지 않음으로써 관용의 대상과 계속 그 차이가 유지된다. 즉, 관용하는 사람과 관용의 대상 간의 다름이 존재할 수 있도록 허용한다.

⑥ 선(善, goodness)

관용은 옳으며, 관용하는 사람은 선하다.

또한 니콜슨(Nicholson)은 관용은 우리의 취향이나 성향과는 무관한 도덕적 선택(moral choice)의 문제라고 주장한다. 다시 말해, 관용은 서로 다르거나 또는 다양한 상황에서 관용의 대상을 이해하거나 존중하는 도덕적 선택을 하는 것이다. 그리고 관용은 어떤 대상과 다르거나 심지어 내가 좋아하지 않더라도, 그 대상에게 어떤 영향력을 미칠 수 있는 힘을 가지고 있음에도 불구하고, 관용의 대상을 이해하거나 그 다름이 존재하도록 기꺼이 허용하는 것이다. 관용의 대상이 자신과 다르더라도, 자신의 가치관과 차이가 있거나 심지어 자신의 이익을 포기해야 하더라도 관용해야 한다는 것은, 관용을 실천하는 것이 쉽지 않음을 시사한다.

관용을 실천에 옮기는 것은 시민의 의지에 좌우되므로, 관용은 성숙한 시민의식을 전제한다. 어디까지 관용할 것인가는 시민 스스로의 선택에 달렸으므로, 관용에는 실천적 한계가 따른다.

관용은 형식적인 의미에서 평등을 전제로 하고 있다. 관용은 관용하는 사람과 관용의 대상이 서로 동등한 위치를 차지한다. 관용은 상호 평등적인 관계에서 다른 사람의 권리와 자유를 확대하려는 데 목적을 두므로, 동정심이나 자비, 연민과는 구분되어야 한다.

역사 속에서 알아보는 관용의 성공 사례

로마 제국은 어떤 나라였는가?

일본의 작가 시오노 나나미는 그녀의 책 「로마인 이야기」에서 로마의 성공요인으로 "관용(Tolerance)"을 꼽았다. 관용은 다양한 민족을 다스려야 했던 로마 제국에서 사용했던 국가 경영정책 중 하나이다. 이를 가장 먼저 시작한 나라는 페르시아 아케메네스 왕조이다. 페르시아 제국을 창업했던 키루스는 메디아라는 작은 나라 출신으로 강력한 군사력을 이끌고 드넓은 대제국을 이루었다. 그는 영내에 있는 수많은 민족들을 다스리기 위해 강압적인 방법보다는 각 민족의 문화, 종교, 언어 등을 자유롭게 사용하도록 허용했다.

로마 제국은 키루스가 사용했던 관용 정책을 극대화해서 성공한 국가였다. 로마인은 그리스인에 비해 문화적으로 뒤떨어졌고 체력에서는 게르만인보다 못했다. 또한 에투루리아의 기술력을 넘어서지 못했고 카르타고인의 경제감각에 미치지 못했다. 하지만 그들은 각 민족들이 가지고 있던 장점들을 모두 흡수하였다. 그들이 가진 가장 강력한 힘은 국가에 대한 헌신이었다. 로마인은 국가를 위해서라면 기꺼이 기득권을 내놓을 줄 알았고, 전쟁터에서 가장 먼저 희생되었던 집단은 귀족들이었다.

로마인에게 부족한 문화적 역량을 만들기 위해 그리스인을 고용하고 그리스어를 배웠으며 신화를 도입해 로마신화로 만들고 철학을 받아들여 자신들의 것으로 발전시켰다. 에투루리아에서 기술자들을 데려와 도로를 만들고 백성들의 생활수준을 향상시키기 위해 용수를 공급했다. 때문에 로마 제국 병사들은 뛰어난 공병기술자가 되었다. 카이사르가 게르만족을 정벌하기 위해 라인강에 목제다리를 놓았는데 이는 후대 천년 이후에도 실현할 수 없는 기술력이었다. 오늘날까지 남아 있는 판테온, 로마 수도교 등은 그들이 얼마나 기술을 중시했는지 알려주는 징표다.

특히 로마인들은 기득권이었던 로마 시민권을 점령했던 지역 리더들에게 기꺼이 내놓아 정치안정을 꾀했다. 카이사르는 갈리아를 정복한 후 그곳의 귀족들에게 로마 시민권을 제공했고 그들은 로마에 충성하는 사람들로 변모했다. 세월이 지나면서 속주 출신 황제도 등장했고 심지어 조상이 노예였던 집안에서도 황제가 배출되었다.

이러한 관용 정신은 지속적으로 뛰어난 인력이 배출될 수 있는 창구가 되었다. 작은 도시의 로마 출신만으로는 제국을 다스릴 수 있는 역량있는 사람들을 지속적으로 유지하기 힘들다. 하지만 속주 출신, 다른 민족출신이라도 능력만 있다면 얼마든지 출세할 수 있었다.

모든 조직은 정기적으로 성장의 한계에 다다른다. 만약 그런 상황에 적절한 개혁이 이루어지지 않는다면 그 조직은 무너지게 된다. 로마는 이런 때를 만나면 내부 개혁을 통해 조직 구조를 바꿔 나갔다. 로마초기에는 그라쿠스 형제의 개혁으로 위기를 돌파했고, 카이사르는 정치개혁을 통해 강력한 국가를 만들었다. 콘스탄티누스는 종교개혁으로 또 한번의 변신을 시도했고 유스티니아누스는 강력한 군사력을 확보해 다시 한번 지중해의 영광을 되찾았다.

과연 우리는 이러한 관용의 정신을 가지고 있는가? 여전히 학연, 지연에 매달리고 있지는 않은가? 모든 조직은 쇠퇴할 수밖에 없다는 진리 속에서 로마로부터 관용의 정신을 배울 수 있다.

로마의 성공원리 – 관용(Tolerance)

지성에서는 그리스인보다 못하고,
체력에서는 켈트인이나 게르만인보다 못하고,
기술력에서는 에투루리아인보다 못하고,
경제력에서는 카르타고인보다 뒤떨어지는 로마인

그들의 성공 요인은 관용(Tolerance)이었다.
- 시오노 나나미, 로마인 이야기

민족적 관용 | 종교적 관용 | 문화적 관용

출처: 안계환 인류문명 연구소 블로그. [안계환의 역사인문학] 로마 제국 성공 요인-관용(2015.10.29.). (http://blog.naver.com/PostView.nhn?blogId=aghon&logNo=220522889110).

3) 관용의 필요성

우리나라의 경우 시민들의 관용 수준을 높여야 할 필요성에 대하여 살펴보면 다음과 같다(김영인 외, 2017; 허혜경 외, 2017).

(1) 집단주의 문화권

우리나라는 예로부터 단일민족이라는 자긍심을 가지고 있으며, 우리와 다른 문화에 대해서는 배타적인 경향을 가지고 있다. 이념적 · 지역적 · 학맥 간 배타성이 두드러지며, 나와 다른 것을 수용하는 관용성은 상대적으로 부족한 문화적 배경을 가지고 있다. 우리나라는 두드러진 집단주의(collectivism) 문화권으로 사회 구성원 간의 조화와 단결을 중요시하고, 다른 사람과 비슷하거나 튀지 않게 사는 것을 미덕으로 인식하는 경향이 있다. 이에 따라 나와 다른 것을 수용하는 관용 수준이 부족한 문화적 배경을 지니고 있다.

(2) 비교적 낮은 수준의 포용성

사회발전지수(Social Progress Index)란 국가의 사회발전 측정치로 국내총생산(GDP)만 활용할 경우 인류와 사회, 환경 개선에 대한 정보를 완전하게 반영할 수 없으므로, GDP를 보완하기 위해 설계되었다.

사회발전지수는 시민들에게 중요한 문제인 개인의 건강과 사회기반시설, 시민의 자유 등 지속가능한 사회의 기초가 되는 특성을 측정하는 지표로서, 사회 및 환경적 결과 지표를 사용하여 인간의 기본 욕구, 복지의 토대 구축(웰빙), 기회라는 세 가지 부문에 대한 공신력 있는 관점을 제시한다.

사회발전조사기구(Social Progress Imperative)라는 미국의 비영리단체가 세계 163개국을 비교 조사하여 발표한 결과를 살펴보면, 우리나라는 17위로 나타나 사회

발전 수준이 높은 살기 좋은 나라로 분류되었다.

코로나 팬데믹으로 어려운 상황임에도 불구하고 우리나라는 사회발전지수가 2014년 이후 계속 향상되고 있어 고무적이다. 하지만 2020 사회발전지수 결과 기회 부문에서 포용성의 경우 39위를 차지하였는데, 이는 우리나라의 전반적인 사회발전지수에 비해 상대적으로 낮은 순위를 보이고 있어, 우리나라 국민의 관용 수준을 향상할 필요가 있다.

<표 4-1> 2020년 사회발전지수 10위권 국가

순위	1	2	3	4	5	6	7	8	9	10
국가	노르웨이	덴마크	핀란드	뉴질랜드	스웨덴	스위스	캐나다	호주	아이슬란드	네덜란드

※ 독일(11위), 일본(13위), 한국(17위), 프랑스(18위), 영국(20위), 미국(28위), 싱가포르(29위), 러시아(69위), 중국(100위), 남수단(163위)

(3) 다원주의적 환경

오늘날 우리들은 다원주의(pluralism)적 환경에서 살고 있다. 전 세계적으로 다문화사회로 변모됨에 따라 어떤 하나의 가치관이나 태도만으로는 다양한 문제를 해결하는 데 어려움을 겪고 있는 실정이다. 다양한 문화적 배경에서 비롯된 다양한 목소리를 통해 다양한 세계관과 가치관이 공존하고 있기 때문이다.

다양성(diversity)이 근간을 이루고 있는 다원주의적 환경에서 살고 있는 시민들은 서로 다른 가치들을 통합하고, 새로운 가치와 대안을 창조하며, 서로 조화를 이루어 살아나가야 할 책임이 있다. 나와 다르더라도 그것을 반대하지 않고 수용하거나 기꺼이 참아내는 관용은 다원주의적 사회에서 기본적으로 요청되는 인류 보편적 가치라 할 수 있다.

(4) 인간의 불완전성

관용이 필요한 이유 중 하나는 인간은 결코 완전한 존재가 아니라는 인간의 불완전성에서 찾을 수 있다(김영인 외, 2017). 인간은 궁극적이고 절대적인 진리가 무엇인지, 어떤 가치를 우선적으로 추구해야 하는지, 다양한 사람들 사이에서 나타나고 있는 차이의 원인이 무엇인지 등에 대해 정확하고 분명한 답을 제시할 수 없다. 마찬가지로 인간의 사고와 경험도 유한하기 때문에 그들이 내리는 어떤 결정이나 태도도 절대적이거나 항상 옳다고 할 수 없다.

이와 같이 특수한 상황을 고려할 수밖에 없는 맥락에서 어떤 개인의 판단이 항상 옳다는 독선적인 태도보다는 "누구나 잘못을 범할 수 있다" 또는 "나의 판단도 잘못되었을 수도 있다"는 겸손하고 개방적인 태도로서의 관용이 요청된다.

(5) 최소 공통 영역에 대한 합의와 존중, 그리고 그 외 영역에 대한 관용

다양한 사람들이 각자의 삶의 방식에 있어서 차이를 보이는 것은 당연한 일이다. 이러한 차이를 '다름'으로 인정하고, 더불어 살아가기 위해서는 최소한의 공통적인 영역에 대한 합의와 존중이 있어야 한다. 흔히 정치적 영역으로 대표되는 최소 공통 영역을 특정 개인이나 집단이 거부하지 않는다면, 그리고 그 가치를 인정하고 수용한다면 그 개인이나 집단의 다른 영역, 이를테면 사적인 생활양식 등에 대해서는 관용하는 것이 마땅하다(김영인 외, 2017).

진정한 조화와 공존은 최소 공통 영역에 대한 합의와 존중을 넘어서 그 외 영역에 대한 관용에 의해 달성될 수 있는 것이므로 관용은 당위적 성격을 가지고 있다.

4) 관용의 한계

관용은 시민 개인의 선택에 관한 문제이므로 어디까지 관용할 것인가는 시민 스스로의 결정에 좌우된다. 관용의 개념이 절제나 용기와 같은 덕목에 비해 더욱 복잡하고 어렵게 느껴지는 이유는 관용에는 한계가 있기 때문이다. 관용의 개념을 보다 정확하게 이해하기 위해서는 '관용의 한계(limits of toleration)'에 대하여 살펴볼 필요가 있다.

관용의 한계에 대하여 김상범(2013)은 거부의 이유(reason for rejection), 수용의 이유(reason for acceptance), 그리고 반대의 이유(reason for objection)의 개념으로 설명하고 있다. 먼저 한계점 1은 개인이 어떤 대상에 대하여 '동의하는 영역'과 '반대하지만 관용 가능한 영역' 사이에 존재한다. '반대하지만 관용 가능한 영역'이란 '반대하는 것을 참는 것(putting up with what we oppose)', 즉 관용을 발휘할 수 있는 영역이다. 그리고 한계점 2는 '반대하지만 관용 가능한 영역'과 '관용 불가능한 영역' 사이에 존재한다. 관용의 한계는 거부의 이유가 수용의 이유보다 강하게 되는 지점인 한계점 2에 해당한다.

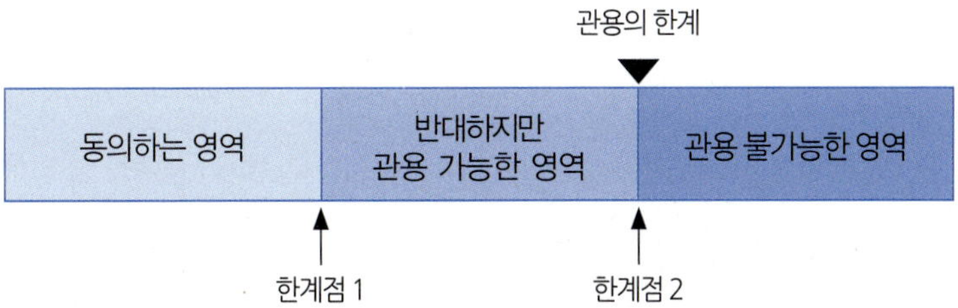

[그림 4-1] 관용의 한계

출처: 김상범(2013). 자유주의적 관용에 대한 연구. 서울대학교 대학원 박사학위논문, p. 16. 수정.

관용의 여건을 살펴보면, 실제적으로 같거나(sameness), 비슷하거나(similarity), 동의할(agreement, approval, acceptance) 경우에는 관용의 문제가 발생하지 않는다. 그러나 다름이나 다양성 등으로 인하여 반대하거나(objection, disapproval), 싫어하거나(dislike), 혐오하거나(disgust), 거부할(rejection) 경우에는 관용의 문제가 발생할 수 있다.

이와 같이 관용의 한계를 설정한다 하더라도, 관용을 실천하는 데 있어서는 어려움이 따르게 된다. 다름과 차이를 수용하고 참아내는 관용, 그러면 어느 수준까지 관용을 베풀어야 할 것인가? 모든 것을 다 관용해야 한다면, 어느 순간부터는 오히려 관용이 악을 인정하거나 심지어는 관용 자체가 악으로 변할 수 있다는 역설적 상황이 발생하게 될 것이다. 다시 말해 악, 부정, 부도덕, 인간 존엄성을 훼손하는 행위가

지도 모두 관용해야 한다면, 그것은 오히려 관용의 정신에 위배되는 모순적인 상황에 직면하게 되는데, 이것을 '관용의 역설(paradox of toleration)'이라 한다.

따라서 우리는 다음과 같은 관용 불가능한 상황(intolerable circumstances)에서는 오히려 관용할 수 없음을 알 수 있다.

- 관용의 대상이 도덕적으로 옳지 않은 것(악, 부정, 부도덕 등)에 대해서는 관용할 수 없다.
- 관용은 사회의 불의를 용인하는 것이 아니다(유네스코(UNESCO), 「관용의 원칙에 관한 선언(1995)」).
- 관용은 분명 자유의 확대를 보장해 주지만, 자유를 억압하는 것에 대해서는 관용할 수 없다(김용환, 1994).
- 인간 존엄성의 원리에 위배되는 경우에는 관용할 수 없다.

5) 글로벌 사회에서 관용의 실천

관용의식을 지닌 시민을 양성하기 위하여 시민교육에서는 관용의 인지적 요인, 정서적 요인, 행동적 요인을 균형 있게 다루어야 한다.

먼저 관용의 인지적 요인으로는 관용에 대한 지식과 정보, 판단력, 선택과 의사결정 등을 들 수 있으며, 둘째, 관용의 정서적 요인으로는 관용 대상자에 대한 공감, 양심, 겸손, 자제력 등이 해당되며, 셋째, 관용의 행동적 요인으로는 관용적 행동의 실천을 들 수 있다.

세계화로 인해 점차 변화되고 있는 지구촌에서 시민들이 평화롭게 살기 위해서는 다른 사람의 사고, 신념, 문화, 종교, 행동 등에 대한 관용이 요구된다. 관용은 글로벌 시민사회에서 개인들이 각자 추구하는 가치들 간의 갈등이나 충돌을 해소하기 위하여 필요한 실천적 가치라 할 수 있다. 따라서 글로벌 사회에서 관용을 실천하기 위해서는 관용의 세 요인 중에서 관용의 행동적 요인이 강조된다.

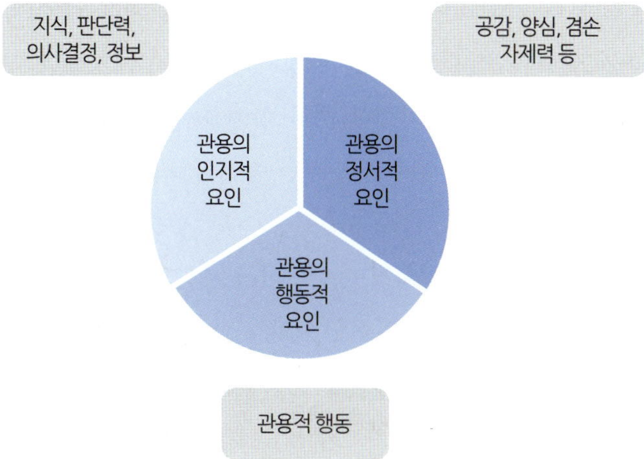

[그림 4-2] 관용의 인지적, 정서적, 행동적 요인

출처: 송수원(2014). 초등학생의 관용적 행동과 인지적, 정서적 요인의 관계연구. 연세대학교 일반대학원 석사학위청구논문. p. 17. 수정.

이러한 시대적 변화 양상을 반영하여 UN과 UNESCO에서는 제2차 세계대전 종전 50주년과 UN 창설 50주년을 맞이한 1995년 11월 16일을 '관용의 날'로 정하고, 「관용의 원칙에 관한 선언(Declaration of Principles on Tolerance)」을 발표하였다. 「관용의 원칙에 관한 선언」 제1조 1항, 2항, 3항에서는 관용에 대하여 다음과 같이 규정하고 있다.

1.1 관용이란 세계의 문화와 표현 형태, 인간 존재의 방식 등에 있어서 풍부한 다양성에 대한 존중, 수용, 이해이다. 관용은 지식, 개방성, 커뮤니케이션, 사상과 양심과 신념의 자유에 의하여 증진된다. 관용은 차이 속의 조화이다. 관용은 도덕적 의미일 뿐만 아니라 정치적, 법적 필요조건이다. 관용은 평화를 가능하게 하는 덕목으로서, 전쟁의 문화를 평화의 문화로 바꾸는 데 이바지한다.

1.2 관용은 양보나 겸손, 은혜가 아니다. 관용은 다른 어떤 것이기 이전에, 타인의 보편적 인권과 기본적 자유를 인정하는 적극적 태도이다. 관용은 어떤 상황에서도 이러한 기본적 가치에 대한 침해를 정당화하는 데에 이용될 수 없다. 관용은 개인에 의해서 행사될 뿐만 아니라, 집단과 국가에 의하여 실천되어야 한다.

1.3 관용은 인권, 다원주의(문화적 다원주의를 포함하여), 민주주의, 법의 지배를 지지하는 책임감이다. 관용은 독단주의와 절대주의에 대한 거부를 뜻하며, 각종 국제적 인권 규약이 정해놓은 기준을 준수하는 것이다.

이와 같이 「관용의 원칙에 관한 선언」에서는 관용을 세계 평화와 인권의 실현, 민주주의 이념의 확산에 기여하는 도덕적 덕목이자 제도적 조건으로 간주하고 있다(차미란, 2014). 여기서 관용의 핵심 정신은 '다양성과 차이의 존중' 그리고 '보편적 인권과 기본적 자유의 인정'이라 할 수 있다.

관용은 글로벌 사회에서 다양한 가치관을 지닌 사람들이 공존하기 위해 반드시 필요한 인류 보편적 가치이자 덕목이라 할 수 있다. 다원주의 문제에 대한 유력한 해법이자, 다양한 사회갈등을 개선하기 위하여, 나아가 다양한 사람들이 상생(相生, live and let live)하기 위해서는 관용이 21세기의 시대정신이자, 글로벌 시민의식으로 자리 잡아야 한다. 또한 글로벌 시민으로서 관용을 올바르게 행사하기 위해서는 관용의 개념, 관용의 한계, 그리고 관용의 역설적 상황에 대해 정확히 인식할 뿐만 아니라 관용적 행동의 실천이 수반되어야 할 것이다.

3. 시민불복종

1) 시민불복종의 개념

시민불복종은 정부의 정책, 제도 또는 법률에 어떠한 변화를 가져오게 하려는 목적으로 일반적으로 법에 반대하여 행해지는 공적·비폭력적·양심적인 행위라 정의할 수 있다(Thoreau 저, 강원태 역, 2009). 그렇다고 해서 모든 '저항권(right of resistance)'을 행사하는 행위가 시민불복종을 의미하는 것은 아니다. 시민불복종은 국가에서 제정한 부정의한 일부 정책, 제도, 법률 등에 대한 철회를 비폭력적으로 요구하는 불복종 행위를 하되, 법을 존중하므로 시민불복종 행위에 대한 어떠한 처벌도 감수한다.

존 롤스(John Rawls)는 그의 저서 『정의론(*A Theory of Justice*)』에서 시민불복종(civil disobedience)의 개념을 "일반적으로 행해지는 정부의 법률이나 정책에 어떤 변화를 가져오게 하려는 목적으로 법에 반대해서 행해지는 공적·비폭력적·양심적인 그러나 정치적인 행위"라 정의하고 있다(Rawls, 1971).

"… defining civil disobedience as public, nonviolent, conscientious yet political act contrary to law usually done with the aim of bringing about a change in the law or policies of the government."

시민불복종의 대상으로는 '법의 절차나 내용이 인간을 불평등하게 대우함으로써 그 부담이나 이득이 불공정하게 돌아가는 점이 분명할 경우'가 해당된다. 시민불복종은 시민이 법이나 정부의 제도에 맞서 항상 불복종해도 된다는 의미가 아니라, 불가피하게 불복종으로 대응해야 할 만큼의 타당한 명분과 근거가 있을 때에는 시민불복종이 정당화될 수 있음을 의미한다(김영인 외, 2017).

2) 시민불복종의 조건

롤스는 정부의 부당하고 부정의로운 법률, 제도, 정책, 그리고 정책에 대한 절차에 불복종할 수 있는 '불의에 불복종하는 시민형'을 강조하였다. 롤스는 『정의론(*A Theory of Justice*)』에서 시민불복종의 네 가지 조건을 제시하고 있다(이종식, 2015).

첫째, 정의를 침해하는 법률이나 정책에 항의하는 불복종적인 행위(resistant & disobedient act)이다. 이는 단지 자신에게 불리한 법률이나 정책에 저항하는 것이 아니라 정의를 침해한 법률이나 정책에 항의하는 행위이다.

둘째, 공적인 행위(public act)이다. 이는 공공적으로 도리와 정의에 위배되는 법률에 저항하는 행위를 의미한다. 그러므로 시민불복종은 공익과 공개성을 염두에 둔 공공적 행위이다.

셋째, 비폭력적 행위(nonviolent act)이다. 비폭력적 행위란 다른 사람을 해칠 의도가 있거나 해칠 위험성이 있는 행위가 아니라는 것이다.

넷째, 양심적이고 정치적인 행위(conscientious yet political act)이다. 여기에 해당하는 경우로는 정치적 다수에게 정상적인 방법으로 항의하고 호소했으나 소용없는 경우, 그리고 기약 없는 미래를 기다리기에는 피해와 상실, 권리침해 등이 심각한 경우를 들 수 있다.

국가권력이 제정한 정의롭지 못한 법이나 정책에 저항하여 변화를 가져오기 위한 목적으로 행해지는 공공연한 행위인 시민불복종의 정당화 조건을 정리하면 다음과 같다(허혜경, 김혜수, 2017; https://www.youtube.com/watch?v=2PDHmswPofI).

① 공공성: 자기 이익의 추구가 아니라 사회의 정의 실현을 목적으로 하는 양심적 행동이어야 하는 공공성

② 공개성: 은밀히 이루어지는 것이 아니라 공개적으로 이루어져야 하는 공개성
③ 비폭력성: 폭력적이거나 파괴적인 방법을 피해 행동하는 비폭력성
④ 최후의 수단: 합법적인 개혁의 방법을 동원하였으나 효과가 없을 때 사용하여야 하는 최후의 수단
⑤ 처벌 감수: 시민불복종에 대한 법적 처벌을 수용함으로써 사회의 전체적인 법체계에 대한 존중을 의미하는 처벌 감수
⑥ 정당성: 다수가 공통적으로 공유하는 '정의관'에 호소하여 근거를 가지는 정당성

3) 합법성과 정당성

시민불복종은 합법성(legality)과 정당성(justifiability)의 개념을 구분함으로써 이해할 수 있다(김영인 외, 2017). 합법성은 법에 호소하여 근거를 가지는 데 반해, 정당성은 시민들이 보편적으로 공유하는 도덕적 가치와 원칙에 호소하여 근거를 가진다. 시민들은 합법적이지만 정당하지 않은 법이나 정책을 정당한 법이나 정책으로 바뀌도록 노력해야 하는데, 시민불복종도 이러한 관점에서 이해할 수 있다.

시민불복종의 예로는 흑인에 대한 차별과 억압에 대항하여 인권과 자유를 찾기 위해 싸운 미국의 '흑인 인권 운동', 영국의 제국주의에 저항하여 싸웠던 인도의 '비폭력 불복종 운동', 남녀평등을 외치며 여성 참정권 운동을 벌였던 영국의 '서프레제트(suffragette) 운동' 등이 있다. 우리나라의 시민불복종의 예로는 국가로부터 침해당한 왜곡, 편파방송을 보지않기 위해 벌였던 '시청료 거부 운동'이 있다.

특히 합법성과 정당성의 충돌을 잘 보여주는 시민불복종 예로는 2000년 16대 국회의원 총선과정에서 나타났던 총선시민연대의 낙천 · 낙선 운동을 들 수 있다. 수백 개의 시민단체들이 연합하여 만든 총선시민연대가 낙천 대상자와 낙선 대상자의 명단을 공개하고 그들의 낙선 운동을 벌였다. 총선시민연대의 낙천 · 낙선 운동은 당시

선거법 위반으로 합법적(legality)이지는 않았지만, 정당성(Justifiability)을 확보했다는 평가를 받았다.

이것은 형식적 법치주의와 실질적 법치주의의 문제와도 관련이 있다. 형식적 법치주의는 법의 '형식성'을 중시하여, 법이라는 형식성만 가지면 모두 효력을 인정하고 지켜야 한다고 강조한다. '법대로 했으니까 문제 없다'는 사고방식은 형식적 법치주의에 해당한다.

실질적 법치주의는 법의 형식뿐 아니라 법의 '내용성'을 중시하여, 법의 내용이 법의 이념이나 시민의 인권보장에 기여하는지를 검토해 본다. 이는 법의 형식뿐 아니라 법의 내용과 목적 역시 시민의 복지 향상에 기여할 수 있는지를 따져본 후, 실질적 법치주의 정신에 위배될 경우 시민불복종을 고려해 볼 수 있다.

시민불복종을 이해하기 위해서 합법성과 정당성, 형식적 법치주의와 실질적 법치주의에 대하여 살펴보았다. 시민불복종이 성립되기 위한 요건을 살펴보면 다음과 같다(김영인 외, 2017).

- 현행 제도나 법이 실질적 법치주의의 요건을 갖추지 못하여 정당성을 확보하지 못한 경우
- 정당성 없는 제도나 법을 개선하기 위한 합법적 요구와 호소가 충분히 제기되었음에도 불구하고 그에 입각한 시정이 제대로 이루어지지 않은 경우
- 시민불복종을 통하여 문제가 개선될 수 있는지에 대해 신중하게 고려해 본 결과, 긍정적인 예상이 도출된 경우

에리히 프롬(Erich Fromm)은 그의 저서, 『불복종에 관하여(*On disobedience*)』에서 인간이 복종할 줄만 알고 불복종하지 못한다면 그 인간은 노예와 같다고 주장한다. 인간은 권력에 대해 '아니오'라고 말하는 것을 배움으로써, 즉 불복종의 행위를 통해 자유로워질 수 있다고 하였다.

Erich Fromm
(1900 ~ 1980)

『불복종에 관하여』

시민불복종을 통해 주권이 있는 시민의 의사를 반영하지 못하고 오히려 역행할 때 정부는 정당성을 상실하게 되고, 결국 시민에 의해 불신임을 받을 수 있음을 알 수 있다. 어떠한 경우에도 시민의 복종만을 강요하고 시민불복종을 인정하지 않는다면 권력의 횡포로 인해 시민은 권력의 노예로 전락하게 될 것이다. 정부는 시민불복종을 시민의 고유한 권리로 인정할 필요가 있다. 시민불복종이 전체 공익을 위한 것인지, 정당한 것인지, 다른 방법은 없는 최후의 수단인지 등에 대해 신중하고 양심적으로 생각해서 판단하여야 한다.

그러나 시민불복종이 조건이나 제한 없이 남용되어서는 안 될 것이다. 충분히 준비되지 않은 시민불복종 행위로 인해 통치자의 보복적 대응을 야기하거나 여론의 지지를 얻지 못함으로 인해 오히려 상황만 악화시키는 것은 아닌지에 대해서도 충분히 검토해야 한다.

Part 2 글로벌 시민교육

글로벌 시민교육에서는 세계화와 함께 요청되고 있는 글로벌 시민교육에 대하여 자세히 다루고 있다. 5장에서는 글로벌 시민과 글로벌 시민의식이라는 주제 하에 세계화에 대한 이해를 높이고, 글로벌 시민, 글로벌 시민이 지녀야 하는 자질인 글로벌 시민의식에 대하여 소개하였다. 6장에서는 글로벌 시민교육의 기초, 학습자 특성 및 학습주제, 글로벌 시민교육의 개념을 둘러싼 갈등에 대하여 살펴보았다. 7장에서는 글로벌 시민의 역량에 대하여 다루고 있다. 글로벌 시민의 학습 역량을 소개하였으며, 글로벌 논쟁문제의 해결 방법으로 대화와 타협, 그리고 논쟁문제학습을 통한 갈등 조정 및 해결에 대하여 살펴보았다. 또한 글로벌 시민교육에서 많이 쓰이는 토론의 개념, 유형별 특징, 진행, 평가 및 교육적 효과에 대하여 기술하였다. 8장에서는 글로벌 시민교육의 실행이라는 주제 하에 글로벌 시민교육의 다양한 해석, 글로벌 시민교육을 가능케 하는 요인 등에 대하여 소개하였다.

Chapter 5

글로벌 시민과 글로벌 시민의식

5장 글로벌 시민과 글로벌 시민의식

1. 세계화

1) 세계화의 개념

글로벌 시민교육이 필요한 가장 핵심적인 이유는 '세계화(Globalization)' 현상에서 찾을 수 있다. 세계화는 '지구화' 또는 '글로벌화'라고도 불리는데, 이는 우리가 흔히 사용하는 익숙한 개념임에도 불구하고 정확하게 정의하기란 쉽지 않다.

세계화(Globalization)란 경제적, 사회적, 문화적, 정치적 관계가 국경을 초월하여 세계로 확대되어 발전하는 것을 의미한다. 세계화가 진행되면, 세계 전체의 상호 의존성이 높아지면서 다양한 측면의 관계가 세계적으로 단일한 체계로 통합되어 가는 현상이 두드러진다(다음 백과).

세계화는 문화적, 정치적, 경제적 영역 등 삶의 전반적인 영역에서 일어나는 모든 변화과정을 포함한다. 워터스(Waters, 1995; 이기철 역, 1998 재인용)는 세계화를 "사회적 및 정치적 제도에서 지리적 제약이 사라지고 있으며, 이를 사람들이 점차 깨닫게 되는 사회적 과정"이라 정의하였다. 그는 세계화 과정이 진행되면서 경제적 영역에서는 물질적 교류의 확대, 정치적 영역에서는 정치적 교류 및 상호작용의 확대, 그리고 사회문화적 영역에서는 상징적·문화적 교류의 확대가 일어난다고 하였다.

네덜란드 레이던 대학교(Leiden University)의 스콜트 교수(Scholte, 2001)도 역시 세계화를 일종의 사회적 과정으로 인식하였으며, 다음과 같이 정의하고 있다.

"Process whereby social relations acquire relatively distanceless and borderless qualities, so that human lives are increasingly played out in the world as a single place."[1)]

또한 그는 세계화의 개념을 다음 다섯 가지 특성으로 설명하고 있다(Scholte, 2001; 이종식, 2015 재인용).[2)]

Jan Aart Scholte
(1959 ~)

출처: universiteitleiden.nl

① 국제화(internationalization)

국제화는 한 나라가 정치, 경제, 문화, 환경적으로 다른 여러 나라들과 교류하는 것을 의미한다. 국제화로 인해 국가들 사이에 국경을 가로질러 나타나는 상호작용과 상호 의존의 심화 현상이 나타나게 된다.

② 자유화(liberalization)

자유화 현상은 세계 경제의 개방과 통합을 위해 국가들 간의 교류에 대한 정부 주도의 제한들을 철폐해 가는 과정을 말한다.

---

1) Jan Aart Scholte, "The globalization of world politics." The Globalization of World Politics. 2001. Second Edition Edited by John Baylis & Steve Smith. pp. 14-15.

2) Ibid. p. 14.

③ 보편화(universalization)

보편화 현상은 다양한 사물과 경험들이 지구 곳곳의 사람들에게 보편적으로 확산되어 가는 현상이다.

④ 서구화(westernization)

서구화는 많은 사람들이 유럽과 미국을 롤 모델(role model)로 하는 세계화, 다시 말해 유럽식화나 미국식화하는 현상을 의미한다.

⑤ 탈영토화(deterritorialization)

탈영토화 현상은 영토적 관점에서 장소나 거리, 그리고 국경 등이 기존에 누렸던 압도적 지배력을 상실하는 현상을 의미한다.

세계화는 점점 확산되어 사회 영역 전반에서 발견되고 있는데, 일반적으로 논의되고 있는 세계화의 특징을 살펴보면 다음과 같다(이관춘, 2011; 허혜경, 김혜수, 2017).

첫째, 전 세계가 단일 경제 체제로 재편되고 있다. 국가 단위의 경제 구조는 점점 약화되고, 글로벌 단위의 경제 체제로 편입된다. 현재 세계 경제 질서는 상품 시장은 물론 서비스 시장, 자본 시장, 금융 시장 등 모든 시장이 범세계적 차원에서 자유화되는 방향으로 개편되고 있는 추세이다(김준헌, 2005).

둘째, 생활 공간이 국경을 초월하여 지구촌 전체로 확대되고 있으며, 이에 따라 인류 생존과 직결된 문제들이 세계적 차원에서 발생하고 있다. 생태계 위기로 인해 인류가 환경문제에 직면하고 있는 현 상황을 예로 들 수 있다.

셋째, 국가 간 교류가 증가하면서 문화 접촉이 빠르게 진행되고, 문화 동질화 현상과 함께 문화 충돌 현상도 진행되고 있다. 다양한 민족과 지역, 문화가 하나의 공간에 존재하게 되었으며, 맥도널드 햄버거를 먹고, 스타벅스 커피를 마시며, 한류 문화를 즐기는 등 상업화된 대중문화와 소비 욕구는 세계적으로 더욱 빠르게 확산되고 있다.

John Tomlinson (1949 ~)

『globalization and culture』(1999)

톰린슨(Tomlinson, 1999)은 그의 저서 『세계화와 문화(*Globalization and Culture*)』에서 탈영토화를 세계화의 문화적 조건으로 강조하였으며, "문화와 지리, 사회적인 영토 사이에 '자연스러운' 관계의 상실"로 설명하고 있다. 다시 말해, 세계화가 진행되고 있는 지구공동체는 국가 간의 경계가 희미해지고, 다양한 문화가 공존하는 환경이라 할 수 있다.

넷째, 대다수의 국가들이 민주주의와 자유시장경제 체제를 보편적인 정치, 경제의 생활양식으로 수용하고 있으며, 이는 자본, 기술, 상품, 서비스 등의 이동을 활발하게 하여 세계화의 가속화를 유도하게 되었다. 세계화로 인해 세계 자본의 지배가 강화되고 있다. 거대자본 중심으로 세계 경제가 개편되기 때문에 국경에 구애받지 않고 기업합병과 흡수통합이 일반화되고 있다.

다섯째, 세계화는 교육 영역에도 적용된다. 교육이 서비스 부문의 하나로 포함되어 있으므로, 국가 주도의 교육 체제가 도전받고 있다(김신일, 2009). 세계화로 인한 상호 의존성(interdependence)과 상호 연계성(inter-connection)이 심화됨에 따라 교육 영역에서도 국가 단위의 경계를 넘어 인권, 평화, 환경, 사회 정의, 문화 다양성 등 인류의 상호 발전을 고민하면서 글로벌 시민으로서의 시민의식과 행동 변화를 촉구하는 교육의 필요성이 높아지고 있다(김신일 외, 2001). 즉 글로벌 시민교육의 필요성이 대두되고 있는 것이다.

여섯째, 세계화 현상이 확산되면서 국제적 이주가 증가하여 점차 다문화사회를 형성하고 있다. 이는 전 세계적인 추세로서, 우리나라도 2000년대 이후 다양한 국가적 배경을 지닌 이주자가 급증함에 따라 다문화사회로 진입하게 되었다.

마지막으로, 세계화는 정치적 · 경제적 통합과 더불어 사람들의 사고방식과 태도에도 변화를 가져왔다(Stiglitz, 2008). 일반적으로 자기가 살던 지역사회, 국가에 국한되어 살아가지만 세계화로 인해 사람들은 자신이 지구촌의 일원임을 인식하게 되었다. 나아가 소이살(Soysal, 1994)은 세계화에 따른 탈국가적 환경 속에서 시민의식(citizenship)의 새로운 변화 가능성을 제기하였는데, 이것이 바로 글로벌 시민의식이라 할 수 있다.

2) 세계화의 문제점

글로벌 시대(global era)란 단일한 공간의 세계에서 인간생활을 영위하기 위해, 상대적으로 거리와 국경을 초월한 단일한 사회 공간에서 사회관계를 형성 및 조성해 가는 과정을 겪고 있는 시대라고 할 수 있다(이종식, 2015). 글로벌 시대에는 세계화 현상이 확산됨에 따라 상호 연결성과 상호 의존성으로 인하여 여러 가지 장점이 있을 수 있다.

세계화 과정에서 다음과 같은 변화 양상이 나타날 수 있다(현은자 외, 2013).

첫째, 세계화로 인한 환경변화, 기후변화, 각종 재난 · 재해, IS(Islamic State: 이슬람 국가)의 테러 위협, 국제분쟁, '묻지마 범죄(Crime against random target)'의 증가, 기초질서 및 교통질서 위반 등 실종된 시민의식에서 비롯된 다양한 사회문제가 발생하고 있다. 지구촌 사회에서는 인종과 종교를 중심으로 한 갈등, 대립, 전쟁, 빈곤, 테러, 환경문제 등과 같이 인류의 생존을 위협하는 문제들이 발생하고 있다. 이러한 문제들은 어느 한 국가 차원에서 해결할 수 없는 전 지구적 문제로 인식되며, 이를 공동으로 대응하기 위한 글로벌 협력의 필요성이 대두되고 있다. 따라서 지구 공동체의 책임 있는 글로벌 시민으로 살아가는 데 필요한 '글로벌 시민의식(Global Citizenship)'을 함양할 글로벌 시민교육이 필요하다(한국교육개발원, 2015).

둘째, 자유경쟁 체제 하에 있는 개발도상국에서는 다국적 기업의 과대 이윤 창출로 인해 빈곤이 심화될 수 있다. 반면 선진국에서는 경제적 불평등이 증가하여 실업과 고용 불안으로 인한 보호 무역을 실시하고 이민 정책을 강화하는 양상을 보이고 있다.

셋째, 세계화 과정에서 국가의 경계를 넘어 다른 국가들과 함께 협력하며 글로벌 공동체를 형성해야 한다는 필요성을 절감하고 있는 동시에 국가는 자국의 이해 관계로 인하여 분명한 한계를 경험할 수 있다. 영국의 브렉시트(Brexit)를 예로 들 수 있다. 브렉시트(Brexit)란 영국을 뜻하는 단어 '브리튼(Britain)'과 탈퇴를 뜻하는 '엑시트(exit)'를 합성하여 영국의 유럽연합(EU) 탈퇴를 의미하는 용어이다. EU의 재정이 악화되자 영국이 내야 할 EU 분담금 부담이 커짐에 따라, 영국은 2016년 국민투표로 브렉시트를 결정하였으며, 유럽경제공동체(EEC)에 합류한 지 47년 만에 2020년 1월 31일 공식적으로 탈퇴했다.

넷째, 단일민족이었던 우리나라는 21세기에 들어서면서 점차 다문화사회로 변모하였다. 우리나라에서 주요한 이주 집단인 결혼이민자, 외국인 근로자, 북한이탈 주민들과 더불어 살아가는 다문화사회에서의 가치와 태도, 문화적 다양성에 대한 이해, 인식의 개선과 공감, 실천적 행동 등은 글로벌 시민교육을 통해 함양될 수 있다.

다섯째, 글로벌 시민교육이 세계화에 따른 위협과 기회에 대응할 수 있는 주요 교육 분야로 인식됨에 따라 글로벌 시민교육에 대한 관심이 세계적으로 고조되고 있다. 이는 교육의 목적과 역할이 더욱 정의롭고, 평화로우며, 관용적이고, 포용적인 사회 건설을 지향하고 있음을 의미한다.

영국의 브렉시트(Brexit)

2. 글로벌 시민

글로벌 시민을 어원상 코스모폴리탄(cosmopolitan)으로 바꾸어 설명할 수 있다. '코스모폴리탄'의 어원은 'world'를 나타내는 그리스어 kosmos와 'city'를 뜻하는 polis로부터 유래하므로 'citizen of the world'라 할 수 있다. 위키피디아(Wikipedia) 사전에 의하면 코스모폴리탄이란 다문화적 인구를 품는 도시나 장소, 사람 혹은 전통적인 민족 시민권으로부터 유래된 지리학적 구분을 삼가는 글로벌 시민이라 정의하고 있다.

사실 글로벌 시민, 세계시민의 개념은 최근 들어 등장한 것은 아니다. 고대 그리스의 철학자 소크라테스(Socrates)는 자신을 '아테네인도, 그리스인도 아닌 세계의 시민'이라 하였다(Bowden, 2003). 고대 그리스 철학자였던 디오게네스(Diogenes) 역시 자신의 출신을 묻는 질문에 "나는 세계시민(cosmopolites)이다"라고 대답하였다(이지훈, 2014). 이와 같이 세계시민, 글로벌 시민의 개념은 고대 그리스, 어쩌면 더 오래 전부터 이미 존재했던 개념이다.

그 이후 1974년 UNESCO가 글로벌 시민(global citizen)이라는 용어를 사용하기 시작하였다. 유네스코(UNESCO, 2014)에서는 글로벌 시민을 광범위한 공동체와 전 인류에 소속감을 느끼고, 지역 · 국가 · 세계에 대해 열려 있는 글로벌한 시각(global gaze)을 견지하며, 보편적 가치에 기초한 다양성 및 다원성을 존중함에 따라 자신과 타인, 그리고 환경을 포괄적으로 이해하고 행동하는 사람이라 정의하였다.

우리나라 교육현장에서는 글로벌 시민, 즉 세계시민을 다음과 같이 정의하고 있다.

- 세계시민이란 더불어 사는 지구촌을 만들기 위해 공동체 의식을 바탕으로 다양한 지구촌의 문제에 관심을 가지고, 그 문제를 해결하기 위해 적극적으로 행동하는 사람을 의미한다.[3)]

3) 박병기 외, 『중학교 도덕 1』. 서울: 비상교육, 2018, p. 203.

- 지구 공동체의 문제를 나의 문제로 생각하고, 이를 해결하기 위해 행동하는 사람을 '세계시민'이라고 한다. 세계시민은 전 세계의 모든 사람이 서로 연결되어 있고, 자신의 행동이 다른 나라에 영향을 줄 수 있다는 점을 아는 사람이다.[4)]
- 민족이나 국가와 같은 기존의 지역 공동체를 넘어 지구 공동체의 구성원으로 살아가는 사람들을 세계시민이라고 한다.[5)]

우리나라 교육현장에서 다루고 있는 글로벌 시민의 핵심적 특성을 요약해 보면 다음과 같다(김재훈, 2020). 첫째, 글로벌 시민은 전 지구적 문제들에 대한 도덕적 관심과 책임을 가진다. 둘째, 글로벌 시민은 세계의 모든 인류와 연대의식을 갖는다. 셋째, 글로벌 시민은 인류 보편적 가치를 추구한다.

글로벌 시민은 국경 및 국가를 초월한 다층적 정체성과 소속감을 토대로 인류 보편적 가치 및 국제 이해에 관한 지식을 갖추어 이해하고, 당면한 사안에 참여, 존중, 협력 및 책임의식을 가지고 행동하는 시민(윤선인, 조윤정, 2019)이다.

참고

다층적 정체성 다중 정체성 multiple identities	다중 정체성은 한 개인이 복수의 정체성을 형성하고 유지하는 것을 말한다. 이러한 복수의 정체성은 때로 위계적으로 연결되어 있거나 서로 중첩되기도 한다. 개인은 자신이 지니고 있는 복수의 정체성 중에서 상황에 따라 특정 정체성을 전면에 내세운다. 예를 들면, 개인은 세계에 속하면서 동시에 지역, 국가 등 다양한 집단에 속한다. 즉, 개인은 지역 정체성, 국가 정체성, 세계 정체성 등을 동시에 갖게 된다

출처: 유네스코 아시아태평양 국제이해교육원(2015). 유네스코가 권장하는 세계시민교육 교수학습 길라잡이. 서울: 유네스코 아시아태평양 국제이해교육원.

4) 강성률 외, 『중학교 도.덕 1』, 서울: 리베르스쿨, 2018, p. 216.
5) 추병완 외, 『중학교 도덕 1』, 경기: 지학사, 2018, p. 185.

글로벌 시민은 전지구적 문제나 삶에 대한 방관자가 아니라 글로벌 공동체에서 또는 삶에서 행동하는 참여자이며, 인간의 권리, 자유, 평화, 사회 정의, 생태 환경 등을 지키고자 하며, 종교나 인종, 성 등과 상관없이 모두를 존중하고, 지구촌에 산재해 있는 다양한 불평등 요인들을 줄여 나가며, 환경을 보호하는 등 책임감 있는 행동을 한다(옥일남, 2014). 특히 글로벌 시민은 인류가 직면한 위기 상황을 글로벌 관점에서 접근하고, 위기의식을 공유하여 협동과 실천을 통하여 해결하고자 하는 글로벌 책임의식을 지닌 시민이라 할 수 있다(Falk, 1994).

영국의 NGO 단체 옥스팜(Oxfam)은 「글로벌 시민을 위한 교육과정」(1997)을 발간하였으며, 2006년과 2015년에 학교 교육현장에서 적용할 수 있는 글로벌 시민교육의 교육과정을 지속적으로 제안하였다.

옥스팜(2015)은 글로벌 시민을 다음과 같이 정의하고 있다.

- 더 넓은 세계에 대해 알고 글로벌 시민으로서 자기 역할을 이해하는 사람
- 다양성을 존중하고 가치롭게 여기는 사람
- 세계가 어떻게 작동하고 있는지를 이해하는 사람
- 사회 정의에 열정적으로 헌신하는 사람
- 지역 수준에서부터 글로벌 수준에 이르기까지 다양한 수준의 공동체에 참여하는 사람
- 더 평등하고 지속 가능한 세상을 만들기 위해서 다른 사람과 협업하는 사람
- 자신의 행동에 책임을 지는 사람

옥스팜(Oxfam)의 코로나19 대응활동

출처: https://www.oxfam.or.kr

글로벌 시민으로 사고하고 행동한다는 것은 무엇을 의미하는가? 글로벌 시민이 된다는 것은 직접적으로 속해 있는 지역(예. 대한민국)이나 민족에 대한 관심으로만 한정되지 않고, 세계 공동체의 소속감, 관계성, 책임감 등을 인식하고 이러한 광범위한 관심을 일상생활의 실천 영역으로 통합할 수 있는 문화적 성향을 갖추는 것이다(현은자 외, 2013). 글로벌 시민이란 특정 국가의 국민을 뛰어넘는 개념이므로 시민의 국가 정체성과 글로벌 시민의 정체성 사이의 조화와 균형이 중요하다.

3. 글로벌 시민의식

1) 글로벌 시민의식의 개념

세계화 현상이 가속화됨에 따라 우리는 일상생활 속에서 점점 국경을 넘어서는 새로운 시민의식을 요구받고 있다. 글로벌 시대에 경제적, 정치적, 사회문화적 차원의 세계화가 급속히 확산되는 상황에서 필연적으로 제기되는 것은 글로벌 시민의식이다. 세계화로 인한 새로운 위기 상황, 코로나 팬데믹, 전쟁과 테러, 폭력, 생태계 위기, 시민윤리의 와해 현상으로 인해 전 지구인의 삶과 지구 공동체의 안위가 위협받게 됨에 따라 글로벌 시민의식이 전 지구인의 과제로 인식되기 시작하였다.

글로벌 시민의식(Global citizenship)은 국가 단위의 시민의식과 태도를 지구촌으로 확대하여 적용한 개념이라 할 수 있다. 글로벌 시민의식은 글로벌 시민의 자질, 역량 등을 나타내는 용어이다. 'Global citizenship'은 우리나라에서 글로벌 시티즌십, 글로벌 시민성, 글로벌 시민의식, 또는 세계시민의식 등으로 번역되어 사용된다.

글로벌 시민의식은 사람들이 지구촌 공동체의 상호 의존성을 인정하며, 세계 곳곳에 거주하는 다른 사람들에 대해 가지는 태도의 일종으로, 다른 사람에 대해 세계시민으로서 책임감을 가지고 도덕적, 윤리적으로 행동해야 한다고 주장한다(옥일남, 2014).

글로벌 시민의식은 학계에서 논쟁이 되고 있는 개념이다. 혹자는 글로벌 시민의식을 '국경을 넘어선 시민의식' 또는 '민족국가를 초월한 시민의식'이라고 말한다. 어떤 사람은 '코스모폴리터니즘(cosmopolitanism)'이 글로벌 시민의식보다 포괄적인 개념일 수 있다고 지적하기도 한다. 그런가 하면 지구를 보호해야 하는 국제사회의 책임을 강조하여 여전히 '지구 시민의식(planetary citizenship)'이라는 용어를 선호하는 사람들도 있다(유네스코, 2014).

나딩스(Noddings, 2005, 김진희, 2017 재인용)는 글로벌 시민의식을 정의하기 위하여 다음 네 가지 측면을 유의해야 한다고 주장하였다.

첫째, 글로벌 시민은 이기적인 관심보다는 배려적인 관심을 가져야 한다. 이기적인 관심은 나 자신, 또는 내가 속한 집단의 이익만을 추구할 뿐 글로벌 시민으로서 지녀야 하는 포용성을 담아내지 못한다. 둘째, 글로벌 시민은 경제 성장에 역점을 둔 세계화가 생태계 위기를 초래했다는 점에 주목해야 한다. 셋째, 글로벌 시민의식을 단순히 경제적 관점에서 해석하려는 경향을 경계하여야 한다. 글로벌 시민의식은 경제적 정의뿐 아니라 사회·문화적 정의에도 관심을 기울여야 한다. 넷째, 세계화의 개념을 글로벌 경제라고 지칭할 때 누가 제시한 경제적 이상향을 추구해야 하는지에 대해 비판적으로 검토해야 한다.

글로벌 시민의식은 '지구·인류 공동체에 대한 소속감(a sense of belonging)'으로,

인류 공동체에 대한 연대감, 집단적 정체성, 집단적 책임감 등 다면적 관점의 개념으로 그 의미가 점점 확대되어 왔으나, 법적 지위나 의미를 수반하는 개념은 아니다(정우탁, 2016). 글로벌 시민의식은 법적 개념은 아니지만 정신적 기풍(ethos)이나 규범적 개념의 특징을 지닌다.

글로벌 시민의식은 국민, 국가 공동체의 시민이라는 소속감과 정체성, 그리고 지구 공동체의 시민이라는 또 다른 정체성을 갖는 이른바 '다층적 정체성'을 의미한다. 다층적 정체성(multiple identities)이란 한 개인이 복수의 정체성을 형성하고 유지하는 것이다(유네스코 아시아태평양 국제이해교육원, 2015). 예를 들면 개인은 세계에 속하면서 동시에 지역, 국가 등 다양한 집단에 속하므로 지역 정체성, 국가 정체성, 세계 정체성 등을 동시에 갖게 되는데, 이를 다층적 정체성이라 하며, 글로벌 시민의식의 두드러진 특징이라 할 수 있다. 또한 더 나은 세계와 미래를 추구하기 때문에 평화, 인권, 민주주의, 정의, 차별 금지, 다양성, 지속가능성 등의 인류 보편적 가치를 존중하는 의식을 의미한다(정우탁, 2016).

2) 글로벌 시민의식의 이해

글로벌 시민의식은 보다 광범위한 공동체와 인류 전체에 대해 느끼는 소속감과 관련이 있으며, 지역과 국가를 세계와 연결하는 '세계를 향한 개방된 시각'을 요구한다. 글로벌 시민의식은 서로에 대한 연대감과 집단적 정체성을 경험하고 세계 차원의 집단적 책임감을 가지는 사람들이 느끼는 인류에 대한 공동체 의식과 관련 있다.

글로벌 시민의식이 인권, 평화, 민주주의, 정의, 비차별, 다양성 및 지속가능성과 같은 인류 보편적 가치를 추구한다는 것은 바로 특정한 이해관계를 초월하였다는 의미이며, 나아가 적극적으로 참여하고 행동하는 태도를 지향한다. 또한 글로벌 시민의식은 다양성과 다원성을 존중함으로써 자신을 다양한 사람들 및 환경과 연결시키고 이해하며 행동하는 방법이기도 하다. 이러한 맥락에서 개인의 삶은 지역, 국가, 나아가 세계와 연계되어 있으며, 상호 유기적으로 영향을 미친다. 종합해 보면, 글로벌 시민의식은 전 세계와 연결된 연대감을 가지고, 지역 및 국가 정체성을 넘어 글로벌 시민으로서 다층적 정체성을 가지고 인류와의 조화로운 삶, 지속 가능한 미래를 지향하는 데 필요한 역량이라 할 수 있다.

글로벌 시민의식은 다양한 관점에서 논의될 수 있다(김진희, 2017). 글로벌 시민의식을 정치적, 도덕적, 경제적, 그리고 비판적 관점에서 다루고 있는 각각의 담론을 살펴보면 다음과 같다.

① 정치적 관점에서의 글로벌 시민의식 담론 (Political global citizenship)

정치적 관점에서의 글로벌 시민의식을 다루는 접근은 세계정부(world state)라는 개념을 상정하고, 현재의 단위 국가의 헌법적, 실행적, 법적 체제를 갖춘 주권을 지구적 차원에서 재구조화하는 논의라 할 수 있다. 즉 정책적으로 글로벌 거버넌스 구현을 통하여 민주주의 확산을 도모하는 것이라 할 수 있다.

② 도덕적 관점에서의 글로벌 시민의식 담론 (Moral cosmopolitan global citizenship)

도덕적 관점에서의 글로벌 시민의식은 현재의 글로벌 시민의식 담론의 주도적 개념을 이끌고 있다. 학문적으로나 정책적으로 가장 널리 알려진 개념이자 영향력 있는 접근법으로서 도덕적 가치와 규범은 모든 국가에 적용될 수 있는 보편적 이성이자 전 지구적 윤리, 인류 보편적 가치임을 강조한다. 즉 모든 인류는 상호 관계를 맺고 있으며, 상호 책무성을 가지고 영향을 미치는 존재이므로 도덕적 글로벌 시민의식은 누구에게나 필요하다는 것이다.

③ 경제적 관점에서의 글로벌 시민의식 담론 (Economic cosmopolitan global citizenship)

경제적 관점에서의 글로벌 시민의식은 개인주의, 신자유주의 사상, 자본주의 사상에 기초를 두고 있다. 이러한 접근법에서 시민은 '얇은 시민의식(thin citizenship)'을 지닌 존재로서, 개인의 이해관계와 욕구에 따라 세계는 기능할 수 있다. 이 관점은 앞서 소개한 정치적, 도덕적 글로벌 시민의식을 축소하고, 글로벌 시장에서의 경쟁력, 소비주의, 그리고 자본주의를 통해 세계 공동체를 형성하고, 여기서 창출된 기업의 사회적 이윤은 필요한 경우에 공공선을 위해 활용될 수 있다는 접근이다(Schattle, 2008).

④ 비판적, 탈식민주의적 관점에서의 글로벌 시민의식 담론 (Critical & Post-colonial global citizenship)

자유주의적 세계시민론자들이 말하는 개인의 자율성, 즉 모든 시민들이 시민적 자유를 누리는 시민의식은 유토피아적이며, 이는 전 세계에 팽배한 불평등과 차별, 소외의 구조적 문제를 간과하는 접근이라고 비판한다. 따라서 억압적인 글로벌 체제나 사회구조를 해체하고, 사회적 변혁을 도모하는 정치성(politics of social transformation)이 누락된 글로벌 시민의식은 허구에 불과하다는 입장이다.

히터(Heater, 2005)는 글로벌 시민의식, 즉 세계 공동체의 구성원이 가지는 글로벌 시민의식을 네 유형으로 구분한다.

① 인류 공동체의 구성원이라는 의식
② 지구와 지구인에 대한 책임감 및 지구를 보호하기 위한 참여의식
③ 자연, 국제, 세계법에 대한 인식
④ 세계정부에 헌신하는 지구 책임의식

[그림 5-1] 히터(Heater, 2005)가 제안한 글로벌 시민의식의 스펙트럼

모호함 ⟵		⟶	정밀함
정체성	도덕성	법	정치
① 인류 공동체의 구성원이라는 의식	② 지구와 지구인에 대한 책임감	③ 자연, 국제, 세계법에 대한 인식	④ 세계정부에 헌신하는 지구 책임의식

출처: Heater(2005). Citizenship: The civic ideal in world history, politics, and education. Manchester University Press.

첫 번째 유형은 인류 공동체의 일원으로 정체성을 가지고 있는 글로벌 시민이 지닌 글로벌 시민의식을 의미한다.

두 번째 유형은 나 개인이 지구 공동체에 속한 글로벌 시민임을 알고, 지구에 대한 도덕적 책임감을 가지며, 지구를 보호하기 위해 실천적인 태도를 지니고 참여하는 것이다.

세 번째 유형은 개인이 속한 공동체나 국가보다 더 높은 수준에 있는 도덕 법칙을 인정하고 수용하는 태도를 갖는 것이다.

네 번째 유형은 가장 구체적인 글로벌 시민의식으로, 초국가적인 정치 권한과 행위의 필요성을 이해하며, 전 지구적 문제에 대응하는 것으로 세계정부에 기여하고 헌신하는 지구 책임의식을 지닌 태도를 의미한다.

히터는 첫 번째 의미인 인류 공동체라는 의식을 가진 글로벌 시민 개념이 가장 모호하고 선언적이라고 보았으며, 네 번째 의미인 세계정부에 헌신하는 지구 책임의식을 지닌 글로벌 시민의 개념이 가장 정밀하고 구체적이라고 보았다.

글로벌 시민은 어떠한 자질을 가져야 하는가? 글로벌 시민의식은 인권·민주주의·정의·비차별·다양성 및 지속가능성 같은 인류 보편적 가치를 추구한다. 글로벌 시민의식은 집단성을 위한 심리적 구조로서, 더 나은 세상과 미래를 위해 공공 영역의 시민활동을 통해 행동과 참여를 이끌어낼 수 있다(유네스코 아시아태평양 국

제이해교육원, 2014).

글로벌 시민의식을 특정 국가나 집단의 관점에서 바라 본 시민의 자질로 제한해서는 안 된다. 글로벌 시민의식은 보편적 가치를 추구하기 위한 초국가적 반성과 참여 및 연대로 특징지을 수 있다. 환경, 인권, 평화, 구제, 전쟁 등의 쟁점과 관련하여 특정집단이나 지역, 국가의 입장을 벗어나 인류 전체의 관점에서 문제를 접근하고 그 해결을 위해 적극적으로 참여하고 연대하는 태도가 요구된다.

글로벌 시민으로서 문제를 조망할 수 있는 능력, 사회 내에서 협력하여 일하며 자신의 의무와 책임을 다할 수 있는 능력, 문화적 차이를 이해하고 존중할 수 있는 능력, 비판적으로 사고할 수 있는 능력, 비폭력적으로 갈등을 해결하려는 의지, 인권을 존중하려는 노력, 지역적 · 국가적 · 세계적 차원에서 정치에 참여하려는 태도 등이 요구된다(Cogan & Derricot, 2000).

글로벌 시민으로서의 자질, 즉 글로벌 시민의식은 저절로 얻어지거나 학교 교육으로만 습득할 수 있는 것이 아니다. 모든 교육이 그러하듯이 글로벌 시민교육도 학교 교과과정 내에서 운영되는 단기간의 교육활동만으로 효과를 볼 수 있는 것은 아니다.

글로벌 시민교육에 대한 요구가 부각되고 있는 세계적인 추세와는 달리 교육현장에서 '글로벌 시민의식'은 취약한 것으로 나타났다. 구체적으로 우리나라는 경제협력개발기구(OECD)의 국가 브랜드 점수 항목 중에서 시민의식이 27위를 차지하였으며, 한국교육개발원(2014)에서 4년제 대학생 4,189명을 대상으로 실시한 '대학생 역량 진단조사' 결과 시민 역량 부문이 61.6점(목표지수 100점)으로 가장 낮게 나타나 글로벌 시민교육의 필요성이 대두된다.

민주시민교육이 그러하듯 글로벌 시민교육도 영 · 유아기부터 시작하여 사회인이 될 때까지, 필요하면 그 이후에도 평생교육적 차원에서 지속되어야 하는 것이다. 글로벌 시민의식을 삶 속에 내면화시키고 이해시키려면 비교적 사고가 유연한 영유아부터 아동들, 청년들, 나아가 성인들까지도 교육 대상으로 글로벌 시민교육을 실시할 필요가 있다.

세계화의 가속화로 인해 사회 구성원들은 글로벌 시민으로서의 자질을 갖추어야 할 필요가 있다. 지구촌의 세계화는 각 개인이 개별 국가의 편협한 이해관계를 떠나 보편적 가치를 지향하는 의식과 태도를 함양시키고, 새로운 국가관, 세계관 및 글로벌 시민으로서의 자질을 향상하여야 하는데(유재경, 2008), 이것이 글로벌 시민교육이 필요한 이유이다. 국가별로 처한 상황이 다양할 수 있으나, 세계화 흐름 속에서 개인은 다양한 쟁점에 대한 공동체 의식을 함양하는 가운데 국가 정체성, 나아가 글로벌 시민으로서의 자아 정체성과 시민적 연대감을 형성하여야 진정한 글로벌 사회의 주체로 거듭날 수 있다. 그리고 글로벌 시민의식과 같은 추상적인 개념의 가치는 이것을 행동으로 옮기는 실천이 따를 때 비로소 의미를 지니게 된다.

<table>
<tr><td colspan="2">토론일시: 년 월 일
토론 참여자:
〈조별토론지〉</td></tr>
<tr><td colspan="2">토론자명:</td></tr>
<tr><td>발표자:</td><td>내용정리자:</td></tr>
<tr><td>토론주제</td><td>글로벌 시민은 ____________________이다.
왜냐하면, ______________________하기 때문이다.

(글로벌 시민에 대하여 조별로 창의성 있게 정의하고,
그 이유를 도출하세요.)</td></tr>
<tr><td>토론
발표
방법</td><td>• 오늘은 토론 내용을 발표합니다.
• 먼저 발표자와 내용정리자를 정하세요.
• 토론을 합니다.
• 발표자는 내용을 3분 이내로 발표하기 바랍니다.
• 내용정리자는 토론한 내용을 아래에 정리해서 제출합니다.</td></tr>
<tr><td colspan="2"></td></tr>
</table>

〈토론 사례 1〉

<table>
<tr><td colspan="3">토론일시: ○○○○년 3월 29일
토론 참여자: 13조 〈조별토론지〉</td></tr>
<tr><td colspan="3">토론자명:</td></tr>
<tr><td colspan="2">발표자:</td><td>내용정리자:</td></tr>
<tr><td>토론주제</td><td colspan="2">글로벌 시민은 ___퍼즐___이다.
왜냐하면, ___어우러져야___하기 때문이다.

(글로벌 시민에 대하여 조별로 창의성 있게 정의하고,
그 이유를 최소 5가지 이상 도출하세요.)</td></tr>
<tr><td>토론
발표
방법</td><td colspan="2">• 오늘은 토론 내용을 발표합니다.
• 먼저 발표자와 내용정리자를 정하세요.
• 토론을 합니다.
• 발표자는 내용을 3분 이내로 발표하기 바랍니다.
• 내용정리자는 토론한 내용을 아래에 정리해서 조별 1장을 제출합니다.</td></tr>
<tr><td colspan="3">글로벌 시민은 퍼즐이라고 생각합니다.
퍼즐이란 각각의 여러 조각들이 모여서 하나의 큰 그림을
완성시키는 것이다.
그 퍼즐의 조각들은 제각기 다른 모양과 크기를 가지고 있다.
이런 제각기 다른 성질의 퍼즐들이 하나로 어우러 질 때
완성된 그림이 탄생하게 된다.
글로벌 시민도 이와 비슷하다고 생각한다
모든 시민들은 각자 개성이 있고 각자가 추구하는 방향이
다르다. 그러나 그 각각의 시민들의 특성과 생각이
어우러져 모였을 때 하나의 좋은 그림처럼 좋은 사회가
만들어진다고 생각했기 때문에 글로벌 시민은 퍼즐이라고
생각한다.</td></tr>
</table>

〈토론 사례 2〉

<table>
<tr><td colspan="2">토론일시: ○○○○년 3월 29일
토론 참여자: 1조</td><td>〈조별토론지〉</td></tr>
<tr><td colspan="3">토론자명:</td></tr>
<tr><td colspan="2">발표자:</td><td>내용정리자:</td></tr>
<tr><td>토론주제</td><td colspan="2">글로벌 시민은 ___오지라퍼___이다.
왜냐하면, ___관심을 세계로 표출___하기 때문이다.

(글로벌 시민에 대하여 조별로 창의성 있게 정의하고,
그 이유를 최소 5가지 이상 도출하세요.)</td></tr>
<tr><td>토론
발표
방법</td><td colspan="2">• 오늘은 토론 내용을 발표합니다.
• 먼저 발표자와 내용정리자를 정하세요.
• 토론을 합니다.
• 발표자는 내용을 3분 이내로 발표하기 바랍니다.
• 내용정리자는 토론한 내용을 아래에 정리해서 조별 1장을 제출합니다.</td></tr>
<tr><td colspan="3">글로벌 시민은 말 그대로 세계와 밀접한 관계를 맺고 있는 시민입니다.
문학작품에서 사용되는 표현기법 중 하나인 원형적 상징처럼 전 인류적인 보편성을
가지면서 사회 다방면에 관심이 있는 능동적인 시민을 의미하지 않습니다.
오지라퍼는 다소 부정적인 어감으로 들릴 수 있으나, 알고보면 굉장히 따뜻한 사람입니다.
'관심'이 없다면 '오지랖'도 생길 수 없기 때문이죠.
사회 다 방면에 관심을 갖고 자신의 의견을 표출하고 목소리를 높이는 것이
지금 이 세상에 가장 필요한 덕목을 지닌 시민이 아닌가 싶습니다.
즉, 불의를 참지 못하고, 남의 시선에 신경쓰지 않고, 자신의 의견을 소신껏
얘기할 수 있는 오지라퍼가 글로벌 시민의 자질이 있다고 생각합니다.</td></tr>
</table>

Chapter

6

글로벌 시민교육의 이해

6장 글로벌 시민교육의 이해

1. 글로벌 시민교육의 의의

글로벌 시민교육이란 '학습자들이 더 포용적이고, 정의롭고 평화로운 세상을 만드는 데 이바지할 수 있도록 필요한 지식, 기능, 가치, 태도를 길러주는 교육'이다(유네스코 아시아태평양 국제이해교육원, 2017).

글로벌 시민교육의 정의에 기초하여 교육적 강조점을 살펴보면 다음과 같다(유네스코 아시아태평양 국제이해교육원, 2017).

첫째, 글로벌 시민교육이 '포용'적이라는 것은 '다름'이 차별과 배제의 대상이 아니라는 것을 의미한다. 따라서 글로벌 시민교육에서 다양성은 삶의 일부이고, 창조의 원천으로서 존중되어야 한다는 것을 강조한다.

둘째, 글로벌 시민교육에서 추구하는 '평화'로운 세상에서 '평화'롭다는 것은 갈등과 긴장을 전쟁이나 무력 행사 등 폭력적인 방법으로 해소하려 하지 않는 것을 의미한다. 분노나 적개심이 혹시 오해나 편견, 불안이나 공포 때문에 과장된 것은 아닌지, 이해관계가 대립하고 있다면 무력 충돌하기보다는 양보와 타협을 하거나 다른 대안을 모색해 봄으로써 갈등과 긴장문제를 해결할 것을 강조한다.

셋째, 글로벌 시민교육에서 '정의'롭다는 것은 단순한 전쟁과 폭력 사태의 부재가 아니라 착취와 억압이 없어야 한다는 것을 의미한다. 이러한 맥락에서 보면 환경의 훼손이나 자연의 약탈적 이용은 해당 지역의 주민은 물론 모든 생명체와 생태계에 파괴적이므로 정의롭지 못한 행위이다.

'포용', '평화', '정의'의 의미를 통해서 알 수 있듯이 글로벌 시민교육의 개념 안에는 인권교육, 평화교육, 지속가능교육, 국제이해교육에서 추구하고 있는 내용을 모두 포괄하고 있다.

2. 글로벌 시민교육의 목표 및 글로벌 시민상

1) 글로벌 시민교육의 목표

글로벌 시민교육은 학습자가 지역 및 글로벌 차원에서 능동적 역할을 하며, 직면한 세계의 어려운 문제들을 해결하고, 나아가 궁극적으로는 더욱 정의롭고, 평화로우며, 관용적이고, 포용적이며, 안전하고, 지속 가능한 세상을 만드는 데 앞장설 수 있도록 학습자의 역량을 키우는 데 목적이 있다(유네스코 아시아태평양 국제이해교육원, 2014).

글로벌 시민교육은 글로벌 시민으로서의 지식을 갖게 하고 사회적·도덕적으로 책임을 지는 교양 있고 분별력 있는 시민으로서 적극적인 역할을 할 수 있도록 준비시켜 준다. 또한 글로벌 시민교육은 다른 사람과 더불어 살면서 함께 행동할 수 있는 자신감과 확신을 심어 줌으로써 그들이 지역사회에 기여하도록 돕는 것을 목표로 한다(www.qca.org.uk/ca/subjects/citizenship).

글로벌 시민교육은 범학문적인 성격을 가지며, 인권교육, 평화교육, 지속가능발전교육, 다문화교육, 국제이해교육 등을 포함하므로, 교육의 모든 주제 및 분야의 개념과 콘텐츠를 더욱 풍부하게 제공할 수 있다. 글로벌 시민교육을 통해 교수자와 학습자는 지역 차원의 문제와 원인을 파악하고 세계 차원의 연계성을 고려하여 가능한 해결 방안을 강구한다. 다양한 문제들과 그들 간의 관계를 파악하는 것은 학습자들이 향후 급변하고 상호 의존이 심화되는 글로벌 사회에서 그들의 잠재력을 충분히 발휘할 수 있도록 준비하는 데 필요하다.

> **"글로벌 시민교육의 중요한 출발점은 평화교육, 인권교육, 국제이해교육 및 지속가능발전교육이다. 그것은 줄기가 많은 강과 같아서, 우리는 이 강에서 서로 섞이고 서로에게서 배울 수 있다"**
>
> \- 토 스위힌(Toh Swee-Hin), 유엔 평화대학 교수(코스타리카)

출처: 유네스코(2014). 글로벌 시민교육: 21세기 새로운 인재 기르기. 유네스코 아시아태평양 국제이해교육원.

이러한 점을 고려하여 글로벌 시민교육을 담당하는 교수자는 학습자가 다음과 같이 변화할 수 있도록 지원한다(유네스코 아시아태평양 국제이해교육원, 2014).

- 학습자가 실생활 속의 문제들을 비판적으로 분석하고, 가능한 해결 방안을 창의적이고 혁신적으로 찾을 수 있도록 한다.
- 학습자가 주류 담론의 가설과 세계관, 권력 관계를 비판적으로 고찰하고, 체제에서 소외된 개인 또는 집단을 고려하도록 지원한다.
- 바람직한 변화를 이루기 위해서는 개인과 집단의 행동이 반드시 필요하다는 것을 강조한다.
- 학습 환경 밖에 있는 사람들을 포함해 다양한 이해당사자들을 공동체나 더 큰 사회에 참여시킨다.

글로벌 시민교육의 목표는 다음과 같다(유네스코 아시아태평양 국제이해교육원 소개동영상).

첫째, 인류 공동체의 구성원으로서의 책임의식을 갖도록 한다.

둘째, 인류 보편의 가치들을 내면화하도록 한다.

셋째, 세계의 이슈들과 지구촌의 상호 의존성에 대해 비판적으로 이해한다.

넷째, 인류 공동의 문제해결을 위해 능동적으로 참여할 수 있도록 한다.

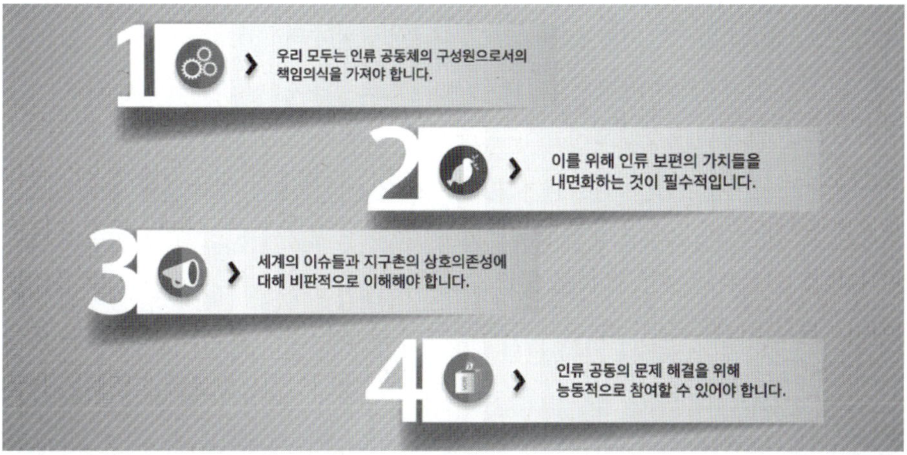

글로벌 시민교육의 목표

출처: 유네스코 아시아태평양 국제이해교육원 소개동영상-세계시민교육이란.

글로벌 시민교육을 통해 국경을 초월하여 세계가 상호 의존하고 있다는 전 지구적인 시각으로 인류의 생활상을 바라보는 자세를 가지며, 문화, 인권, 환경, 평화 등 지구상에 현존하는 공동의 문제에 관심을 증대시켜, 인류 공동의 문제에 함께 참여하고 해결해 나가려는 태도와 능력을 함양하여야 한다. 이를 위해 세계 속에서 다양성에 대한 인식, 다양함 속에서 살아가기 위한 보편성 이해를 위한 지식(knowledge), 그리고 함께 살아가는 능력(ability), 가치(value), 참여(participation)하는 태도를 학습하고 가르쳐서, 주체적인 글로벌 시민으로서의 자질을 형성하는 것이 글로벌 시민교육의 궁극적인 목표다(현은자 외, 2013).

2) 글로벌 시민상

글로벌 시민교육을 통해 도달하려고 하는 시민상을 제시하면 다음과 같다(김영인 외, 2017; 정우탁, 2016).

첫째, 글로벌 시각(global perspective)을 가지고, 글로벌하게 생각하며, 행동하는 인간이다. 글로벌 시민교육은 협소한 지역주의(parochialism), 자기중심적(egocentric) 세계관, 혹은 자민족 중심주의(ethnocentrism), 국수주의(chauvinism), 극단적 국가주의(ultra nationalism), 극단주의(extremism), 종교적 근본주의(fundamentalism) 등을 탈피하여 개방된 마인드와 시각으로 세계를 바라보고, 건강한 사고와 판단을 하는 균형 잡힌 인간을 양성하고자 한다.

둘째, 글로벌 시민교육은 지구 공동체에 대한 소속감과 인류에 대한 연대의식을 소유한 인간을 길러내고자 한다. 인종, 종교, 문화, 국적은 달라도 지구에 함께 사는 호모 사피엔스(homo sapiens)로서 동질감과 유대감을 갖는 인간을 양성하고자 한다. 다른 인종, 종교, 문화, 국적 간의 차이를 다름으로 인식하고 차별하지 않는 의식을 기르도록 한다. 예를 들어, ㅇㅇ은 자신이 거주하고 있는 서울 시민이면서, 한국 국민, 동시에 글로벌 시민의식을 갖도록 하는 것이 글로벌 시민교육이 지향하는 바이다.

셋째, 글로벌 시민교육은 전 세계적으로 공감할 수 있는 인류 보편적 가치를 내재화한 인간을 양성하고자 한다. 현 시점에서 합의가 가능한 인류 보편적 가치의 예로는 평화로운 세계, 인권의 존중, 문화 다양성, 지속 가능한 발전 등을 들 수 있다. 글로벌 시민교육에서는 이러한 인류 보편적 가치를 내면화하고 생활화하는 글로벌 시민상을 지향한다.

넷째, 글로벌 시민교육은 자문화중심주의를 벗어나 문화상대주의(cultural relativism) 시각에서 자기 문화에 대한 자긍심과 함께 다른 문화도 존중하는 시민상을 지향한다. 다양한 인종, 문화, 종교, 국적 등의 차이를 다양성으로 이해하여 평화롭게 공존하는 세상을 구현하는 것이 글로벌 시민교육의 지향점이다. 이와 관련된 내용은 글로벌 다문화 시민교육에서 좀 더 자세히 살펴보기로 한다.

다섯째, 글로벌 시민교육은 지구 공동체의 공공선을 추구하는 공익정신을 소유한 참여적 시민상을 지향한다. 공동체의 발전이 없이는 개인의 이익도 장기적으로 보장되기 어려우므로, 글로벌 시민교육은 공익정신이 투철한 글로벌 시민을 양성하고자 한다.

여섯째, 글로벌 시민교육은 사회적, 국가적, 세계적 문제의 해결에 적극적으로 참여하는 시민상을 지향한다. 글로벌 시민교육을 통해 지구 공동체의 주인이 글로벌 시민이라는 적극적인 마인드와 참여 자세를 습득할 수 있다.

마지막으로 글로벌 시민교육은 역량 있는 글로벌 시민상을 지향한다. 글로벌 시민교육을 통해 합리적인 사고, 판단력, 비판적 사고, 문제해결 능력, 대안 창출 능력, 의사소통 능력 등과 같은 글로벌 시민 역량을 신장시킬 수 있다.

글로벌 시민교육의 목표는 전지구적으로 처한 다양한 문제를 비판적으로 분석하고, 나름과 다양성을 존중하며, 책임감 있는 행동을 통해 공동체에 참여하는 시민을 길러내는 것이다. 이를 위하여 글로벌 시민이 해야 할 일을 실천 지향적으로 제시하면 다음과 같다(유네스코 아시아태평양 국제이해교육원 소개동영상-세계시민교육이란).

① 생각하기(Think): 글로벌 이슈들에 대해 배우고 생각하기

② 공유하기(Share): 글로벌 시민으로서 자신의 생각을 다른 사람들과 나누고 공유하기

③ 행동하기(Act): 글로벌 시민으로서 변화된 행동으로 참여하기

출처: 유네스코 아시아태평양 국제이해교육원 소개동영상-세계시민교육이란.

3. 글로벌 시민교육의 특징

글로벌 시민교육은 글로벌 시민의식(global citizenship)을 지닌 글로벌 시민(global citizen)을 길러내기 위한 교육이다. 글로벌 시민교육은 '빠르게 변하고 글로벌 상호의존성, 불확실성, 불평등이 증대되는 세상에서 현재보다 더 정의롭고 지속 가능한 방식으로 더불어 살아가기 위한 학습을 목적으로 하는 변혁적 교육 패러다임'이라 할 수 있다(이성희 외, 2015).

글로벌 시민교육은 인간을 인간답게 성장하도록 변화시키고, 세상을 발전시키는 변혁적 교육(transformative education)이어야 한다. 변혁적 교육으로서 글로벌 시민교육 안에는 인간을 포함한 생명에 대한 존엄성, 자유, 평등, 사회정의, 문화 다양성, 인류의 연대의식, 미래에 대한 책임의식의 공유 등이 포함되어 있어야 한다.

글로벌 시민교육의 특징은 다음과 같다(이성희 외, 2015).

첫째, 글로벌 시민교육은 세계화로 인하여 국가적 단위를 초월한 전 지구적인 도전 과제와 이슈에 대한 이해, 그리고 이러한 도전 과제에 대해 교육을 통해 효과적인 대응 방안을 강구하기 위한 목표를 지닌다.

둘째, 전반적으로 글로벌 시민교육에서 사용되고 있는 글로벌 시민 또는 글로벌 시민의식은 국가를 초월한 세계정부의 수립을 통해 획득되는 법적 신분(legal status)이라기보다는 보편적 인류애를 추구하는 인류 공동체의 기풍(ethos)을 의미한다(유네스코 아시아태평양 국제이해교육원, 2014).

셋째, 아직까지 학계 및 교육현장에서 글로벌 시민의식과 글로벌 시민교육에 대한 합의된 정의를 찾아보기 힘들다. 이는 근본적으로 글로벌 시민이라는 개념의 가상적(imaginary) 또는 염원적(aspirational) 특성에서 비롯된 것이다. 여전히 국익이나 개인의 경쟁력이 우선시되고 있는 현실과 달리, 글로벌 시민교육은 보편적 인류애에 기초하여 세계적 차원의 집단적 연대감과 책임감을 가지고 행동하여야 한다는 도덕적·규범적 열망에 기반하고 있기 때문에 글로벌 시민교육의 속성, 실효성, 접근 방식에 대한 의견이 다양하다.

4. 글로벌 시민교육의 기초

유네스코에서는 21세기 교육의 화두를 평생교육으로 두고『21세기 교육을 위한 새로운 관점과 전망: 유네스코 21세기 세계교육위원회 종합보고서(*Learning: The treasure within*)』를 발간하였다. 이 책을 통해 유네스코는 21세기 교육의 네 가지 기초로 알기 위한 학습, 행동하기 위한 학습, 더불어 살아가기 위한 학습, 그리고 존재하기 위한 학습을 제안하였는데, 그 내용은 글로벌 시민교육이 지향하는 바와 일치한다(유네스코 아시아태평양 국제이해교육원, 2015).

『Learning: The treasure within』

유네스코가 제시하고 있는 21세기 교육의 네 가지 기초인 알기 위한 학습, 행동하기 위한 학습, 더불어 살아가기 위한 학습, 그리고 존재하기 위한 학습을 '학습의 4개 기둥'이라고 하며, 이는 글로벌 시민교육을 포함하여 모든 교육에서 반드시 중시되어야 하는 기반이다.

21세기 교육의 네 가지 기초는 교육에 대한 통합적 접근이라는 이념을 내포하고 있으며, 이것을 교육내용으로 활용함으로써 글로벌 시민교육에 대한 전인적 접근이 가능하다.[1)]

(1) 알기 위한 학습(Learning to know)

- 폭넓은 일반적 지식과 함께 특정 주제를 깊이 탐구할 기회가 있어야 한다.
- 일반적 지식과 학습 기회를 계속적으로 결합함으로써 평생 동안 배움을 위한 학습을 강조한다.
- 글로벌 시민교육의 인지적 영역에 해당한다.
  - 광범위한 일반 지식에서 세분화된 주제까지 깊이 있게 적용할 수 있도록 조합하는 데 사용된다.
  - 학습하기 위한 학습이라 할 수 있으며, 전 생애에 걸쳐 교육의 혜택을 받을 수 있도록 한다.

(2) 행동하기 위한 학습(Learning to do)

- 직업적 기능을 향상할 뿐 아니라 삶 속에서 일어나는 여러 상황과 자신의 일들을 잘 처리할 수 있는 역량을 기르고, 다양한 사회적 경험을 하기 위한 학습이다.

1) J. Delos 등, 『학습: 내 안의 보물 (Learning: The treasure within)』, Paris, UNESCO, 1996.

- 글로벌 시민교육의 행동적 영역에 해당한다.
  - 직업기술을 습득할 뿐 아니라, 보다 넓게는 여러 상황에 대처하고, 팀을 이루어 일할 수 있는 능력을 기르는 데 활용된다.
  - 다양한 사회 경험과 직무 경험을 통해 획득된다.

(3) 더불어 살아가기 위한 학습(Learning to live together)

- 다른 사회문화적 배경을 가진 사람들과 상호 의존에 대한 이해와 인식을 계발하여 다원주의, 상호 이해 및 평화의 측면에서 다양한 갈등과 문제를 해결하기 위한 학습이다.
- 글로벌 시민교육의 사회·정서적 영역에 해당한다.
  - 다른 사람을 이해하고 상호 의존성을 인정하면서 이루어진다.
  - 다원주의, 상호 이해, 평화를 존중하는 정신으로 다른 사람과 함께 공동 과업을 수행하는 법과 갈등을 관리하는 법을 배우면서 얻어진다.

(4) 존재하기 위한 학습(Learning to be)

- 학습자가 자신의 개성을 계발하고, 보다 더 독립적으로 행동하며, 자신의 판단력을 기반으로 자신의 책임 하에 행동할 수 있어야 한다.
- 글로벌 시민교육의 사회·정서적 영역에 해당한다.
  - 개인의 인성을 보다 잘 발달시키고, 자율성, 판단력, 책임감을 가지고 행동할 수 있도록 해 준다.
  - 교육은 인간의 어떠한 잠재력도 소홀히 해서는 안 된다.
  - 여기에는 기억력, 추리력, 미적 감각, 체력, 의사소통 기술 등이 포함된다.

〈표 6-1〉 21세기 교육의 네 가지 기초

알기 위한 학습	행동하기 위한 학습
충분하고 광범위한 일반 지식을 소수의 주제까지 깊이 있게 적용할 수 있도록 조합하는 데 쓰인다. 이는 학습하기 위한 학습이라고 할 수 있으며 전 생애에 걸쳐 교육의 혜택을 받을 수 있게 한다.	직업 기술을 습득할 뿐 아니라, 넓게는 여러 상황에 대처하고 팀을 이루어 일할 수 있는 능력을 얻는 데 쓰인다. 또한 다양한 사회경험과 직무경험을 통해 획득된다.
더불어 살아가기 위한 학습	**존재하기 위한 학습**
타인을 이해하고 상호 의존성을 인정하면서 이루어진다. 이는 다원주의·상호 이해·평화의 가치를 존중하는 정신으로 타인과 함께 공동과업을 수행하고 갈등을 관리하는 법을 배우면서 얻어진다.	개인의 인성을 보다 잘 성장시키고, 보다 큰 자율성 판단력 책임감을 가지고 행동할 수 있게 해준다. 따라서 교육은 인간의 어떤 잠재력도 소홀히 해서는 안 된다. 여기에는 기억력, 추리력, 미적 감각, 체력, 의사소통 기술 등이 포함된다.

사례

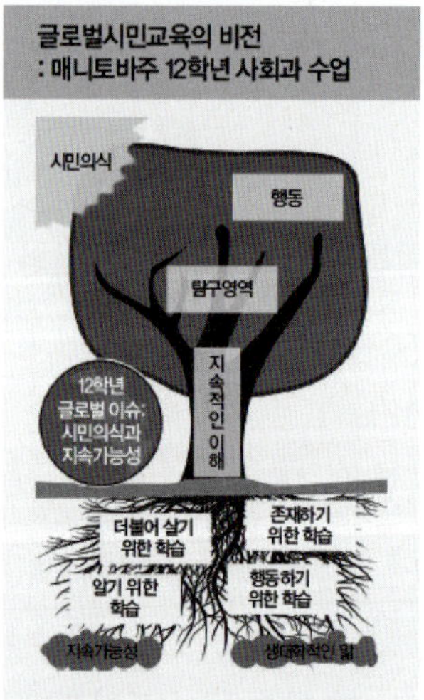

자료 : 매니토바 교육과 심화학습, 12학년, 글로벌 이슈 : 시민의식과 지속가능성

2013년 방콕에서 열린 유네스코 글로벌 시민교육 포럼에서 발표된 사례로서, 매니토바주 12학년 사회교과 선택과목으로 '세계적인 문제들과 시민의식, 지속가능성'이 교사, 교수 및 교과과정 개발 컨설턴트의 협의를 통해 개발되었다.

이 과목에서는 다음과 같은 측면에 주안점을 두고 있다.

- 현재의 지속가능성 문제들에 대해 토의한다.
- 글로벌 시민의식을 기를 수 있는 기회를 제공한다.
- 탐구학습을 주요 교수법으로 채택한다.
- 학생의 선택과 의견에 우선권을 준다.
- 계획적 행동을 통해 학생들의 리더십을 북돋아 준다.

학습자들은 현재의 사회, 정치, 경제 문제 등에 관심이 있으며, 공동체를 토대로 한 실행연구 프로젝트를 수행한다. 이 과목에서는 유네스코의 21세기 교육의 네 가지 기초인 알기 위한 학습, 행동하기 위한 학습, 존재하기 위한 학습, 그리고 더불어 살기 위한 학습을 강조하여 학생들에게 글로벌 시민교육에 대한 전인적 접근을 가능하도록 하였다.

출처: 유네스코(2014). 글로벌 시민교육: 21세기 새로운 인재 기르기. 유네스코 아시아태평양 국제이해교육원.

5. 글로벌 시민교육과 관련된 교육

글로벌 시민교육은 세계화 시대에 글로벌 시민으로 살아가는 데 필요한 자질, 즉 글로벌 시민의식을 함양하는 교육이다. 글로벌 시민교육(global citizenship education)은 어디에 강조점을 두느냐에 따라 다양한 명칭으로 불린다. 여기서는 글로벌 시민교육과 관련된 교육으로 다문화교육, 국제이해교육, 지속가능발전교육, 개발교육 등에 대하여 살펴보고자 한다(현은자 외, 2013).

다문화교육(multicultural education)은 다양한 인종이 함께 사는 사회에서 어떻게 그들과 함께 조화롭게 살 수 있을 것인가에 강조점을 두고 있다. 다문화교육은 모든 사람들이 자신의 민족, 인종, 언어, 국적, 성별, 종교 요인에 의한 차별이 없는 동등한 교육 권리를 보장받으며 양질의 학습기회를 누릴 수 있도록 주안점을 둔 교육이다. 따라서 다문화교육은 이질적 배경을 가진 사회 구성원들의 편견과 갈등을 해소하고, 차이와 다양성을 인정하며, 더불어 살아갈 수 있는 사회를 지향한다(서울특별시교육청, 2017).

다문화교육과 비교되는 용어로는 국제이해교육(education for international understanding)이 있다. 다문화교육은 지역과 국가 안에서의 개인과 문화집단을 강조하는 반면, 국제이해교육은 세계적인 문제를 글로벌 맥락 안에서 국가 간의 상호 연관성에 초점을 두고 접근한다.

국제이해교육은 이러한 상호 의존성에 대한 이해를 증진시키기 위해 세계적인 관점, 문화 간 이해, 세계적 문제 및 이슈, 그리고 세계 체제 등에 대한 교육을 포함한다(유네스코 아시아태평양 국제이해교육원, 2003). 국제이해교육은 국제이해를 통해 국제협력이 이루어지고, 그 결과로 평화가 정착된다는 구상 하에 유네스코에서 처음 사용한 교육이다. 국제이해교육의 영역에는 ① 다른 나라에 대한 연구, ② 인권존중에 대한 연구, ③ 유엔 및 전문기구들에 대한 이해, ④ 환경에 대한 연구가 포함된다(서울특별시교육청, 2017).

다문화교육, 국제이해교육, 그리고 글로벌 시민교육의 개념도를 살펴보면 다음과 같다(현은자 외, 2013).

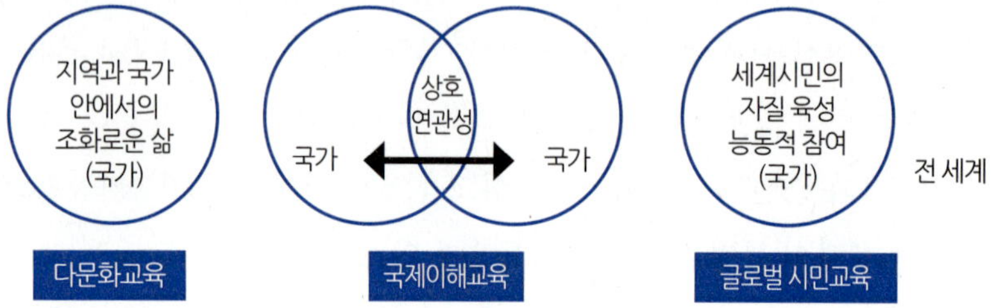

[그림 6-1] 다문화교육, 국제이해교육, 글로벌 시민교육의 개념도

출처: 현은자, 김현경, 박현경, 오정옥, 윤현민, 조은숙, 최혜정(2013). 그림책을 활용한 세계시민교육. 서울: 학지사.

글로벌 시민교육은 기존에 논의되어 왔던 다문화교육, 국제이해교육, 시민교육 등과 같은 교육적 논의를 내포하고 있으며, 세계화 흐름에 부응하여 진화된 포괄적 개념으로 이해할 수 있다. 글로벌 시민교육(global citizenship education)은 글로벌 시민의식을 기르기 위해 세계 각국이 공통적으로 겪고 있는 세계적 문제 및 쟁점에 대한 학습과 문화, 생태, 경제, 정치 그리고 기술적으로 상호 연결되어 있는 글로벌 체제에 대한 학습이 필요하다는 점에서 국제이해교육과 유사하다. 그러나 글로벌 시민교육은 국제이해교육보다 더욱 확장된 개념으로서, 전 세계 인류가 함께 잘 살기 위해 전쟁이나 착취를 하지 않고, 서로 존중하며 살기 위하여 다른 나라의 문화와 역사, 인종 등을 이해하는 수준에서만 머무르지 않는다. 학습자가 글로벌 시민으로서 개인의 이익을 초월하여 적극적 자세로 세계적 문제에 대한 해법을 찾고 글로벌 시민의식을 함양하는 것을 강조한다(김현덕, 2007).

종합적으로 글로벌 시민교육이란 세계를 하나의 사회로 보고, 다른 나라나 다른 문화에 있는 사람들이 상호 의존하고 있다는 인식을 길러주어, 자유나 인권과 같은 인류 보편적 가치를 함양하고, 국경을 초월하는 인류의 사회적 문제들에 대한 해결 방안을 모색해 가는 능력과 태도를 육성하는 교육이다.

이 외에도 글로벌 시민교육과 관련된 개념으로는 지속가능발전교육과 개발교육이 있다(서울특별시교육청, 2017). 먼저 지속가능발전교육(education for sustainable development, ESD)이란 지속가능발전과 관련된 지식을 획득하고 이해할 수 있도록 돕고, 삶 전반에 걸쳐 지속가능원칙을 적용하여 실천하는 소양을 기를 수 있게 하는 교육이다. 여기서 지속가능발전이란 제한적인 자원으로 인하여 무조건적인 경제성장이 불가능함을 인식하고, 나아가 미래 세대의 필요를 희생시키지 않으면서도 현 세대의 요구를 충족시키는 발전을 의미한다.

참고

지속가능발전 (sustainable development)	경제발전과 환경보전의 양립을 위해 1987년 개최된 환경 및 발전에 관한 세계위원회(World Commission on Environment & Development)에서 처음 제시된 개념으로, 현세대의 필요를 충족시키기 위하여 미래 세대가 사용할 경제 · 사회 · 환경 등의 자원을 낭비하거나 여건을 저하시키지 않고 경제의 성장, 사회의 안정과 통합 및 환경 보전이 서로 조화와 균형을 이루는 발전을 지칭한다(「대한민국 지속가능발전법」(2015. 3. 27. 시행) 제2조 참조).

출처: 유네스코 아시아태평양 국제이해교육원(2015). 유네스코가 권장하는 세계시민교육 교수학습 길라잡이. 서울: 유네스코 아시아태평양 국제이해교육원.

개발교육(development education)이란 개발도상국의 현상이나 문제점 등에 대한 이해를 증진시키고 개발협력의 중요성을 인식시킴으로써 개발도상국의 개발협력에 다각적인 방법으로 참여를 도모하기 위한 교육을 지칭한다. 즉, 개발교육은 지구촌에서 살아가는 사람들이 상호 의존성을 기초로 글로벌 이슈와 개발 이슈를 학습하는 것을 의미한다. 나아가 개발교육은 단순한 지식 획득의 차원에 그치지 않고, 세계적 관점을 통한 통합적 · 비판적 · 창조적 사고 능력 학습, 능동적이고 참여적인 태도를 함양하도록 하는 교육이다. 개발교육은 전 지구적 이슈들을 정확히 '이해'하고, 비판적 사고를 통해 대안을 '발견'하며, 개인적 차원의 '참여'와 다른 사람과의 '연대'를 바탕으로 문제해결을 위해 '능동적'으로 행동하는 '과정'이다. 현재 개발교육은 글로벌 시민교육과 연계되어 글로벌 시민의식과 책임감 형성을 위한 교육으로까지 발전하여 진행되고 있는 상황이다.

참고 자료

우리나라의 글로벌 시민교육

UN에서 발표한 2030년까지 국제사회가 함께 달성해야 할 '지속가능개발목표' 중에는 글로벌 시민의식이 포함된다. 지속가능개발목표(Sustainable Development Goals, SDGs)란 2015년 9월 UN 총회에서 발표한 2030년까지 달성할 17개의 목표와 169개의 세부목표로서, 지구촌 전체가 이행하여야 할 보편적이고, 전환적이며, 미래지향적인 목표를 의미한다. 지속가능개발목표(SDGs)는 2030년까지 전 세계의 빈곤을 해결하고 불평등을 완화하기 위해서 UN 회원국들의 만장일치로 합의된 공동의 목표로, 사회 발전과 경제 발전, 그리고 환경 보존이라는 의제를 17개 목표에 담고 있다.

'단 한 사람도 소외되지 않는(Leave No One Behind)' SDGs의 기본 정신에 입각한 교육 목표 4번은 '모두를 위한 포용적이고 공평한 양질의 교육 보장 및 평생학습 기회 증진'이며, 이를 위한 7개의 세부 목표와 3개의 이행 방안으로 구성되어 있다. 7개 세부 목표의 주요 내용은 모두를 위한 공평한 양질의 초·중등교육과 직업 훈련, 고등교육 및 취학 전 교육 등을 포함한다. 이 중 세부 목표 7번(SDGs 4.7)이 세계시민교육(=글로벌 시민교육)과 관련된 목표로, "2030년까지 지속가능발전, 지속가능한 생활양식, 인권, 성 평등, 평화와 비폭력 문화 확산, 세계시민의식(=글로벌 시민의식), 문화다양성 존중과 지속가능발전을 위한 문화의 기여 등에 대한 교육을 통해 모든 학습자들이 지속가능발전을 증진하기 위한 지식과 기술을 습득할 수 있도록 한다"고 기술되어 있다(KOICA ODA 교육원, 2016).

SDGs 4. 양질의 교육(Quality Education)

포용적이고 공평한 양질의 교육 보장 및 모두를 위한 평생학습 기회 증진

SDGs 4.7

2030년까지 모든 학습자들이 지속가능발전교육 및 지속가능 생활방식, 인권, 성평등, 평화와 비폭력 문화 증진, 세계시민의식, 문화 다양성 및 지속가능발전을 위한 문화의 기여에 대한 교육을 통해 지속가능발전을 증진하기 위해 필요한 지식과 기술을 습득하도록 보장한다.

*4.7 세부 목표 지표: 세계시민교육(GCED) 및 지속가능발전교육(ESD)의 국가 교육 정책, 교육과정, 교사 교육, 학생 평가 포함 여부

출처: KOICA ODA 교육원(2017). KOICA의 세계시민교육 리플렛(국문). 경기: KOICA ODA 교육원.

최근 들어 글로벌 시민교육에 대한 세계적 관심은 2012년 9월, 반기문 UN 사무총장의 주도로 출범한 글로벌교육 우선구상(Global Education First Initiative, GEFI)의 3가지 중점 과제(① 모든 어린이의 취학 ② 교육의 질 제고 ③ 글로벌 시민의식 함양) 중 하나로 글로벌 시민교육이 제시되면서 시작되었다.

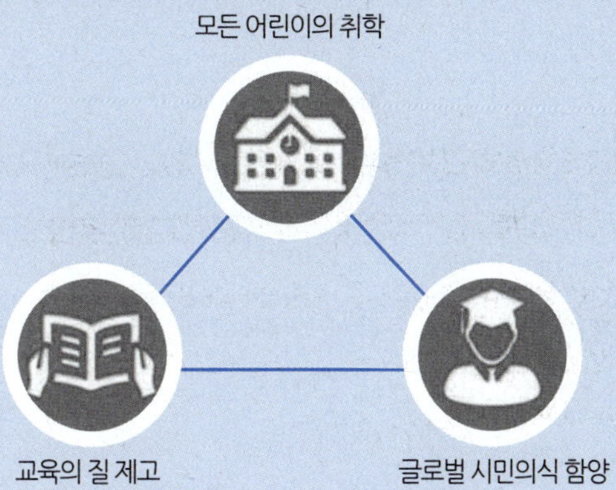

<글로벌교육 우선구상의 3대 중점 목표>

우리나라는 2014년 글로벌교육 우선구상에 15번째 지원국으로 가입하여 전 지구적 관점을 가진 글로벌 시민을 양성하고자 글로벌 시민교육을 실시하고 있다. 우리나라에서는 글로벌 시민교육을 인류 보편적 가치인 세계평화, 인권, 문화 다양성 등에 대해 폭넓게 이해하고 실천하는 책임 있는 시민을 양성하는 교육(교육부, 2016)이라 정의하였다.

6. 글로벌 시민교육의 학습자 특성 및 학습주제

1) 글로벌 시민교육의 학습자 특성

글로벌 시민교육에서 추구하고 있는 인간상이 곧 학습자 특성이라 할 수 있다. 글로벌 시민교육이 지향하는 학습자와 학습자 특성은 다음과 같다(유네스코 아시아태평양 국제이해교육원, 2015).

(1) 지식정보와 비판적 문해력을 갖춘 학습자

(Learners of being informed and critically literate)

- 이 영역은 글로벌 거버넌스의 체계·구조·이슈에 관한 지식, 세계적 문제와 지역 문제 간 상호 의존성과 연계성에 대한 이해, 능동적인 학습 참여를 동반한 비판적 탐구와 분석 등 시민 문해력(civic literacy) 습득에 요구되는 지식과 기능을 포함한다.

(2) 풍부한 사회적 관계 속에서 다양성을 존중하는 학습자

(Learners of being socially connected and respectful of diversity)

- 이 영역은 정체성·관계·소속감에 대한 이해, 공동의 가치와 인류 보편성에 대한 이해, 차이 및 다양성에 대한 인식과 존중, 다양성과 보편성 간의 복합적인 관계에 대한 이해를 포괄한다.

(3) 윤리적 책임감을 갖고 참여하는 학습자

(Learners of being ethically responsible and engaged)

- 이 영역은 인권에 기반을 둔 접근으로서, 타인과 환경에 대한 배려의 가치 및 태도, 개인적·사회적 책임과 변화, 지역공동체 참여, 충분한 지식을 바탕으로

윤리적이고 평화적인 행동을 통해 더 나은 세상을 만드는 데 기여하는 것을 포함한다.

글로벌 시민교육에서 지향하는 주요 학습자 특성은 비판적 문해력, 풍부한 사회적 관계, 윤리적 책임감 등을 적극적으로 강조하고 있다. 글로벌 시민교육이 추구하는 세 가지 학습자 특성은 서로 유기적으로 관련되어 있다.

〈표 6-2〉 글로벌 시민교육의 주요 학습자 특성

지식정보와 비판적 문해력을 갖춘 학습자
• 글로벌 시민교육을 위한 인지적 영역 • 세계적 차원의 거버넌스 체계, 구조 및 이슈에 대한 지식을 갖추어야 한다. 또한 글로벌 이슈와 지역적 이슈가 상호 의존적으로 연계되어 있음을 이해해야 하고, 글로벌 시민성에서 요구되는 비판적 탐구와 분석 능력을 갖추어야 한다. • 우리나라 교육과정이 추구하는 인간상인 '기초능력의 바탕 위에 새로운 발상과 도전으로 새로운 것을 창출하는 창의성을 발휘하는 사람' 과 관련 있다.
풍부한 사회적 관계 속에서 다양성을 존중하는 학습자
• 글로벌 시민교육을 위한 사회 · 정서적 영역 • 자아 정체성, 상호관계성과 소속감의 이해, 공유 가치와 보편적 가치에 대한 이해, 차이와 다양성에 대한 인식과 존중, 다양성과 보편성 간의 복잡한 관계에 대한 이해 능력을 갖추는 것을 포함한다. • 우리나라 교육과정이 추구하는 인간상인 '문화적 소양과 다원적 가치에 대한 이해를 바탕으로 인류 문화를 향유하고 발전시키는 교양있는 사람' 과 관련 있다.
윤리적 책임감을 갖고 참여하는 학습자
• 글로벌 시민교육을 위한 행동적 영역 • 인권보호, 타인과 환경을 돌보려는 가치와 태도, 개인적 사회적 책무성을 갖추어야 한다. 또한 지역사회에 참여하고 윤리적이고 평화적인 행동을 통해 더 좋은 세계를 만드는 데 기여하는 기능을 계발해야 한다. • 우리나라 교육과정에서 추구하는 인간상인 '공동체 의식을 가지고 세계와 소통하는 민주시민으로서 배려와 나눔을 실천하는 더불어 사는 사람' 과 관련 있다.

출처: 유네스코 아시아태평양 국제이해교육원(2015). 유네스코가 권장하는 세계시민교육 교수학습 길라잡이. 서울: 유네스코 아시아태평양 국제이해교육원. 수정.

2) 글로벌 시민교육의 학습주제

글로벌 시민교육에서 추구하는 학습자 특성에 따른 학습주제를 살펴보면, 첫째, '지식정보와 비판적 문해력을 갖춘 학습자'에 관한 학습주제는 글로벌 시민교육을 위한 인지적 영역으로서 우리가 세계인으로서 존재함을 인식하는 것을 지향한다.

둘째, '풍부한 사회적 관계 속에서 다양성을 존중하는 학습자'에 관한 학습주제는 글로벌 시민교육을 위한 사회 · 정서적 영역으로서, 우리가 서로 달라도 같은 글로벌 시민이며 더불어 사는 세계임을 지향한다.

셋째, '윤리적 책임감을 갖고 참여하는 학습자'에 관한 학습주제는 글로벌 시민교육을 위한 행동적 영역으로서, 우리가 함께 만들어 가는 세계를 지향하고 있다.

〈표 6-3〉 글로벌 시민교육의 학습주제

지식정보와 비판적 문해력을 갖춘 학습자
1. 지역, 국가, 세계의 체계와 구조 2. 지역, 국가, 세계 차원에서 공동체 간의 상호작용과 연계에 영향을 미치는 이슈 3. 암묵적 가정(underlying assumptions)과 권력의 역학관계
풍부한 사회적 관계 속에서 다양성을 존중하는 학습자
4. 다양한 차원의 정체성 5. 사람들이 속한 다양한 공동체와 공동체 간의 상호연계 방식 6. 차이와 다양성의 존중
윤리적 책임감을 갖고 참여하는 학습자
7. 개인적 · 집단적으로 취할 수 있는 실천 8. 윤리적으로 책임감 있는 행동 9. 참여하고 실천하기

출처: 유네스코 아시아태평양 국제이해교육원(2015). 유네스코가 권장하는 세계시민교육 교수학습 길라잡이.

글로벌 시민교육에서 추구하고 있는 학습자 특성과 관련된 학습주제에 대하여 자세히 살펴보면 다음과 같다(유네스코 아시아태평양 국제이해교육원, 2015).

첫째, 지식정보와 비판적 문해력을 갖춘 학습자 특성과 관련된 학습주제는 ① 지역·국가·세계의 체계와 구조, ② 지역·국가·세계 차원에서 공동체 간의 상호작용과 연계에 영향을 미치는 이슈, ③ 암묵적 가정과 권력의 역학관계이다. 이는 글로벌 시민으로서 알아야 할 세계 체계와 구조 등에 관한 지식을 다루는 인지적 영역이다. 이 학습주제를 통하여 우리 사회의 이슈가 지역·국가·세계 차원에서 상호 연계되어 서로에게 영향을 미치고 있음을 이해할 수 있다. 또한 이 주제를 통해 학습자는 다양한 현상에 담겨 있는 암묵적 가정을 비판적으로 살펴보는 '비판적 문해력'을 갖추게 된다. 우리가 직면한 여러 현상은 당연한 듯 전제된 사실과 견해, 명확하게 드러나지 않는 권력관계를 반영한 결과이다. 비판적 문해력을 갖춘 학습자는 암묵적 가정과 권력의 역학관계를 제대로 파악하여 우리가 접하는 다양한 현상을 진단할 수 있다.

참고

암묵적 가정 (underlying assumptions)	비판적 사고력은 지식의 정확성이나 순수성 여부 등을 평가하는 능력이다. 비판적 사고력을 갖추기 위해서는 사실과 가치 주장의 구분, 출처의 신뢰성 여부, 사실의 정확성 판단, 편견의 확인, 암묵적 가정의 파악, 추론의 논리적 모순 파악 등을 갖추어야 한다. 암묵적 가정의 파악은 주장의 감추어진 가치를 드러내서 암묵적 전제를 비판적으로 평가함을 의미한다. 즉, 주장의 기본 전체를 파악하여 주장의 순수성을 평가하는 능력이다.
권력의 역학관계 (power dynamics)	사회과학이나 정치학에서 권력은 일반적으로 사람이나 집단, 조직이나 규칙 등 행위자나 대상에 영향을 미치거나 통제하여 움직이는 힘을 의미한다. 그리고 권력을 가진 지위나 정도에 따라서 권력의 역학관계가 형성된다. 이런 관계는 개인, 사회집단, 국가, 부 등 권력이 존재하는 모든 영역에서 발생한다. 권력의 역학관계가 어떻게 형성되고 작동하는가는 사회적·경제적·정치적·문화적 불평등과 밀접한 관련이 있다.

출처: 유네스코 아시아태평양 국제이해교육원(2015). 유네스코가 권장하는 세계시민교육 교수학습 길라잡이. 서울: 유네스코 아시아태평양 국제이해교육원.

둘째, 풍부한 사회적 관계 속에서 다양성을 존중하는 학습자 특성과 관련된 학습주제는 ④ 다양한 차원의 정체성, ⑤ 사람들이 속한 다양한 공동체와 공동체 간의 상호 연계 방식, 그리고 ⑥ 차이와 다양성의 존중이다. 사람들은 지역·국가·세계 차원에서 다층적 정체성을 지니고 있는데, 지역에 살면서 세계에 영향을 주거나 받기도 한다. 다양한 차원의 다중정체성을 지닌 글로벌 시민은 글로벌 시민의식을 지니게 된다. 또한 사람들은 다양한 종교, 성, 문화, 가치 등을 가지고 서로 다른 공동체를 이루며 살고 있다. 세계 안에서 공동체는 교통, 통신, 경제, 정치, 문화 등으로 상호 연계되어 있다. 또한 사람들은 종교, 이념, 성 등에 따라 서로 다른 문화 속에서 살아가는데, 여기서 서로 다름은 '차이'라 할 수 있으며, '차이'로 인해 '차별'받지 않아야 한다. 문화의 다양성은 차이의 존중, 차별의 근절을 바탕으로 실현될 수 있다. 문화적 다양성을 인정하고 차이를 존중하는 삶의 자세는 글로벌 시민의 중요한 자질이다.

셋째, 윤리적 책임감을 갖고 참여하는 학습자 특성과 관련된 학습주제는 ⑦ 개인적·집단적으로 취할 수 있는 실천, ⑧ 윤리적으로 책임감 있는 행동, 그리고 ⑨ 참여하고 실천하기이다. 글로벌 시민으로서 학습자는 자신이 살고 있는 곳에서 다양하게 참여하고 실천할 수 있다. 실천은 개인적 차원 또는 집단적 차원에서 실질적으로 의미 있는 결과를 초래할 수 있도록 실천에 대한 숙고와 논의가 수반되어야 하며, 실천에 필요한 기능들을 익히고 적용할 줄 알아야 한다. 실천은 윤리적 책임감이 있는 행동적 측면에서 살펴볼 수 있는데, 이는 우리가 취해야 할 행동의 공정성과 책무성을 강조한다. 글로벌 시민으로서 책임감을 가진 개인은 자신의 행동이 다른 세계에 미치게 될 영향까지도 고려할 수 있어야 한다. '참여'는 글로벌 시민으로서 주요 이슈에 관심을 가지고 적극적으로 관여하는 행위인 반면, '실천'은 이슈나 문제를 해결하기 위한 대책이나 대안을 강구하는 행위이다. 실천하기 위해서는 이슈나 문제를 비판적으로 분석하고, 이 분석 결과를 토대로 대안을 제시해야 한다.

3) 글로벌 시민교육의 교육주제

대부분의 교육기관에서 실시하는 시민교육이나 민주주의 교육활동에 관한 보고서(www.qca.org.uk/ages3-14/subjects/6123.html 참조)에 따르면 시민교육을 통해 다루어야 하는 핵심 요소는 다음과 같다.

- 사회적 · 도덕적 책임감(social and moral responsibility)
  - 인간의 전반적인 삶과 인간관계에서 사회적 · 도덕적으로 책임 있는 행동에 대해 학습
- 지역사회 참여(community participation)
  - 일차적으로 지역공동체의 삶과 문제에 대해 관심을 가짐
  - 이차적으로 이웃과 지역사회의 문제에 직접 참여하며 봉사하는 행동에 대해 학습
- 정치적 이해(political literacy)
  - 정치적 문해력
  - 민주주의의 제도와 문제점 및 실천과정에 대하여 학습
  - 자신이 학습한 지식과 기술 및 가치관이 가정과 지역사회, 지방자치단체, 국가적 수준에서 실제 생활에 어떻게 효과적으로 기여하는지에 대해 학습

7. 글로벌 시민교육의 개념을 둘러싼 갈등

현재 우리는 글로벌 시민교육의 개념을 둘러싸고 갈등을 겪고 있는 실정이다. 갈등 양상은 다양하지만, 모두 어떻게 하면 개별성(개인의 권리, 자기계발 등)을 존중하는 동시에 보편성(공동 및 집단 정체성, 관심사, 참여, 의무 등)을 확보할 것인가와 관련된 근본적인 질문을 제기하고 있다.

1) 글로벌 연대 vs. 글로벌 경쟁

글로벌 시민교육의 개념을 둘러싼 갈등 중 하나는 글로벌 시민교육이 글로벌 공동체와 개별 학습자 가운데 어느 쪽의 성과를 지향할 것인가에 관한 것이다. 전자가 글로벌 시민교육이 세계에 어떠한 기여를 할 것인지에 초점을 맞춘다면, 후자는 개별 학습자가 '21세기 역량'을 갖추도록 무엇을 할 것인지를 강조한다.

이러한 논의는 글로벌 연대와 개인의 경쟁력을 동시에 어떻게 향상시킬 것인가 하는 문제와도 부분적으로 연결된다. 연대와 경쟁은 근본적으로 대립하는 개념이다. 전통적으로 교육 프로그램들은 공동의 성과를 위한 사회적 자본이 아니라 개인적 차원에서 취업시장과 사회에 참여할 수 있도록 인적 자본을 개발하는 데 그 목적이 있다고 주장한다.

이와 달리 글로벌 시민교육에서 경쟁과 연대를 모두 글로벌 시민의식의 필수 내용으로 교육해야 한다는 의견도 존재한다. 이러한 견해를 주장하는 사람들은 경쟁이 글로벌 시민의식의 특성 중 하나로 장려된다면, 혁신과 창의성을 자극하여 현재 우리사회의 상호 연결된 문제들의 해결 방안을 강구하도록 할 것이라고 주장한다. 이는 경쟁하는 것이 학습자뿐 아니라 세상을 유지 · 번성 · 발전시킬 수 있도록 학습자의 역량을 개발하는 데 촉매 역할을 한다고 믿는 관점이다.

유네스코 글로벌 시민교육 포럼에서 살바토레 니그로(Salvatore Nigro) 직업교육재단(Education for Employment, EFE)의 경우 글로벌 연대와 글로벌 경쟁이 공존하는 혁신적 사례로 발표되었다. EFE의 한 책임자는 글로벌 연대와 글로벌 경쟁이 공존할 수 있다는 새로운 관점에서 다음과 같이 말하였다.

"활력을 주는 경쟁과 힘을 키워 주는 협력, 그리고 통합하는 연대, 이 세 가지 가치를 받아들여 개인적 차원에서 융합한다면, 이것이 바로 글로벌 시민교육이다"

글로벌 경쟁과 글로벌 연대가 공존하는 혁신적 사례

직업교육재단(EFE)의 임무는 취업과 창업으로 직결되는 세계적 수준의 전문적이고 기술적인 훈련을 제공하여 중동과 북아프리카의 미취업 청년들에게 경제적 기회를 제공하는 것이다. EFE는 개인적 차원에서 취업 가능성을 최대화하기 위해 경쟁력 있는 기술을 갖추도록 하는 동시에, 시민참여와 글로벌 시민의식의 가치도 심어준다. 관용 · 공감 · 존중 · 연대와 같은 비인지 기술 계발에 초점을 맞추고 있으며, 성공적으로 평가받는 졸업생들이 멘토링과 공동체 봉사 및 다른 형태의 시민참여 활동을 통해 사회에 '되돌려 주는 것'을 권장한다.

출처: www.efe.org

2) 지역 · 글로벌 정체성과 이익의 조화

정체성은 민감한 이슈이며, 국가 정체성을 공고히 하는 것에 어려움을 겪는 국가의 경우 세계적 차원의 글로벌 시민의식을 장려하는 것에 제한적일 수밖에 없다. 특히 국가가 정체성에 관한 갈등을 겪거나 위협을 받고 있는 경우는 더욱 그러하다. 그 이유는 국가 시민의식이 존재하여야만 글로벌 시민의식으로 확장될 수 있기 때문이다.

'연구와 대화'를 통해 지역의 정체성 및 이익과 세계 차원의 정체성 및 이익과의 조화를 도모할 수 있다. 더욱이 다양성의 관점에서는 이러한 갈등 또한 가치가 있다.

'탈중심화(de-centering)'의 개념 역시 지역 · 글로벌 정체성과 이익 간의 조화를 이루는 하나의 접근법이 될 수 있다. 학습자들에게 그들이 처한 지역 현실로부터 벗어나 다른 현실과 가능성의 비전을 갖게 하는 점진적인 과정을 강조하는 탈중심화 접근법은 지역과 세계를 하나의 연장선상에서 이해함으로써 지역 · 세계의 이분법적 간극을 좁힐 수 있다.

이러한 접근법은 개인·지역·국가 및 글로벌 정체성을 동시에 가르치며, 다양한 차원의 정체성을 인정하고 있다. 또한 지역문제와 세계문제를 연결시켜 생각하고, 시공간을 초월하여 존재하는 인류 보편적 가치를 추구하며, 글로벌 공동체에서 적극적인 역할을 할 수 있는 지식과 기술, 이해력을 갖도록 한다.

3) 현 상황에 도전하는 교육의 역할

글로벌 시민교육은 학습자가 복잡한 세계적 문제들에 대하여 비판적 사고를 하고, 문제를 해결하기 위해 의사소통(communication)과 협력, 갈등 해결과 같은 역량을 기를 수 있도록 다양한 능동적·참여적 학습법을 활용할 것을 권장한다.

유네스코 글로벌 시민교육포럼의 전체 토론에서 트리니다드토바고(Trinidad and Tobago)의 발레리 테일러(Valerie Taylor)는 학교와 교실에서 많은 경우 "상당히 비민주적이며 교사들은 종종 자신의 선입견을 인지하지 못하고 구태의연한 행동이나 신념을 영구화한다"고 말했다. 따라서 글로벌 시민교육은 정규교육 시스템이나 학교 교육환경에 하나의 도전으로 여겨질 수 있다.

평소에 세계적 문제들에 대해 적극적인 관심을 보이던 시민들이라도 막상 자국의 이익과 상충하는 상황이 발생할 경우 이것을 지역이나 국가 권력에 대한 도전으로 받아들일 수 있다. 이러한 갈등 요소에는 세심하고 조심스럽게, 그리고 열린 마음으로 접근하는 것이 바람직하다. 글로벌 시민교육이 대안적 미래를 설계하는 것은 사실이지만, 이러한 측면이 문화·지역·국가 정체성을 풍요롭게 하는 긍정적인 도전으로 받아들여질 수 있도록 해야 한다.

※ 다음 단원들(글로벌 시민교육의 기초, 글로벌 시민교육의 학습자 특성 및 학습 주제, 글로벌 시민교육의 개념을 둘러싼 갈등)은 유네스코 아시아태평양 국제이해교육원의 자료들을 정리하여 소개하였다.

- 유네스코 아시아태평양 국제이해교육원(2014). 글로벌 시민교육: 21세기 새로운 인재 기르기.
- 유네스코 아시아태평양 국제이해교육원(2015). 글로벌 시민교육: 새로운 교육의 제.
- 유네스코 아시아태평양 국제이해교육원(2015). 한국의 세계시민교육: 국내외 실천 경험의 시사점 및 비전. 2015 세계교육포럼 유관기관 국제포럼 자료집.

〈조별토론지〉

토론일시: 년 월 일 토론 참여자:	
토론자명:	
발표자:	내용정리자:
토론주제	"전지구적으로 생각하고, 지역적으로 행동하라" "Think globally, act locally" 이는 무엇을 의미하는지 토론하시오. (구체적인 예 1개 이상 제시하시오.)
토론 발표 방법	• 발표자는 내용을 3분 이내로 발표하기 바랍니다. • 내용정리자는 토론한 내용을 아래에 정리해서 제출합니다.

〈토론 사례 1〉

<table>
<tr><td colspan="2">토론일시: ○○○○년 4월 5일
토론조: 1조</td><td>〈조별토론지〉</td></tr>
<tr><td colspan="3">토론자명:</td></tr>
<tr><td>발표자:</td><td colspan="2">내용정리자:</td></tr>
<tr><td>토론주제</td><td colspan="2">"전지구적으로 생각하고, 지역적으로 행동하라"
"Think globally, act locally"

이는 무엇을 의미하는지 토론하시오.
(구체적인 예 1개 이상 제시하시오.)</td></tr>
<tr><td>토론
발표
방법</td><td colspan="2">• 발표자는 내용을 3분 이내로 발표하기 바랍니다.
• 내용정리자는 토론한 내용을 아래에 정리해서 조별 1장을 제출합니다.</td></tr>
<tr><td colspan="3">전 지구적으로 생각하고, 지역적으로 행동하라'는 말은, 전 세계적으로 통용되는 도덕적.윤리적.
사회적 개념들을 익히고, 그 개념을 각 지역의 상황과 특성에 맞춰 적용해야한다고 해석했습니다.
예를 들어, `아이를 사랑하자'는 개념과 `아이에 대한 사랑을 표현해야 한다'는 개념은 보편적으로
바람직한 개념이지만, 이를 특정 지역에서 사용할 때는 그 사회의 사회맥락에 맞춰야합니다.
아이의 머리를 쓰다듬는 것은 통상적으로 긍정의 의미를 지니지만, 태국에서는 큰 실례가 되는
것처럼 말입니다.

또한 `전 지구적으로 생각하고 지역적으로 행동하라'는 특정 지역에서의 행위를 통해
전 세계적인 영향을 끼치다는 뜻으로도 해석했습니다. TOMS 기업의 신발을 구매해
아르헨티나의 빈민들에게 신발을 기부하거나, 공정무역을 거치지 않는 등 비윤리적인 기업에
불매운동을 진행하는 것도 한 예가 될 수 있습니다.</td></tr>
</table>

7장 글로벌 시민의 역량

1. 글로벌 시민의 학습 역량

1) 너스봄의 글로벌 시민의 학습 역량

글로벌 시민교육의 목표를 달성하기 위해서는 시민으로서 함양해야 할 역량과 그에 적합한 교육내용을 잘 선정하여야 한다. 학자들이나 글로벌 시민단체 등은 글로벌 시민교육을 통해 길러야 할 학습 역량을 다양하게 소개하고 있다.

여기서는 마사 너스봄(Martha Nussbaum)이 주장한 글로벌 시민교육에서 다루어야 할 학습 역량, 영국의 시민단체인 옥스팜(Oxfam)이 제시한 역량 그리고 유네스코가 제시한 글로벌 시민 역량, 그리고 우리나라에서 제시하고 있는 학습 역량에 대하여 살펴보고자 한다.

미국의 철학자이자 시카고 대학교의 석좌교수인 너스봄은 세계시민주의와 양립 가능한 교육, 즉 글로벌 시민교육에 대하여 적극적인 관심을 표명하고 있다. 그녀는 자국의 입장만 고려하는 단편적인 애국주의가 아니라 범세계적 공동체에 충성하는 세계시민주의가 요구된다고 주장한다.

너스봄이 주장하는 글로벌 시민교육에서 다루어야 할 세 가지 학습 역량은 다음과 같다(Nussbaum, 1997).

- 자기 자신과 전통에 대한 비판적 검토
- 스스로를 일부 지역의 주민으로서뿐만 아니라 인정과 관심의 고리를 통해 다른 모든 사람들과 결합되어 있는 존재로 생각하는 시민의 능력: 맥락에 맞게 이해하는 능력
- 서사적 상상력, 즉 다른 사람의 입장에 처한 것처럼 생각하는 능력: 공감 능력

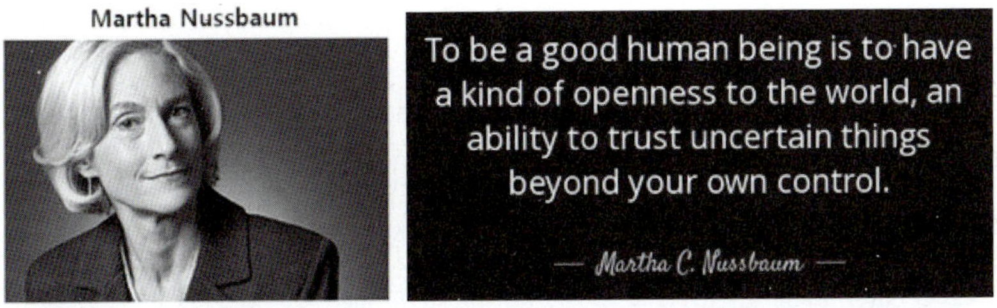

Martha Nussbaum(1947 ~), "선한 인간이 되기 위해서는 세상을 향해 마음을 열고, 자신의 한계를 넘어서 확실치 않은 것조차 믿는 능력을 가지는 것이다"

2) 옥스팜과 유네스코의 글로벌 학습 역량

영국의 NGO 단체인 옥스팜(Oxfam, 2015)은 글로벌 시민교육의 목표를 복합적이고 다양한 글로벌 쟁점에 대하여 비판적으로 생각할 수 있는 기회를 제공하는 것으로 설정하였다. 옥스팜은 빈곤문제, 불공정 무역, 가난한 아동의 노동 착취, 여성들의 기본적 인권 및 교육권 문제, 전 세계 자원의 불균등한 사용과 이에 따른 자원의 고갈, 국가 간 빈부 격차 심화, 최근에는 코로나 팬데믹과 관련된 문제 등 직면한 글로벌 이슈에 적극적으로 대처하여 캠페인, 교육, 구호활동, 사업, 국제개발 등을 펼치고 있다. 옥스팜에서는 기본적으로 글로벌 쟁점에 대한 인식, 지구촌에 대한 관심과 배려, 지속 가능한 세상 만들기 등을 강조하고 있다.

옥스팜은 글로벌 시민교육에 대하여 지식 · 기능 · 가치 · 참여를 중심으로 구체적인 내용 틀을 제시하고 있다.

- 지식 영역: 글로벌 시민교육과 관련된 내용에 관한 사실적 · 개념적 · 객관적 지식의 인식을 위한 내용
- 기능 영역: 다양한 관점을 인식하는 능력, 정보활용 능력, 탐구 능력, 의사결정 능력, 비판적 사고 능력 등
- 가치 · 참여 영역: 인류 보편적 가치, 자기이해를 바탕으로 타인을 고려할 수 있는 시민성, 학습한 내용을 생활에서 실천하고 참여할 수 있는 능력

옥스팜은 글로벌 쟁점에 관하여 글로벌 시민교육이 하나의 정답을 제시하기보다는 다양한 사람들의 의견을 듣고, 존중하면서, 자신의 가치나 의견을 탐색하고, 그 내용을 실천하는 데 주안점을 두고 있다. 글로벌 시민교육을 통해 글로벌 시민들은 지구 공동체에서 함께 살아가는 구성원들에 대한 배려와 책임감을 느끼고, 자신의 권리를 행사하는 방법을 학습할 수 있다.

코로나19 2차 대유행 발생 후
인도에서 의료 장비를 지원하는 옥스팜(Oxfam)

여성과 소녀를 위한 발걸음,
'2019 옥스팜 워크' 현장 스케치

출처: https://oxfam.or.kr

유네스코는 21세기 세계화 시대를 준비하는 학습자의 교육으로 글로벌 시민교육을 제시하고 있다. 유네스코는 글로벌 시민교육을 통해 전 지구적 문제에 적극적으로 대처할 수 있도록 교육하여 보다 정의롭고 평화적이며 관용적이고 포용적이며 안전하고 지속 가능한 세계를 만들어 가는 데 주도적으로 기여할 수 있는 글로벌 시민을 양성하고자 한다.

유네스코에 따르면 글로벌 시민교육을 통해 학습자들은 다음과 같은 역량을 습득할 수 있다(유네스코 아시아태평양 국제이해교육원, 2014).

- 다중 정체성에 대한 이해와 개인의 문화 · 종교 · 인종 및 그 밖의 차이점을 초월하는 '집단 정체성'의 잠재력에 기초한 태도
  – 같은 인류라는 소속감, 다양성 존중 등
- 세계적 문제들과 정의 · 평등 · 존엄성 존중과 같은 보편적 가치에 대한 깊은 이해
  – 세계화 과정, 상호 의존 및 연결, 국가가 적절히 또는 독자적으로 대응할 수 없는 세계적 문제들, 미래의 주요 개념으로 지속가능성에 대한 이해 등
- 문제의 서로 다른 차원과 양상을 인지하는 다양한 관점의 접근법을 취하는 것을 포함해 비판적이고 체계적이며 창의적으로 생각하는 인지 기술
  – 다양한 관점의 접근법을 토대로 한 추론과 문제해결 능력 등
- 공감이나 갈등 해결 같은 사회적 기술과 의사소통기술 그리고 다양한 배경과 출신, 문화, 관점을 가진 사람들과 교류하고 소통하는 자세와 같은 비인지 기술
  – 글로벌 시민으로서의 공감과 연대의식 등
- 세계적으로 직면한 문제들의 세계적 해결 방법을 찾기 위해 협력하고 책임감 있게 행동하며, 공동선을 위해 노력하는 행동력
  – 사명감, 의사결정 능력 등

이와 같이 유네스코는 글로벌 시민교육을 통해 학습자들이 실생활에서 글로벌 이슈들을 비판적으로 분석하고 해결 가능한 대안들을 창의적이고 혁신적으로 모색하

도록 격려한다. 나아가 학습자들이 글로벌 사회의 바람직한 변화를 가져올 수 있는 개인적 및 집단적 행동에 참여할 것을 강조하고 있다.

옥스팜과 유네스코의 글로벌 시민교육은 비판적인 시민교육, 변화 지향적인 시민교육, 실천 지향적인 시민교육의 특징을 지니고 있다(최종덕, 2014). 옥스팜과 유네스코는 글로벌 시민교육의 목적에 따라 교육내용도 유사하게 구성하였는데, 그 핵심 내용은 다음과 같다.

〈표 7-1〉 옥스팜(Oxfam)과 유네스코(UNESCO)의 글로벌 시민교육의 핵심 내용

영역	내용
지식	• 글로벌 이슈에 대한 지식 • 보편적 가치에 대한 인식(인권, 사회 정의, 평등, 다양성 등) • 세계화와 상호 의존 • 지속가능한 발전
기능	• 비판적 사고 • 자기주장능력 • 협력과 갈등해결 • 공감 • 의사소통 능력 • 책임감 있는 행동
가치와 태도	• 자아 정체성과 자아존중감 • 관용 • 환경보존과 지속가능한 발전에 대한 실천 • 변화지향적 관점

3) 우리나라의 세계시민교육의 영역별 학습 역량

우리나라에서는 세계화에 따라 환경, 인권, 테러, 빈곤 등 전 지구적인 문제들의 증가로 국가 간의 상호 의존과 공동 대응이 필요함에 따라 이러한 갈등과 문제에 능동적으로 적응하고 참여할 수 있는 경쟁력을 확보하고 인류 보편적 가치를 지향하는 의식과 태도를 함양할 필요성이 제기되었다.

특히 2015 개정 교육과정에서 추구하는 인간상으로 '공동체 의식을 가진 세계시민으로서 배려와 나눔을 실천하는 더불어 사는 사람', 즉 글로벌 시민이 명시되어 있다. 이에 지역 · 국가 · 세계 공동체의 구성원에게 요구되는 가치와 태도를 가지고 공동체의 문제해결에 적극적으로 참여하는 공동체 역량을 기르고자 한다.

우리나라에서는 글로벌 시민교육을 인류 보편의 평화, 인권, 다양성 등에 대한 지식, 기술(skills)을 습득하고 가치를 내면화하며 책임 있는 태도를 함양하는 교육이라 규정하고 있으며, 세계시민교육의 영역별 학습 역량은 다음과 같다(서울특별시교육청, 2017).

〈표 7-2〉 글로벌 시민교육의 영역별 학습 역량

영역	내용
인지적 역량	전지구적 과제들과 세계의 상호 의존성, 보편적 가치에 대한 지식과 깊은 이해를 가지고, 비판적 · 체계적 · 창의적으로 사고하는 역량
사회·정서적 역량	인류 공동체의 일원으로서의 소속감을 바탕으로 다양성에 대한 존중, 세계시민으로서의 공감과 연대의식, 가치와 책임감을 공유하는 역량
행동적 역량	평화롭고 정의로운 세상을 위해 지역 · 국가 · 세계적 차원에서 전 지구적 과제들의 해결 방법을 찾기 위해 협력하고 책임감있게 행동하는 역량

2. 글로벌 논쟁문제의 해결 방법

다양한 사회집단, 국가, 지구촌에서 살아가고 있는 글로벌 시민들은 불가피하게 다양한 종류의 갈등상황에 직면하게 된다. 갈등 상황은 자연적, 사회적으로 가치 있게 여겨지는 자원의 양이 제한적인 데 비해 상대적으로 사람들의 욕구가 너무 커서 발생하는 것일 수도 있으며, 사람들 간의 문화, 이념, 종교, 가치관 등의 차이에서 비롯된 것일 수도 있다. 이러한 갈등 상황을 합리적으로 해결하기 위해서는 갈등을 조정하고 해결하는 노력이 요구된다.

글로벌 시민교육을 통해 지역적으로나 세계적으로 발생하고 있는 글로벌 논쟁문제(global controversial issues)에 합리적으로 대처하는 방법을 학습할 수 있다.

논쟁문제는 사회적으로 찬성과 반대 의견이 비슷하게 나뉘어 있고, 그 문제와 관련된 결정이 사회 다수에 영향을 미치며, 서로 상충하거나 경합하는 여러 대안 중 하나를 선택해야 하는 문제를 의미한다(차경수, 모경환, 2008). 논쟁문제란 사실(facts)과 가치(values)가 혼재된 문제로서 찬성과 반대 의견의 대립이 팽팽히 맞서서 무엇인가를 결정해야 되며, 이 결정은 개인뿐만 아니라 다수에게 영향을 미치는 문제를 의미한다(한춘희, 2012). 논쟁문제는 개인의 사적 영역을 넘어서 공적 영역의 문제라는 점에서 공공의 쟁점 또는 공적 이슈(public issues)라고도 표현한다.

최근에는 세계화로 인하여 글로벌 시민은 일상생활에서 복잡한 사회 현상이나 다양한 글로벌 논쟁문제에 직면하고 있다. 여기서는 글로벌 시민이 일상생활과 관련된 갈등과 문제들에 대해 합리적으로 판단하고 올바른 의사결정을 내리는 데 도움이 되는 대화와 타협, 그리고 논쟁문제학습에 대하여 살펴보고자 한다.

1) 대화와 타협

서로 다른 가치관과 사고방식을 지닌 사람들이 더불어 살아가기 위하여 필요한 기본적인 소통의 방법은 대화와 타협이다. 대화와 타협은 갈등이나 문제 상황을 해결하는 과정에 있어서 가장 기본이 되는 문제해결 능력이다. 먼저 대화와 타협의 정의를 살펴보고자 한다.

우리는 다양한 방식으로 서로의 의사를 전달하거나 정보를 교환하는데, 그중에서 말이나 글을 통한 의사소통, 즉 언어적 의사소통을 대화(conversation)라고 한다. 대화는 원활한 의사소통을 가능하도록 하며, 원만한 인간관계를 형성하는 데 도움을 준다.

타협(compromise)이란 대립되는 두 편이 서로 양보 또는 절충하여 협의하는 것을 의미한다. 다시 말해 타협은 대화를 사용하여 서로 양보하는 마음을 가지고 상대방과 자신이 상호 이익을 얻는 과정이다.

대화와 타협은 개인과 개인, 개인과 집단, 또는 집단과 집단 사이에서 일어나는 문제를 포함하여 다양한 이해관계에서 비롯되는 갈등과 대립을 조절하거나 완화시켜 줄 수 있는 의사소통 방식이다.

대화와 타협의 과정을 살펴보면, 먼저 갈등 상황에서 문제점을 파악하고 서로 그 문제에 대하여 대화를 통해 자신의 입장을 조금씩 양보하면서 해결책에 이르게 된다(김영인 외, 2017). 예를 들어, 세대 차이나 문화적 차이로 인하여 갈등이나 문제가 발생할 경우, 그것을 해결하기 위해 가장 먼저 해야 할 일은 문제를 드러내는 것이다.

즉, 대화를 통해 무엇이 문제 상황인지 '표현'되어야만 비로소 해결 방법을 찾을 수 있다. 그렇게 갈등이나 문제가 드러나게 되면, 나는 상대방에게 무엇을 요구하고 또 나는 상대방에게 무엇을 내놓을지를 고려하여 신중하게 제안을 해야 하는데, 이러한 과정이 곧 타협이다. 그래서 타협을 흔히 'give-and-take'라고도 한다.

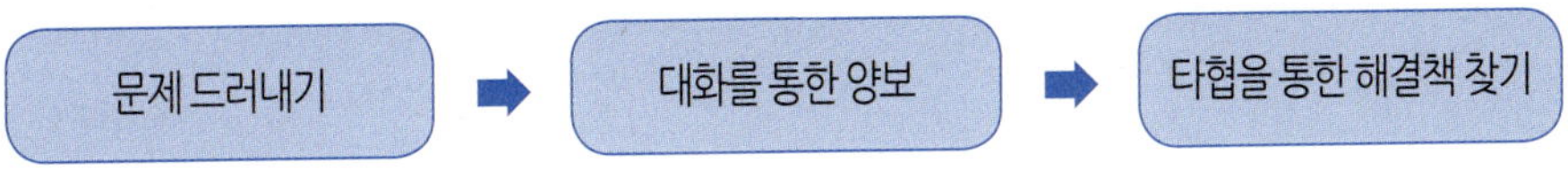

[그림 7-1] 대화와 타협의 과정

예를 들어, 부모와 자녀 간에 갈등이 있을 경우, 먼저 대화를 통해 서로 어떠한 불만이 있는지에 대하여 이야기할 수 있다. 그리고 부모와 자녀가 각각 원하는 것에 대해서도 이야기할 수 있다. 물론 부모와 자녀가 의견의 일치를 보기는 쉽지 않을 수 있다. 만약 어느 한쪽이 계속 자신의 주장만을 고수한다면 타협은 이루어질 수 없고, 자연히 문제해결도 어려워지게 된다. 타협이 제대로 이루어지기 위해서는 상대방의 입장과 가치관을 고려하여, 서로 조금씩 양보하면서 융통성 있게 각자의 주장을 제안해야 한다. 타협에 이르는 과정은 한두 번의 의견 교환으로 가능한 것이 아니라, 다소 더디더라도 서로 조금씩 양보하는 과정을 거쳐야 한다. 만약 부모와 자녀가 각자 원하는 수준을 조금씩 수정하여 타협한다면 서로가 수용할 수 있는 절충안에 이를 수 있을 것이다.

대화와 타협은 우리 삶 속의 사소한 갈등에서부터 정치나 국제관계에 이르기까지 모두 적용될 수 있다. 단 갈등이나 문제를 해결하는 과정에서 어느 한쪽의 입장이나 의사만을 일방적으로 고집할 경우, 문제해결은 고사하고 또 다른 갈등을 야기할 수밖에 없다. 따라서 무엇이 문제인지, 무엇을 원하는지, 어떻게 조정할 수 있는지, 얼마만큼 양보할 수 있는지, 또한 그것을 어떻게 달성할 수 있는지 등에 대하여 충분히 대화하면서 검토하여야 한다. 양측은 하나를 얻기 위해 다른 하나를 양보하는 방식으로, 대화와 타협에 참여한 모든 당사자들의 만족도를 최대한 끌어 올릴 수 있도록 타협해야 한다. 대화와 타협은 어느 누구에게도 완전한 만족을 보장해 주지는 않지만, 어느 누구에게도 완전한 불만족을 주지도 않는 의사소통 방식이다.

2) 논쟁문제학습을 통한 갈등 조정 및 해결

(1) 논쟁문제학습의 이해

우리 사회에는 다양한 문제에 대하여 찬·반 의견이 대립되는 쟁점들이 점점 증가하고 있는 추세이다. 이와 같은 논쟁문제 또는 사회적 쟁점, 나아가 지구촌에서 발생하는 글로벌 논쟁문제들을 합리적으로 해결할 수 있는 글로벌 시민을 양성할 필요가 있다. 이러한 논쟁이나 쟁점, 글로벌 논쟁문제를 합리적으로 해결하는 방법과 능력을 가르치는 교수법이 '논쟁문제학습'이다(한춘희, 2012).

논쟁문제학습의 특성 및 장점을 살펴보면 다음과 같다(이광성, 2002).

첫째, 논쟁문제학습은 주어진 문제나 논쟁점을 이해하고 분석하며, 그 문제와 관련된 대안을 강구하고 평가 및 해결해 가는 과정을 밟는다.

둘째, 논쟁은 제기된 문제에 대해 다양한 관점을 지닌 토론자들 간의 상호작용을 촉진시켜 집단의 문제해결뿐만 아니라 개개인들로 하여금 비판적으로 검증된 증거를 토대로 그들 자신의 문제해결에 도달할 수 있도록 해 준다.

셋째, 논쟁은 찬성과 반대가 대립하는 것이므로 일정한 절차와 규칙이 지켜지지 않는다면 말싸움으로 그칠 수 있다. 따라서 주장의 시종일관성, 증거 자료의 정확성, 결론의 명확성 등이 확보되어야 한다.

넷째, 논쟁문제학습은 교사와 학생 간, 학생과 학생 간의 의사소통을 통한 토론을 바탕으로, 달성하고자 하는 학습 성과를 학생 자신이 발견할 수 있도록 하는 교수·학습 방법이다. 논쟁문제학습을 통해 학생들은 교수·학습 자료에 대한 이해, 관점의 확장, 타인 존중, 비판적 사고, 의사소통기술의 향상 등과 같은 효과를 얻을 수 있다.

다섯째, 논쟁문제학습은 교사와 학생의 역할을 변화시킨다. 전통적인 강의식 수업에서 학생들은 주로 수동적인 지식 수용자로서의 역할이 두드러진 반면, 논쟁문제학습에서는 학생들이 조사, 탐구, 토론, 발표, 질문, 의사결정 등에 보다 적극적으로 참여할 수 있다.

(2) 논쟁문제학습의 단계

논쟁문제학습 모형의 목적은 학생이 논쟁문제에 대하여 어떤 입장을 취하면서 합리적인 기준을 가지고 옹호할 수 있으며, 그 문제와 관련하여 제기되는 사실과 가치, 지식과 이론, 추상성과 구체성을 적절하게 연결시킬 수 있는 창조적, 분석적 사고력과 의사결정 능력을 향상시키는 데 있다. 여기서는 차경수가 제시한 논쟁문제 교수 모형과 박상준이 제시한 논쟁문제 수업 모형을 소개하고자 한다.

① 차경수(1994, 2008)의 논쟁문제 교수 모형

차경수(1994)는 외국의 선행연구를 바탕으로, 국내에서는 처음으로 논쟁문제를 정의하고 우리나라 교육현장에서 활용할 수 있는 논쟁문제의 교수 단계를 제시하였다(차경수 외, 2008). 구체적으로 교수 단계는 '문제 제기 - 가치문제 확인 - 분석(정의와 개념의 명확화 - 사실 확인과 경험적 증명 - 가치 갈등의 해결 - 유사한 다른 경우와 비교 - 대안 모색과 결과의 예측) - 선택 및 결론 - 평가'로 구성되어 있다. 여기서 분석 단계를 다시 다섯 개의 하위 단계로 구체적으로 제시함으로써 논쟁문제학습에서 가장 중요한 단계로 보았다.

■ 1단계: 문제 제기

• 문제 내용 확인, 문제가 발생하게 된 배경, 관련된 주장과 이론

■ 2단계: 가치문제 확인

• 관련 사실과 가치 검토, 가치 갈등문제 확인, 가치 관련 행동 서술, 가치의 원천 서술

■ 3단계: 분석

• 개념과 정의의 명확화

• 사실 확인과 경험적 증명

• 가치 갈등의 해결(기준)

– 각 대안은 인간의 존엄성을 존중하고 있는가?

– 각 대안은 헌법적 가치를 존중하고 있는가?

– 각 대안은 사회적 · 보편적 가치를 반영하고 있는가?

• 유사한 다른 경우와 비교

• 대안 모색과 결과의 예측

■ 4단계: 선택 및 결론

■ 5단계: 평가

② 박상준(2010, 2013)의 논쟁문제 수업 모형

박상준(2013)은 여러 학자들의 논쟁문제 학습 모형을 종합하여 논쟁문제 수업 모형을 제시하였다. 이 논쟁문제 수업 모형에서는 7단계에 걸친 논쟁문제 수업의 과정을 제시하고 있다.

■ 1단계: 문제 인식 단계

학생들이 흥미를 갖고 충분히 토론할 수 있는 논쟁문제를 선택하는 단계이다. 이 단계에서 학생들은 토론하고자 하는 주제 또는 문제가 무엇이며, 그 문제가 발생한 이유와 배경, 문제에서 쟁점이 되는 핵심 내용 등에 관하여 인식한다.

■ 2단계: 가치문제의 명료화

가치문제의 명료화 단계에서는 먼저 논쟁문제와 관련된 사실과 가치를 구분한 다음, 쟁점과 관련된 대립과 논쟁의 이유를 확인하기 위해 대립 가치를 찾아내고 갈등의 원인을 확인한다.

■ 3단계: 용어의 정의

이 단계에서는 명확한 토론을 위해 논쟁문제와 관련된 용어를 정의한다.

■ 4단계: 사실 확인 및 객관적 검증 단계

이 단계에서는 당사자들이 제시한 주장을 검증할 수 있는 객관적 자료를 수집하고 분석하여 그 타당성을 검증한다.

■ 5단계: 대립 가치의 분석

이 단계에서는 각 집단이 추구하는 가치들이 무엇인지 확인하고, 그 가치들 중에서 어느 것이 기본적인 가치인지 또는 특수한 가치인지, 어느 것이 개인적 가치인지 또는 사회적 가치인지를 비교하며 분석하는 단계이다.

■ 6단계: 대안 탐색 및 결과 예측

이 단계에서는 논쟁문제와 관련된 사실과 가치를 종합하여, 다양한 대안들을 찾아보고, 여러 대안들이 가져올 긍정적 결과나 부정적 결과, 또는 장점과 단점 등을 비교하고 예측한다.

■ 7단계: 대안 선택 및 정당화 단계

이 단계에서는 대안들을 비교·분석하여 최종적으로 어떤 대안이 기본적 가치와 궁극적 가치를 달성하는 데 더 효과적이고, 장기적으로 바람직한 결과를 가져오는가를 판단하여 선택한다. 그리고 객관적 자료와 기본적 가치에 의거하여 대안을 정당화한다.

박상준(2010)의 논쟁문제 수업 모형에서, 논쟁문제학습은 교사와 학생 간, 학생과 학생 간에 토론을 바탕으로 의사소통을 한다. 이를 위해서 논쟁문제에 대하여 다양한 관점에서 검토하고 의견을 발표할 수 있는 개방적인 분위기를 조성할 필요가 있다. 학생들은 논쟁문제학습을 통해 서로의 의견을 조율하는 과정을 경험하게 되어 자연스럽게 타인을 존중하는 태도를 기를 수 있다. 또한 상대방의 의견에 대하여 비판적으로 검토함으로써 비판적 사고 능력을 함양할 수 있다. 쟁점에 대한 '사실' 문제는 객관적으로 증명할 수 있는 것이고, '가치' 문제는 사실과 다른 분석과 정당화를 요구하는 것이다(박상준, 2010). 논쟁문제학습은 쟁점에 대하여 사실과 가치를 엄격하게 구분하고, 대립되는 가치의 분석을 통하여 합리적으로 의사결정을 내릴 수 있도록 한다.

종합적으로 논쟁문제학습은 학생들이 논쟁문제에 대하여 다양한 탐구활동을 통해 자신의 의견을 정리하고 해결하려는 종합적인 과정이 포함된 수업 방법이다. 따라서 논쟁문제학습에서는 갈등이 되는 문제를 파악하고 해결하기 위한 자료 수집과 분석, 토론, 의사결정 등의 활동이 중요하다. 또한 논쟁문제학습은 단편적인 지식의 주입이나 교육내용을 그대로 전달하는 전통적인 수업과는 달리 일상생활에서 접할 수 있는 논쟁문제를 학습주제로 다룬다는 점에서 학습자의 흥미와 관심을 유발할 수 있다.

논쟁문제는 찬반으로 대립되는 문제로서 어떻게 의견을 조율하여 해결 방안을 모색할지 여부는 사회적으로 중요하다. 논쟁문제를 해결하기 위해서는 다양한 의견과 해결 방안을 제시해 볼 수 있는 토론활동이 필요하다. 다음 단원에서는 글로벌 사회에서 가장 중요한 의사결정 방법 중 하나이자 글로벌 시민이 갖추어야 할 필수적인 역량으로 꼽히는 토론에 대하여 살펴보고자 한다.

3. 토론

1) 토론의 개념

여러 사람이 공통적인 관심을 가지고 있는 문제에 대하여 제시한 다양한 의견들 가운데에서 최선의 대안을 찾아내는 의사결정 방법이 토론이다. 일반적으로 토의와 토론은 거의 유사한 의미로 사용되거나 혼용되고 있으나, 명확하게 구분짓자면 다음과 같다.

토의(discussion)는 서로 의견을 나눈다는 부분을 강조하는 반면, 토론(debate)은 서로 대립되는 의견을 교환한다는 의미가 강하다(차경수 외, 2008). 굳이 엄격하게 구분하여 설명한다면(김영인 외, 2017; 정문성, 2011), 토의(discussion)는 "어떤 주제에 대해서 여러 사람들이 정보와 의견을 교환하여 그 주제에 대해 학습하거나 문제를 해결하려는 말하기, 듣기 활동"으로, 어떠한 문제에 대해 협력적인 관점에서 상호 의견을 주고받는 것이다.

그에 비해 토론(debate)은 "어떤 주제에 대해 서로 다른 주장을 하는 사람들이 논증과 실증을 통해 규칙에 따라 자기의 주장을 정당화하여 다른 사람을 설득하려는 말하기 듣기 활동"으로, 서로 대립적인 관점에서 문제에 대한 쟁점을 형성하고 주장을 주고 받는 활동을 의미한다.

하지만 실제 상황에서는 토론과 토의의 구분이 불분명하여, 엄격하게 분리해 진행하기 어렵다. 여기서는 토론과 토의를 구분하지 않고, 토론이라는 용어를 사용하고자 한다.

2) 토론의 유형과 특징

토론은 참여 인원에 따라 개별토론과 집단토론으로 구분할 수도 있고, 진행의 형식에 따라 자유토론과 대회토론으로 나누기도 한다. 토론의 유형과 종류는 다양하지만, 여기서는 많이 쓰이는 것을 중심으로 몇 가지 유형을 소개하고자 한다(강대현, 2006; 김영인 외, 2017).

(1) 문답식 토론

- 질문과 응답을 통해 토론을 하는 방법이다. 질문 - 응답 - 질문 - 응답이 연속적으로 이루어진다.
- 예를 들면 소크라테스식 문답법을 들 수 있다. 소크라테스식 문답법은 어떤 주제 또는 사안에 대해 상대방에게 질문을 계속 던짐으로써 상대방이 능동적이고 비판적으로 사고하도록 촉진하여 진위를 가리거나 진리를 발견하여 깨닫도록 하는 토론 방법이다.

(2) 반대심문식 토론

- 논제에 대하여 찬성 측과 반대 측 각 2명으로 구성하며, 1인당 3회씩 발언할 기회를 가진다.
- 모든 참여자에게 공평한 기회가 보장된다.
- 상대방의 질문에 대해 답변을 해야 하기 때문에 깊이 있는 논의가 가능하며, 부당하게 의견을 고수하여 결론에 이르는 것을 방지할 수 있는 장점이 있다.

(3) 칼 포퍼(Karl Popper) 토론

Karl Popper

출처: plato.stanford.edu

- 비판적 합리주의를 발전시킨 칼 포퍼의 철학을 바탕으로 창안된 토론 방식이다. 건전한 토론 능력을 키우는 데 효과적이므로 전 세계적으로 가장 많이 활용되는 대회토론 방식이다.
- 논제에 대하여 찬성 측과 반대 측이 각각 3명으로 구성된다.
- 같은 팀이라도 3명의 역할이 각기 다르므로 팀 내에서의 의사소통이 중요하다.
- 많은 것을 주장하기보다는 철저하게 증명하려는 태도를 강조한다.
- 다른 토론에서는 상대방이 틀렸다는 것만 증명하면 토론에서 승리할 수 있지만, 이 토론방식에서는 자신의 팀이 옳다는 것을 증명해야만 승리하게 된다.

찬성			반대		
1 토론자	2 토론자	3 토론자	1 토론자	2 토론자	3 토론자
입안(4)					
					교차조사(3)
			입안(4)		
		교차조사(3)			
	반박(4)				
			교차조사(3)		
				반박(4)	
교차조사(3)					
		반박(4)			
					반박(4)
작전시간: 찬성과 반대에 동일하게 줌					

출처: 네이버 지식백과.

(4) 버즈(buzz)토론

- 사람 수가 많거나 시간적 제약으로 인해 발언하기 어려운 상황을 고려하여 참가자들의 능동적인 참여를 높이고자 필립(Phillip, J. D.)이 고안한 토론기법이다.
- 여러 소집단으로 나누어 각각 토론한 후, 다시 전체가 모여 토론한다.
- 다수의 학습자를 토론에 참여시키며, 궁극적으로 대집단토론으로 발전시킬 때 유용한 방식이다.

(5) 패널토론

- 어떤 논제에 대해 각각의 입장을 대변하는 전문가나 책임자들이 패널(panel)이 되어 청중들 앞에서 자신들의 의견을 밝히는 방식이다.
- 청중으로 하여금 논제에 대한 관심을 높이고 그에 대한 전문적 입장을 보여주기 위해 활용된다.
- 토론 내용에 대해 청중과 패널이 질의-응답 시간을 가진다.

(6) 심포지엄(symposium)

- 소수의 전문가 또는 권위자가 서로 다른 관점에서 논제에 대해 의견을 제시하기 때문에 체계적이고 권위 있는 설명을 들을 수 있다는 점에서는 강연회와 비

슷한 성격을 가진다.

- 발표자와 청중이 질의 - 응답 시간을 가진다.

(7) 포럼(forum)

- 포럼은 고대 로마에서 재판을 열거나 공적 문제에 대한 공개토론을 했던 광장의 의미로부터 유래하였다.
- 발표자의 강의나 토론이 끝난 후 청중이 참여하는 공개토론 형태를 띠며, 청중이 의견을 발표할 수도 있다.

(8) 논술토론

- 말하기 토론이 아닌 쓰기 토론을 통하여 논리적이고 깊이 있는 생각을 표현하도록 유도한다.
- 처음부터 찬반 논쟁형 패널토론을 할 준비가 충분히 되어 있지 않을 경우에 아이디어와 논거를 자극하기 위하여 활용할 수 있다.

3) 토론의 진행

(1) 토론에 사용되는 규칙

토론교육을 진행할 때는 크게 네 단계로 구분하는 것이 효과적이다(황지원, 2013).

첫째 단계는 논제를 선정하는 단계이다. 원칙적으로는 어떠한 주제든 토론의 논제가 가능하지만, 교육적 목적에서 이루어지는 토론의 논제는 시의성, 공공성, 대립성 등과 같은 조건을 충족시키는 것이 효과적이다.

- 시의성: 현재 논란 중인 시안을 토론주제로 다루어야 한다.
- 공공성: 사안이 특정한 집단이 아니라 공공의 문제와 관련된 것이어야 한다.
- 대립성: 사안에 대해 찬성 측과 반대 측이 핵심적인 부분에서 명백한 대립을 이루어야 한다.

둘째 단계는 논제에 대한 여러 쟁점을 영역별로 분석하고, 그에 적합한 자료를 찾는 단계이다. 논쟁이 내포하고 있는 쟁점을 분석한다는 것은 다양하게 얽힌 주장들을 영역별로 구분하고 정리하는 것을 의미하며, 이 단계에서는 분석적 사고력이 요구된다. 논점을 분석한 후에는 객관적인 근거를 확보한다.

셋째 단계는 분석한 논점을 체계적으로 정리하여 토론개요서나 토론전략서를 작성하는 단계이다. 논제를 선정하고, 논점을 찾아 분석하며, 그에 적합한 자료를 찾아 핵심 근거로 삼은 후에, 이를 바탕으로 토론개요서 혹은 토론전략서를 작성한다. 이 단계에서는 자신의 입장뿐 아니라 상대방의 관점까지도 종합적으로 이해하여야 하므로, 종합적인 사고력이 요구된다. 토론개요서는 성공적으로 토론이 가능하도록 논점과 근거들을 일목요연하게 제시해 놓은 요점 정리라 할 수 있다. 토론개요서나 토론전략서를 활용함으로써 실제 토론에서 자신감 있는 주장을 펼칠 수 있다. 토론개요서나 토론전략서는 특정한 형식이 있는 것은 아니나, 다음 예시와 같이 논점을 중심으로 특정한 논거, 근거, 주장(자기 팀 및 상대방 팀) 등이 분명하게 드러날 수 있도록 한다.

넷째 단계는 실제 토론 단계이다. 준비 자료를 토대로 한 실제 토론에서 학생들은 합리적인 의사소통, 자기주장의 설득력 있는 전개, 상대편 주장의 논리적 모순 발견 등의 과정을 경험하게 되며, 이를 통해 의견표현기술, 분석적 능력, 종합적 사고, 비판적 사고 등이 향상된다.

작성일:	작성자(팀명):	입장 선택: 찬성/반대
▷ 논제:		
찬성(반대)측 논거1 (필요성)	주장1	
	전제1	
	전제2	
찬성(반대)측 논거2 (한계)	주장2	
	전제1	
	전제2	
찬성(반대)측 논거3 (문제해결)	주장3	
	전제1	
	전제2	
찬성(반대)측 논거4 (비용)	주장4	
	전제1	
	전제2	

[그림 7-2] 토론개요서

참가자	토론자1: 토론자2: 토론자3:
논제	
세부논제	논제1) 논제2) 논제3)
우리 팀의 근거	근거1) 근거2) 근거3)
핵심 용어 & 정의	1) 2) 3)
주장에 동원된 정보 & 자료	1) 2) 3)
상대팀의 예상 세부논제와 근거	논제1) 논제2) 논제3)
	근거1) 근거2) 근거3)
상대팀 주장에 대한 우리 팀 반론	1) 2) 3)
우리 팀 주장에 대한 상대팀의 예상 반론과 그에 대한 우리의 답변	반론1) 답변1)
	반론2) 답변2)
	반론3) 답변3)
최종 발언	

[그림 7-3] 토론전략서

출처: 황지원(2013). 대학토론교육의 의미와 구체적 적용-토론관련 교양교과목의 실제 활용을 중심으로. 교양교육연구, 7(3), pp. 581-582.

토론의 성격이나 형식에 따라 차이가 있지만, 일반적으로 제시되는 토론의 규칙은 다음과 같다(황지원, 2013).

첫째, 모든 참여자에게 균등한 발언 기회가 주어져야 한다.

둘째, 발언은 가능한 한 짧고 명료하게 하며, 논지를 벗어나지 말아야 한다.

셋째, 다른 사람의 의견을 존중하고, 발언을 끝까지 경청해야 한다.

넷째, 찬성 측은 '증명'하고, 반대 측은 '반증'해야 한다.

다섯째, 자신의 부족함을 인정하고, 토론의 결과에 승복해야 한다.

이러한 규칙들은 모든 토론에 있어 지켜져야 하는 전제 조건이므로, 토론교육을 하거나 토론을 진행하기 전에 반드시 이런 규칙들을 숙지하고 준수할 수 있도록 해야 한다.

(2) 토론에 사용하는 질문

토론에 사용하는 질문의 유형은 관점에 따라 다양하게 구분할 수 있다. 여기서는 마토렐라(Martorella)의 구분 방식에 의해 다음과 같이 분류하여 각각 그 예를 제시하고자 한다(Martorella, 1991: 202-205; 차경수 외, 2008 재인용).

〈표 7-3〉 토론 질문의 유형별 특징과 예시

유형	특징	예시
폐쇄형 질문 (closed questions)	대략 정해진 대답을 하도록 하는 질문	현재 한 · 미 교역액 중 농산물 부문이 차지하는 비중은 어느 정도인가?
개방형 질문 (open questions)	자유로운 반응을 허용하는 질문	한 · 미 FTA에 대해 찬성하는가, 반대하는가? 그 이유는 무엇인가?
기술적 질문 (descriptive questions)	주로 암기한 것을 조직하여 답하도록 하는 질문	우리 농민들은 FTA 추진에 반대하여 어떤 활동을 벌이고 있는가?
탐색적 질문 (probing questions)	발언 내용을 보다 명확히 하기 위한 질문	한 · 미 FTA가 체결되면 우리나라 공산품 수출에 도움이 된다고 말했는데, 그것은 무슨 의미인가?
고차적 질문 (higher order uestions)	응용, 분석, 종합, 비판적 평가 등 고차적 사고력을 자극하는 질문	한 · 미 FTA가 우리 농가에 미치는 영향은 무엇인가?
수렴적 질문 (convergent questions)	요약, 종합 등의 능력을 요구하는 질문	결론적으로 한 · 미 FTA는 우리 경제에 득이 되는가, 실이 되는가?
확산적 질문 (divergent questions)	정답이 없이 열려 있는 질문	한 · 미 FTA가 체결될 경우 그것이 세계경제에 미치는 영향은 무엇인가?

이외에도 특정한 목적을 위하여 활용할 수 있는 토론 질문의 예를 살펴보면 다음과 같다(강대현, 2006).

① 토론에 참여하지 않은 구성원의 참여를 유도하기 위한 질문

- 이번에는 ○○씨가 말씀해 주시겠습니까?
- 지난번 신문기사에는 ~라는 내용이 있었는데, △△씨는 이것에 대해서 어떻게 생각하십니까?

② 논증의 구성요소를 확인하기 위한 질문

- 그 정보는 어디서 얻은 것입니까?
- 그렇게 일반화하는 것에 혹시 문제는 없을까요?
- 그러한 정보를 가지고 A라는 결론을 내리는 것에 문제는 없나요?

③ 진행을 원활하게 하기 위한 질문

- 일단 이 주제와 관련된 원인을 찾아보는 게 어떨까요?
- 이 정도면 해결책들을 충분히 찾아본 것 같으니 이제 결정을 내려 볼까요?

④ 의견 대립이나 갈등을 조정하기 위한 질문

- 지금 A씨는 A′라고 주장하고 B씨는 B′라고 생각하고 있는데, 두 주장이 기본적으로 전제하고 있는 것은 사실 동일한 것 아닌가요?

⑤ 발언을 명료화하기 위한 질문

- A′라고 하신 것은 무슨 의미입니까?
- B′라고 말씀하신 것은 앞서 말씀하신 것과 어떤 관련이 있습니까?

4) 토론에 대한 평가

토론을 진행할 때 어려운 점 중 하나는 직접 토론에 참여하는 학생에 비해 토론을 지켜보는 방청객 역할을 하는 학생들의 집중도가 현저하게 떨어진다는 것이다. 다른 사람의 토론을 객관적이고 비판적인 시각에서 지켜보는 것 역시 직접 토론에 참여하는 것 못지 않게 중요한 교육적 경험이다. 학생들은 방청객 역할을 하면서 토론을 지켜봄으로써 자신이 직접 토론할 때 느끼지 못했던 문제들을 더 잘 인식할 수 있게 되어 토론 능력을 향상시킬 수 있다.

다음 예시와 같은 토론평가표를 활용하면, 토론을 지켜보는 학생들이 객관적인 시각에서 토론을 평가하는 데 도움을 받을 수 있다.

학과: 성명:

토론주제		토론일	
사회자		평가점수	
토론자	찬성팀		
	반대팀		

번호	평가기준	찬성팀	반대팀
1	주제 이해는 정확한가?	1, 2, 3, 4, 5	1, 2, 3, 4, 5
2	주장의 논거는 분명한가?	1, 2, 3, 4, 5	1, 2, 3, 4, 5
3	표현은 정확하고 설득력 있는가?	1, 2, 3, 4, 5	1, 2, 3, 4, 5
4	토론에 임하는 자세는 좋은가? (토론규칙 준수 등)	1, 2, 3, 4, 5	1, 2, 3, 4, 5
5	종합	총점:	총점:
		핵심주장:	핵심주장:
		핵심근거:	핵심근거:
		(상대에 대한) 핵심비판:	(상대에 대한) 핵심비판:
6	총평		

[그림 7-4] 토론평가표

출처: 황지원(2013). 대학토론교육의 의미와 구체적 적용-토론관련 교양교과목의 실제 활용을 중심으로. 교양교육연구, 7(3), pp. 586-587.

이외에도 교수자가 학생 토론을 평가할 때 다음과 같은 요소들을 포함하는 것이 바람직하다(이주행 외, 2005).

① 논리력: 토론의 승패를 좌우하는 필수 쟁점에 대한 논리를 지속성, 중요성, 해결성의 세 영역으로 구분하여 평가
② 분석력: 상대방의 논리에 대한 이해와 분석 정도 평가
③ 증거 제시 능력: 제시한 논거의 타당성과 풍부함 정도 평가
④ 전달력: 음성언어, 신체언어 등을 통한 의사전달 정도 평가
⑤ 태도: 적극성, 자신감, 예의 등에 대한 평가

5) 토론의 교육적 효과

글로벌 시민의 역량을 강화하기 위해서는 토론 능력을 향상시킬 필요가 있다. 토론의 교육적 효과를 살펴보면 다음과 같다(황지원, 2013).

첫째, 토론을 통해 비판적 사고 능력은 물론 논리적 분석 능력, 이해력, 창의력, 문제해결 능력 등과 같은 종합적인 사고력이 증진될 수 있다. 이러한 종합적인 사고 능력은 토론과 같이 다양한 생각들이 자유롭게 펼쳐지고 그것을 비교하고 분석하며 선택하는 과정을 통해 향상될 수 있다.

둘째, 의사소통 능력과 개방적인 사고를 길러준다. 토론은 일방적으로 자신의 의견을 발표하는 것이 아니라 나와 상대방이 합리적인 논쟁을 펼치는 것이다. 학생들은 토론을 통하여 자신의 의견을 논리적으로 압축하여 말하는 능력을 키우게 되며, 상대방의 의견을 정확하게 듣고 우호적으로 이해하는 능력을 기르게 된다. 즉, 토론을 통해 합리적인 의사소통의 장이 마련되며, 다양성을 인정하는 개방적인 사고를 갖게 된다.

셋째, 적극적인 참여의식을 길러준다. 전통적인 강의중심 수업에서 학생들은 수동적인 태도로 지식을 받아들이는 수용자일 수밖에 없으며, 실제적으로 수업 중에

높은 집중도를 가지고 학습에 몰입하는 학습 시간이나, 학습에 참여하는 시간은 많지 않다. 반면 토론은 텍스트에 소개되어 있는 객관적 지식을 넘어 자신의 생각과 주장을 펼 수 있으므로 학생들은 높은 집중도를 가지고 적극적으로 참여하게 되며, 정확한 근거를 찾아내려는 과정에서 자발적인 학습 동기가 유발된다. 이런 점에서 토론 수업은 학생들을 학습에 적극적으로 참여하도록 하는 가장 좋은 방법 중 하나다.

넷째, 다양한 지식을 융합하는 능력이 향상된다. 토론에서 주장을 전개할 때에는 보다 객관적인 자료나 정보에 입각하는 것이 중요하다. 논제에 대한 찬성이나 반대의 입장을 정당화하기 위해 다양한 자료와 지식을 습득하고 분석하게 되는데, 이때 특정 논제에 대하여 철학사상 · 정치경제 · 사회문화 · 과학기술 등 다양한 영역에서 검토하게 된다. 이 과정에서 학생들은 자신의 전공뿐만 아니라 다른 영역의 지식까지 융합해서 사고하는 능력을 키울 수 있다. 이러한 융합적 사고와 능력이야말로 글로벌 시민에게 요구되는 핵심 역량이라 할 수 있다.

다섯째, 민주시민으로서의 자질을 함양하는 데 도움이 된다. 민주주의 사회란 사회 구성원들 간에 영향을 미칠 수 있는 모든 사항들에 대해서는 상호 합의에 의하여 결정하도록 규정된 사회이다. 토론은 합리적인 절차와 형식에 따라 진행되는 민주적 의사결정 과정이므로, 효과적인 토론 교육을 받은 학생들은 민주시민으로서뿐 아니라, 글로벌 시민으로서 다양한 의사결정 과정에서 적극적으로 참여할 수 있는 역량을 키울 수 있다.

종합적으로 글로벌 시민교육에서 제기되는 글로벌 논쟁문제들은 대부분 전 지구적으로 직면하고 있는 갈등과 쟁점으로 이루어진다. 이러한 글로벌 갈등과 글로벌 논쟁문제를 해결하기 위하여 대화와 타협, 논쟁문제학습, 그리고 토론을 활용함으로써 사회에 대한 이해와 관심을 확대하여 글로벌 공동체적 삶을 영위할 수 있게 된다.

Chapter 8

글로벌 시민교육의 실행

8장 글로벌 시민교육의 실행

1. 글로벌 시민교육의 다양한 해석

글로벌 시민교육은 변혁적 교육의 일환으로 학습자들이 더 나은 세상과 미래를 만드는 데 있어 그들의 권리와 의무를 실현할 수 있도록 기회를 제공하고 역량을 함양시키는 참여 지향적인 교육 형태이다. 글로벌 시민교육은 인권교육, 지속가능발전교육, 국제이해교육, 문화 간 이해교육 및 평화교육을 포함한 다양한 변혁적 교육 분야들에서의 교육적 경험에 기반한다.

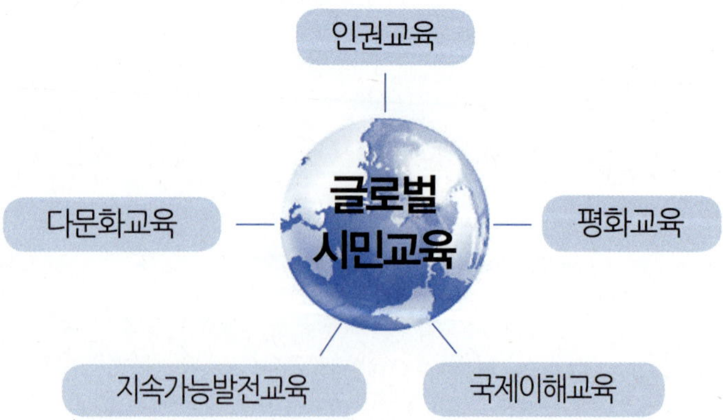

글로벌 시민교육에는 핵심 파라미터(parameter)가 있으나, 접근법과 해석, 강조점이 종종 다르며, '모든 상황에 적용할 수 있는' 실천 모델은 존재하지 않는다. 예를 들어 분쟁이 진행 중이거나 종료된 상황에서 아프리카 여러 곳에서는 글로벌 시민교육이 대부분 평화 교육의 범주 안에서 이루어진다. 최근 라틴 아메리카 국가들과 중동 국가들의 경우와 같이 정권의 이념적 변화를 겪고 있는 나라에서는 민주적 참여 원칙과 그 밖의 보편적 가치를 강조하는 것에서부터 글로벌 시민교육이 출발한다(Butera, 2013).

지역통합과 지역협력 체제, 예를 들어 남아프리카 개발공동체(Southern African Development Community)나 동남아시아 국가연합(Association of Southeast Asian Nations)의 구축, 시민과 시민의식, 민주주의와 바람직한 통치, 평화와 관용 등과 같은 인류 보편적 가치 등은 글로벌 시민교육의 중요한 요소들이라 할 수 있다.

글로벌 시민교육은 특정 국가나 지역의 시민의식 모델을 홍보하는 것이 아니다. 글로벌 시민교육은 사람들이 다양한 문화에 대하여 개방적으로 사고하고 행동하며, 여러 방법으로 광범위하게 연결될 수 있도록 지원하는 것이다. 학습자들이 무엇을 배워야 하는가뿐 아니라 어떻게 행동하여야 하는지(예. 그들 자신과 타인에 대해서, 또한 행동하고 사회적으로 교류하는 방법에 대해서)에 초점을 맞춘 학습과정으로 능동적이고 참여적인 역할을 하도록 격려한다(Cabezudo, 2013).

글로벌 시민교육의 콘텐츠와 역량은 여러 나라에서 시민교육, 정치, 환경, 사회, 지리, 문화 등과 같은 기존 교과의 일부분으로 통합되어 실시되고 있다. 글로벌 시민교육과 관련된 학습주제와 내용들(예. 지속가능발전, 평화, 인권, 의무, 세계적 유대감, 다양성 속의 상호 존중 등)은 교과서에 자주 등장한다. 그렇다고 해서 글로벌 시민교육이 영역별로 분리된 과목이라는 의미는 아니다.

결론적으로 글로벌 시민교육은 지역별, 국가별로 다양하게 해석되어 실시할 수 있다. 구체적으로 글로벌 시민교육이 아시아태평양 지역에서 어떻게 해석되는지는 다음 그림을 보면 알 수 있다.

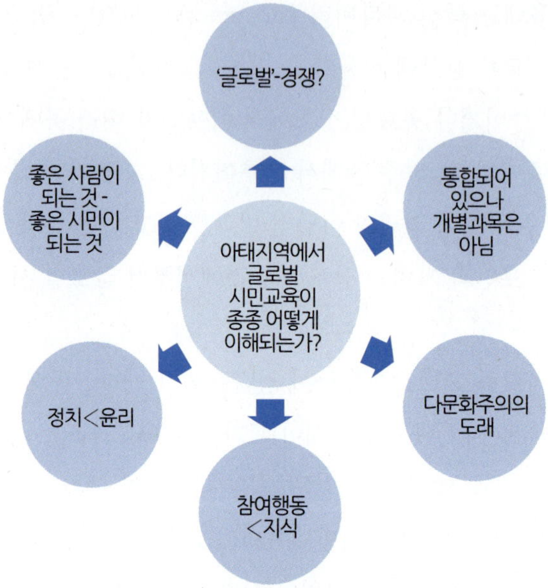

[그림 8-1] 글로벌 시민교육은 아시아태평양 지역에서 어떻게 이해되는가?

출처: U. Chung. '아시아 · 태평양 지역의 글로벌 시민교육 Global Citizenship Education in the Asia-Pacific', APCEU. 2013년 9월 대한민국 서울에서 열린 '글로벌 시민교육 전문가회의' 발표 자료.

2. 글로벌 시민교육의 실행 요인

글로벌 시민교육이 성공적으로 실행되기 위해서는 교육정책, 교육제도, 교육과정, 교사의 역량, 학습자의 다양성과 요구 등 광범위한 사회문화적 · 정치적 · 경제적 맥락 등을 고려하여야 한다. 글로벌 시민교육의 성공적인 실행에 기여하는 요인을 살펴보면 다음과 같다(유네스코 아시아태평양 국제이해교육원, 2015).

글로벌 시민교육을 실행할 수 있도록 하는 조건으로 다음과 같은 요인들이 제시되고 있다.

글로벌 시민교육의 성공적 실행에 기여하는 요인

- 글로벌 시민교육에 대한 정책적 지원 및 광범위한 교육 관계자들의 지원
- 장기적이고 지속가능한 교육 계획
- 글로벌 시민교육을 실행하는 데 있어서 다양한 소주제를 체계적으로 포괄할 수 있는 총체성 담보
- 글로벌 시민교육을 매 학년 학교 교과과정에 반영하여 학교수업을 통한 지속적 재강화
- 교육내용 및 접근에 있어 지역 · 국가 · 세계 차원 모두를 포괄성 있게 다룸
- 예비교사 연구 및 지속적인 직무연수를 통한 지원
- 교육내용, 전달방식 및 형식에 있어 지역공동체와 협업하여 개발 및 실행
- 발전이나 확대에 있어서 교육의 질을 담보할 수 있는 방식 · 수준으로만 추진
- 모니터링 평가 과정을 통한 피드백
- 실행과정에서 정기적인 검토와 필요한 전문성을 지속적으로 제공해 줄 수 있는 협업구조에 기반

출처: Education Above All(2012). 『글로벌 시민교육(Education for Global Citizenship)』. Doha, Qatar: John Gregg.

1) 국가적 차원의 실행

(1) 글로벌 시민교육의 목표를 국가 교육과정에 반영

글로벌 시민교육의 가장 시급한 과제 중 하나는 글로벌 시민교육의 목표를 국가 교육과정에 반영하는 것이다. 국가는 교육정책을 통해 보편적 가치와 이에 대한 관심이 대세가 될 수 있는 분명한 법적 토대를 마련해야 한다. 외국의 사례를 살펴보면, 필리핀의 경우 교육기관들이 "인류에 대한 사랑을 북돋우고 인권을 존중하며 … (중략) 시민의 권리와 의무를 교육하고, 윤리적이고 정신적인 가치를 강화하며, 도덕적 자질을 함양해야 한다"고 헌법에 명시하고 있다. 스리랑카의 국가교육 목표에도 "사회정의의 힘 … (중략) 지속가능한 생활방식 … (중략) 깊고 변하지 않는 서로에 대한 관심 등의 확립"이 포함되어 있다.

글로벌 시민교육의 목표를 국가 교육과정에 반영하는 것은 세계적으로 보편화된 개념과 가치를 지역 상황에 맞게 재해석하는 과정이라 할 수 있다.

우리나라의 경우, 국가 교육과정에서 「교육기본법」 제2조, 2015 개정교육과정 총론의 추구하는 인간상, 「인성교육진흥법」 등을 살펴보면, 글로벌 시민교육이 추구하고 있는 교육목표와 상당히 연관됨을 발견할 수 있다.

첫째, 「교육기본법」 제2조에서 우리나라 국가 교육과정에서 추구하는 인간상에 관하여 "교육은 홍익인간(弘益人間)의 이념 아래 모든 국민으로 하여금 인격을 도야(陶冶)하고 자주적 생활능력과 민주시민으로서 필요한 자질을 갖추게 함으로써 인간다운 삶을 영위하게 하고 민주국가의 발전과 인류공영(人類共榮)의 이상을 실현하는 데 이바지하게 함을 목적으로 한다"고 명시하고 있다. 이러한 인간상은 민주시민의 기본 자질을 갖춤으로써 인간다운 삶을 영위하고 나아가 지역 공동체, 국가 공동체, 글로벌 공동체에서 공익을 추구하는 글로벌 시민의 인간상과 상당히 부합된다.

둘째, 2015 개정 교육과정 총론에서는 추구하고 있는 인간상으로, 자주인, 창의인, 문화인, 세계인을 제시하고 있다. 여기서 세계인(global-minded person)으로서 필요한 역량으로 의사소통 능력, 세계시민의식, 지구공동체 문제해결, 인류공영, 배려와 나눔 등을 명시하고 있는데, 이 내용이야말로 글로벌 시민과 글로벌 시민의식이라 할 수 있다.

셋째, 우리나라에서는 2015년 7월부터 「인성교육진흥법」이 시행되어 인성교육을 의무적으로 실시하고 있다. 「인성교육진흥법」에서는 인성교육을 "자신의 내면을 바르고 건전하게 가꾸고 타인 · 공동체 · 자연과 더불어 살아가는 데 필요한 인간다운 성품과 역량을 기르는 것을 목적으로 하는 교육(제2조)"으로 정의하고 있다. 또한 인성교육의 "핵심 가치 · 덕목"을 "인성교육의 목표가 되는 것으로 예(禮), 효(孝), 정직, 책임, 존중, 배려, 소통, 협동 등의 마음가짐이나 사람됨과 관련되는 핵심적인 가치 또는 덕목"으로 정의하였다.

인성교육과 글로벌 시민교육의 관점 상 차이점을 살펴보면 먼저 인성교육은 학습자 개인의 인격과 품성을 함양하여 국가와 사회의 발전에 이바지하는 인간을 양성하고자 하는 데 주안점을 두고 있다. 반면 글로벌 시민교육은 글로벌 이슈에 대한 이해와 비판적 사고, 가치와 책임의 공유, 지역 · 국가 · 범지역 · 세계적 차원에서 책임감 있게 행동할 것을 강조한다. 따라서 인성교육의 핵심 가치 · 덕목과 글로벌 시민의식을 결합하여 균형 있게 가르친다면 그 교육효과는 기대 이상이 되리라 확신한다(유네스코 아시아태평양 국제이해교육원, 2015).

우리나라의 교육과정 내 교육목표

① 「교육기본법」

우리나라 국가 교육과정에서 제시한 추구하는 인간상은 「교육기본법」 제2조에 따라 "교육은 홍익인간(弘益人間)의 이념 아래 모든 국민으로 하여금 인격을 도야(陶冶)하고 자주적 생활능력과 민주시민으로서 필요한 자질을 갖추게 함으로써 인간다운 삶을 영위하게 하고 민주국가의 발전과 인류공영(人類共榮)의 이상을 실현하는 데 이바지하게 함을 목적으로 한다"는 교육이념을 바탕으로 한다.

② 2015 개정 교육과정 총론

2015 개정 교육과정 총론의 추구하고 있는 인간상은 다음과 같다.

- 자주인(Self-directed person)
  - 지덕체의 고른 발달, 개성의 발휘, 진로 개척, 자기주도성 등
- 창의인(creative person)
  - 기초능력 구비, 확산적 사고, 문제해결 능력, 독창성, 새로운 가치 창출 능력
- 문화인(cultivated person)
  - 다양한 문화적 소양, 다원적 가치에 대한 이해, 삶의 질 추구 등
- 세계인(global-minded person)
  - 의사소통 능력, 세계시민의식, 지구공동체 문제해결, 인류공영, 배려와 나눔 등

③ 「인성교육진흥법」

우리나라에서는 2015년 7월부터 「인성교육진흥법」이 시행되어 인성교육을 의무적으로 부과하고 있다. 「인성교육진흥법」에서는 "인성교육"을 "자신의 내면을 바르고 건전하게 가꾸고 타인 · 공동체 · 자연과 더불어 살아가는 데 필요한 인간다운 성품과 역량을 기르는 것을 목적으로 하는 교육(제2조)"으로 정의하며, "핵심 가치 · 덕목"을 "인성교육의 목표가 되는 것으로 예(禮), 효(孝), 정직, 책임, 존중, 배려, 소통, 협동 등의 마음가짐이나 사람됨과 관련되는 핵심적인 가치 또는 덕목"으로 정의한다.

(2) 글로벌 시민교육 내용의 편성

정규 교육에서 글로벌 시민교육을 실행하는 보편적인 방식으로는 첫째, 학교 전반 교육과정에 편성하는 방법, 둘째, 범교과 주제로 제시하는 방법, 셋째, 기존 교과에 통합하는 방법, 넷째, 독립 교과로 운영하는 방법이 있다(유네스코 아시아태평양 국제이해교육원, 2015). 글로벌 시민교육이 효과적으로 실행되기 위해서는 정규 교육과정의 일부로 편성되는 것이 가장 이상적이다. 교육정책 입안자 및 교육 기획자들은 각 상황에 가장 적합한 접근방식을 결정해야 하며, 이러한 결정은 교육정책 및 제도, 교육과정 내의 우선사항, 이용 가능한 자원 등 다양한 요인을 고려해야 한다.

우리나라에서는 범교과 학습, 지역에서 이루어지는 현장학습, 교육과정 재구성을 통한 주제통합 학습, 계기학습, 동아리활동 등을 통하여 글로벌 시민교육이 실행되고 있다.

① 학교 전반 교육과정에 편성하는 방법

유네스코 지침서에서는 글로벌 시민교육을 학교 전반 교육과정에 편성하는 '전 학교적 접근(whole school approach)'에 관하여 논의하고 있다. 전 학교적 접근 또는 학교 전반에 걸친 접근으로는 관련 기존 교과의 모든 학교급별 수준에 글로벌 시민교육을 반영하도록 학교 교육과정을 편성하는 방법, 참여학습을 범교과적으로 적용하는 방법, 국제기념일과 관련된 학교 차원 활동, 학교차원에서 인식 제고 캠페인, 실천과 활동 중심의 동아리 운영, 지역공동체-학교 연계 활동, 학교 간 교류활동 등을 들 수 있다.

학교 전반 교육과정에 글로벌 시민교육을 반영하여 국가정책 차원에서 추진한 대표적인 국가로는 영국을 들 수 있다. 영국의 교육기능부(Department for Education and Skills)에서는 교장, 교사, 고위간부, 교육과정 개발관련자 등을 위하여 "학교 교육과정에서 글로벌 차원 담아내기(Developing the global dimension in the school curriculum)"를 발간하였다. 글로벌 시민, 갈등해결, 다양성, 인권, 상호 의존성, 지속가능개발, 가치와 인식, 사회 정의라는 8가지 핵심 개념을 토대로 3~16세 학습자들에게 교육과정과 학교전반을 글로벌 차원에서 어떻게 통합할 것인지에 대한 구체적인 지침과 사례 등을 제공하고 있다.

우리나라의 경우 교육부나 시도교육청 수준에서 시범학교, 연구학교, 거점학교, 혁신학교, 특별지원학교 등의 체계적인 정책적 · 재정적 지원을 통하여 학교교육과정에 글로벌 시민교육을 보다 효과적으로 편성할 수 있다. 실제적으로 학교는 필수과목 · 선택과목, 교과서 선택, 시간표와 수업시간 안배 등의 재량권을 가지고 있다. 그러나 교사의 업무량, 입시 위주의 교육문화, 글로벌 시민교육 역량개발을 위한 학습지도자료의 부족 등 구조적 문제와 교수법 같은 과제는 실천적 과제인 동시에 앞으로도 해결해야 할 문제로 남아 있다.[1)]

② 범교과 주제로 제시하는 방법

우리나라 교육의 맥락에서 글로벌 시민교육을 범교과 주제로 제시하는 방법으로는 교육과정에 명시된 '범교과 학습주제'로 접근하거나, 최근 확대되고 있는 '주제중심 통합학습'으로 접근할 수 있다.

먼저 2015 개정 교육과정에서는 39개의 범교과 학습주제를 10개 범주로 통합 · 조정하였다(안전 · 건강교육, 인성교육, 진로교육, 민주시민교육, 인권교육, 다문화교육, 통일교육, 독도교육, 경제 · 금융교육, 환경 · 지속가능발전 교육). 대부분의 범교과 학습주제가 글로벌 시민교육과 연계할 수 있는 내용이므로 정규교육에서 실행할 수 있다.

교육과정을 재구성하여 실시하는 주제중심 통합학습은 주로 담임교사가 여러 과목을 담당하는 초등학교에서 활성화되고 있으며, 최근에는 중학교에서 자유학기제를 활용하여 여러 교과 교사들 간의 협업을 통해 주제중심으로 교과융합 교육과정을 실시하기도 한다. 글로벌 시민교육의 학습주제, 핵심 주제, 역량 등을 포괄하여

1) J. Eom, "정규 교육 시스템에서의 글로벌 시민교육 실천-도전과 기회 Implementation of GCE in the formal education system - Challanges and opportunities". 2013년 12월 태국 방콕에서 열린 "유네스코 글로벌 시민교육 포럼" 발표

주제중심 통합학습을 통하여 교육하는 것 역시 글로벌 시민교육의 실행 방법 중 하나이다.

③ 기존 교과에 통합하는 방법

글로벌 시민교육의 주제들을 국어, 사회, 환경, 지리, 역사, 도덕, 과학, 음악, 미술 등 다양한 교과에 구체적인 학습요소로 반영하거나, 기존 과목의 학습요소와 연계한 수업을 통해 글로벌 시민교육이 지향하는 지식, 가치, 태도, 기능을 함양시킬 수 있다. 우리나라의 경우 도덕과 및 사회과 교육과정에서 지구공동체, 지구촌의 평화와 발전, 세계시민주의, 세계시민윤리, 세계평화의 실현을 위한 가치, 윤리 등과 같은 주제를 다룰 수 있으며, 과학과에서도 지속가능한 발전, 환경오염, 생태계 위기와의 연계가 가능하다. 그 외에도 문학, 예술, 역사 교과 등을 통해서도 다양한 문화배경의 작품, 시각예술, 음악 등을 접함으로써 다양성과 문화에 대한 이해를 증진시킬 수 있다.

④ 독립 교과로 운영하는 방법

일부 국가에서는 글로벌 시민교육을 별도의 독립 교과로 실행하기도 하나, 이러한 경우는 흔치 않다. 우리나라에서는 교육과정이 이미 포화상태이므로 창의적 체험활동이나 자유학기제에 글로벌 시민교육을 독립교과와 같이 편성하여 제공할 수 있다.

최근에 점점 증가하고 있는 학교밖 청소년, 성인들을 대상으로 글로벌 이슈와 글로벌 시민의식을 증진시키고, 적극적으로 실천하고 참여하도록 독려하기 위하여 유튜브(Youtube)와 같은 개방적 플랫폼에 글로벌 시민교육 채널을 구축하여 무형식 교육을 시도할 수도 있다(유네스코 아시아태평양 국제이해교육원, 2015).

(3) 학습 환경

① 보편적 가치에 개방적인 환경

인권이나 평화와 같은 보편적 가치에 개방적인 정치·사회·문화·종교적 분위기는 글로벌 시민교육을 가능케 하는 중요한 환경적 요인이다. 개방성이 결여된 환경에서 글로벌 시민교육을 실시하는 것이 불가능한 것은 아니지만, 글로벌 시민교육에 대한 더 많은 지지와 공동체를 결집시키려는 노력이 필요하다.

② 참여 지향적인 학습 환경

글로벌 시민교육은 지식이나 가치 영역도 중요하나, 실천중심의 태도 영역이 무엇보다 중요하다. 따라서 안전하고 포용적이며 참여 지향적인 학습 환경은 글로벌 시민교육의 실행과정에서 상당히 중요한 요인이다.

특히 학교는 학습자가 건전한 상호작용, 차이에 대한 존중, 문화감수성, 관용의 정신을 기를 수 있는 환경을 조성해야 할 것이다. 따라서 학교는 학습자가 소속감을 느끼고, 자신의 지식과 경험을 가치롭게 여기며, 자유롭게 의견을 표현하고 질문하며, 상호 신뢰와 존중하는 분위기의 학습 환경을 제공하여야 한다. 학교는 책임과 의무 등 규범의 준수, 다양한 실천과 참여 등의 경험을 통해 글로벌 시민의식을 통합적으로 습득할 수 있는 장(場)이어야 한다.

2) 글로벌 시민교육의 실행

글로벌 시민교육을 실행하는 데 있어서 세 유형으로 분류할 수 있다(KOICA ODA 교육원, 2016).

첫 번째는 학교 현장에서 직접적으로 교육이 이루어지는 '학교 현장 교육'이다. 유치원 및 초·중·고등학교의 정규 교과 시간에 세계화, 빈곤 현상, 인권, 다양성, 환경, 평화 등 다양한 주제를 통해 글로벌 시민교육을 실행한다.

두 번째는 교사들을 대상으로 진행하는 '교사 훈련'이다. 학교 현장 교육의 연장선으로, 교사의 인식 변화가 우선되어야 한다는 필요에 따라 시작되었다.

세 번째는 아동, 청소년 및 청년들이 주도하는 '청소년 활동'이다. 이는 아동 및 청년들이 주체가 되어 교실에서의 배움을 지속적으로 실천하고, 자신이 속한 사회뿐 아니라 지구촌 공동의 문제해결을 위해 직접 행동하는 장(場)을 마련한다는 점에서 의의가 있다.

여기서는 먼저 학교 현장에서 글로벌 시민교육을 효과적으로 실시하기 위하여 사용되는 변혁적 교수법, 교사훈련, 그리고 청소년 활동에 대하여 살펴보고자 한다.

(1) 학교현장교육: 변혁적 교수법(transformative pedagogy)

산업혁명이후 대중교육이 확산되면서 인지적 역량이 중요시 되었으나, 21세기에 접어들어 지구촌 시대에는 공감, 배려, 관용, 소통 등 감성적·사회적 역량이 매우 중요한 요소로 떠오르게 되었다. 인지적 역량(cognitive skill)이란 수학, 과학, 언어 등 학문지식(academic knowledge)을 습득하는 것인 반면, 비인지적 역량(non-cognitive skill)은 비학문적 지식(non-academic knowledge)을 습득하는 것으로 공감, 배려, 관용, 소통 등 감성적·사회적 역량을 의미한다. 비인지적 역량은 다영역적 역량(Transversal competencies)이라고도 하며, 이것은 21세기를 살아가는 데 필요한 역량이라는 의미에서 21세기 역량(21st century skills)이라고도 한다.

글로벌 시민교육은 학습자로 하여금 글로벌 쟁점에 대한 지식을 습득함과 동시에 공감, 배려, 관용, 이해, 소통 역량도 키워주는 교육이므로 인지적 역량과 함께 다영역적 역량, 비인지적 역량, 혹은 21세기 역량을 포함하는 교육이다. 또한 글로벌 시민교육은 기존의 교수법과 달리 공동체의 근본적 변화(transformation)를 추구한다는 점에서 변혁적 교수법(transformative pedagogy)이라 할 수 있다(정우탁, 2016).

글로벌 시민교육은 실생활 문제들에 대한 의식을 키우는 학습을 장려하고, 나아가 참여 전략과 방법을 통해 지역 차원의 변화를 유도하며, 세계 차원에까지 영향을 미칠 수 있는 변혁적 패러다임을 추구한다. 변혁적 교육 패러다임으로서 글로벌 시민교육과 전통적 교육 패러다임을 비교하면 다음과 같다.

〈표 8-1〉 변혁적 교육 패러다임으로서의 글로벌 시민교육과 전통적 교육 패러다임 비교

글로벌 시민교육(변혁적 교육 패러다임)	전통적 교육 패러다임
기존의 사회를 더 나은 사회로 변화시키기 위한 변혁적 교육	기성세대 혹은 기존의 사회적·경제적 요구에 부응하기 위한 교육
협력과 연대를 통해 지구 공동체의 상생에 기여하는 교육	개인의 경쟁력 강화를 통해 국익에 기여하는 교육
능동적 교육의 주체로서의 학습자	수동적 수용자로서의 학습자
다양성과 통합을 강조	획일화와 경쟁을 강조
과정 및 문제해결 중심의 참여·실천 지향적 교육	결과 중심의 주입식 교육
빠르게 변하는 불확실성의 시대에 필요한 비판적·창의적 사고와 기술적 능력 등 인지적 역량과 함께 가치 및 태도 등 비인지적 역량의 개발에 초점을 맞춘 교육	지식 및 암기 위주의 인지적 역량 중심의 교육

출처: 이성희, 김미숙, 정바울, 박영, 조윤정, 송수희(2015). 세계시민교육의 실태와 실천과제. 서울: 한국교육개발원. p. 26. 수정.

글로벌 시민교육과 같은 변혁적 교육은 변혁적 교수법을 필요로 한다. 변혁적 교수법은 더 나은 미래를 위해 변화를 일으키는 교육과 사회의 혁신을 추구한다. 변혁적 교수법의 특징은 다음과 같다.

① 학습자가 실생활 속의 문제들을 분석하여 창의적이며 혁신적인 방법으로 가능한 해결 방안을 찾을 수 있게 한다.
② 학습자가 주류 담론의 가설과 세계관, 권력관계를 비판적으로 고찰하고, 체제에서 소외된 사람들이나 집단을 고려하도록 돕는다.
③ 차이와 다양성을 존중한다.
④ 희망하는 변화를 가져오기 위한 행동에 참여할 것을 강조한다.
⑤ 지역사회의 교육환경 외부에 있거나 좀 더 넓은 사회 범위에 속하는 사람들을 포함한 다양한 이해관계자를 참여시킨다.

글로벌 시민교육의 교육방법론으로 버지니아 카와가스(Virginia Cawagas) 교수와 토 스윈(Toh Swee-Hin) 교수는 국제이해교육 핵심 교육방법론 원칙(key pedagogical principles)으로 첫째, 통합적 접근(holistic approach), 둘째, 대화(dialogue), 셋째, 비판적 역량 강화(critical empowerment), 넷째, 가치관 형성(values formation)을 제시하였다(유네스코 아시아태평양 국제이해교육원, 2003; Toh Swee-Hin, 2001; Toh Swee-Hin, 2002). 글로벌 시민교육의 교수법의 원리를 나타내면 다음과 같다.

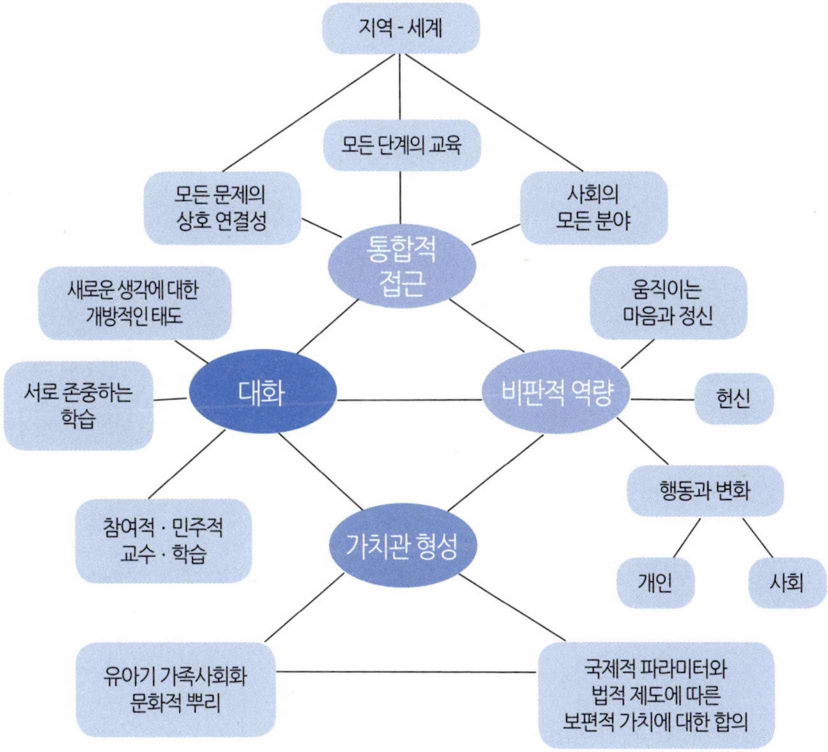

[그림 8-2] 글로벌 시민교육 교수법의 원리

출처: 2013년 12월 태국 방콕 '유네스코 글로벌 시민교육 포럼'에서 A. Cabezudo가 발표한 '글로벌 시민교육의 원칙 소개 Introduction on Global Citizenship Education Principles.'

(2) 교사 훈련

변혁적 교수법을 실행하기 위해서는 교육자들을 위한 교사 훈련, 즉 추가적인 훈련과 지원(예. 현직 및 예비교사 연수)이 필요하다. 교육자들이 학습자를 위해 '행동하는 사람(doer)'이라기보다는 '할 수 있게 하는 사람(enabler)' 또는 '도와주는 사람(facilitator)'이라는 새로운 역할을 담당하면서 과정중심의 학습을 이끌 수 있도록 개방적이어야 한다.

글로벌 시민교육을 담당하는 교육자들의 역량개발을 위한 교사 훈련의 일환으로 우리나라 교육부는 2011년도부터 국제교사교류 프로그램을 실시하여 세계적인 문제 및 추세에 대한 교사들의 지식과 이해를 증진하고, 대인관계 및 의사소통기술을 향상시키며, 교수법을 향상시킬 수 있도록 지원하고 있다.

교사들은 사전연수, 초청국가에서의 현지 오리엔테이션, 공동 수업 및 학교 활동, 귀국 후 교사 · 학생 · 정부가 참여하는 최종보고회로 구성되어 있는 국제교사교류 프로그램에 참가함으로써 글로벌 시민의식을 함양하는 교사훈련을 받을 수 있다(유네스코 아시아태평양 국제이해교육원, 2014).

이 외에도 유네스코 아시아태평양 국제이해교육원, KOICA ODA 교육원 등의 기관에서도 교사를 대상으로 글로벌 시민교육을 위한 교사훈련 프로그램을 실시하고 있다.

일반적으로 교사가 세계화 시대에 요구되는 글로벌 시민교육을 담당하기 위해서는 다음과 같은 준비와 훈련이 필요하다(서울시교육청, 2016).

① 교사는 오늘날 세상의 변화상을 읽어야 한다. 교사는 세계화의 의미와 요인을 이해하고, 세계화의 다양한 양상에 대하여 대응할 수 있는 방안을 모색할 수 있어야 한다. 인류공동체에 대한 인식과 지구촌의 쟁점에 대한 관심, 그리고 전지구적 문제에 대한 공동 대응능력을 지녀야 한다. 뿐만 아니라 지역 - 국가 - 세

계를 연결하는 구조 속에서 자신을 인식할 수 있는 심리적 네트워크를 스스로 가져야 한다.

② 국제이해교육과 다문화교육, 그리고 지속가능발전교육을 글로벌 시민교육과 연계할 수 있어야 한다. 글로벌 시민교육은 21세기를 이끌 수 있는 새로운 사고와 가치관을 바탕으로 전개되는 교육적 패러다임이다. 세계화에 대처할 수 있는 새로운 사고와 가치관은 글로벌 시민의식으로 발전할 수 있다. 이러한 점에서 국제이해교육과 다문화교육, 그리고 지속가능발전교육은 바로 글로벌 시민교육의 토양이라 할 수 있다.

③ 모든 교과 속에 포함되어 있는 글로벌 시민적 교육목표를 찾아 통합적 학습이 가능한 영역을 정리하고 교육적 활동의 가능성을 다양화시켜야 할 것이다. 또한 교과의 통합과정에서 연대감, 집단적 책임감을 갖게 하는 학습법에 대해서도 생각해 본다.

④ 글로벌 시민교육은 실천과 참여 중심의 활동을 통해 교육 효과를 기대하는 만큼, 소통과 협력을 바탕으로 한 활동방법론에 대한 연구와 행동프로그램 개발에도 노력을 기울여야 한다.

글로벌 시민교육을 교실현장에서 잘 실행하기 위해서는 첫째, 교사가 먼저 글로벌 시민의식을 이해하고 글로벌 시민이 되어야 한다. 교사는 학생들과 함께 지구촌 문제나 쟁점에 대하여 학생들과 함께 비판적으로 사고하고, 인류 보편적 가치를 추구하며, 그 의미와 실천방안을 함께 찾아내는 과정을 통해 교사와 학생 모두 글로벌 시민의식을 함양하여 글로벌 시민이 되는 교육이 이루어질 수 있다.

둘째, 교사는 교과에서 글로벌 시민의식적 요소를 찾아내어 재구성하여야 한다. 글로벌 시민교육이 교실에 잘 정착하기 위해서는 교육주제의 선정이나 교육방법의 적용도 중요하지만, 그보다 교사 스스로 글로벌 시민교육에 대한 관심과 열정, 그리고 글로벌 교육내용에 대한 진지한 탐구 및 재구성의 노력이 수반되어야 한다.

셋째, 교사는 교실과 학교, 교실과 지역사회가 연계되는 활동을 디자인하여야 한다. 교실은 글로벌 시민교육의 실습 현장이다. 학교 현장에서 글로벌 시민교육이 제대로 실행되기 위해서는 교실의 활동이 학교의 행사나 동아리 활동으로, 나아가 지역사회의 활동으로 연계되어야 할 것이다. 학교의 교과나 활동이 학교 행사, 동아리 활동, 축제, 캠페인, 자원봉사, 활동전시 등과 연계되어 통합적으로 운영될 때 학생들이 배운 이론을 실제의 삶에 적용하고 체험할 수 있는 산교육이 이루어질 수 있다.

넷째, 교사는 글로벌 시민교육의 촉진자의 역할을 하여야 하며, 교사와 학생들이 함께 글로벌 시민교육에 임하는 것이 중요하다. 교사는 글로벌 시민교육의 지식적 측면에서는 촉진자의 역할을 하되, 학생과 함께 열린 마음으로 글로벌 시민교육을 배우는 자세로 임하는 것이 바람직하다. 교사는 학생들이 배운 내용을 바탕으로 삶 속에서의 실천과 지역사회에서의 참여를 유도할 수 있도록 한다.

글로벌 시민교육의 교수법은 다음과 같은 특징을 지니고 있다(유네스코 아시아태평양 국제이해교육원, 2014).

- 학습자 중심이다.
- 전인적이며, 지역 문제와 공동의 관심사, 그리고 책임에 대한 인식을 높인다.
- 서로 대화하고 존중하는 학습 환경을 장려한다.
- 가치관 형성에 영향을 미치는 문화적 규범, 국가 정책 및 국제 체제를 인식한다.
- 비판적 사고와 창의력을 북돋우고 동기를 부여하며 문제해결을 지향한다.
- 위기극복 능력과 '행동 역량'을 개발한다.

글로벌 시민교육의 핵심 교수·학습 실천방안

글로벌 시민교육을 학교 및 교실에서 실행할 때 고려해야 할 포괄적이고 일반적인 교수·학습 실천 방안을 제시하면 다음과 같다.

- 다른 사람을 포용하고 존중하는 상호작용 중심의 교실 환경과 학교 분위기를 조성한다
  (예. 성평등, 교실 규범에 대한 합의, 학생 의견, 자리배치, 공간 활용, 글로벌 시민의식 형성 등).
- 다양한 문화에 대한 감수성을 내포한 학습자 중심의 접근법, 독립성과 상호작용·대화를 지향하는 교수·학습 방법을 근간으로 하여, 학습목표와의 일관성을 유지한다.
  (예. 독립적·협동적 학습, 미디어 문해력 등)
- 실제 과제를 수행한다.
  (예. 아동 인권에 관한 전시 기획·실행, 평화 만들기 프로그램, 글로벌 이슈를 다루는 학생신문 발간 등)
- 학습자들이 그들의 지역 상황과 관련하여 세계와 어떻게 연결되어 있는지 이해하는 데 도움이 되는 글로벌 차원의 학습 자료를 활용한다.
  (예. 다양한 자료와 미디어 활용, 문화상대주의, 다문화주의적 관점 등)
- 학습목표 및 학습 지원에 활용되는 교수 형태와 일치하는 평가 전략을 사용한다.
  (예. 자기성찰과 자기평가, 동료 피드백, 교사 평가, 저널, 포트폴리오 등[2])
- 교실, 학교, 지역사회 등 지역에서부터 세계로까지 다양한 맥락에서 학습을 경험할 수 있는 기회를 제공한다.
  (예. 지역사회 참여, 온라인 상의 국제교류, 가상공동체 등)
- 역할 모델로서의 교육자 역할을 강조한다.
  (예. 사회 현안의 최신 정보 파악, 지역사회 참여, 환경 및 평등 관련 규범의 실천 등)
- 학습자와 그 가족을 교수·학습의 인적자원으로 활용하는데, 특히 다문화적 환경에서는 더욱 필요하다.[3]

출처: M. Evan, L. lngram, A. MacDonald and N. Weber, '캐나다 시민교육의 글로벌 정도의 측정: 이론과 실천 및 상황의 복잡한 상호작용Mapping the global dimension of citizenship education in Canada: The complex interplay of theory, practice, and context', Citizenship, Teaching, and Learning, Vol. 5, No. 2, 2009, pp. 16-34.

2) 한국 교육과정 맥락에서는 수행평가라 볼 수 있다.

3) 학습자와 그 가족들을 참여시키는 것을 그들의 관점, 지식과 경험을 존중하는 의미가 크고, 추상적일 수 있는 학습내용을 구체성을 통해 학습자들에게 전달하고자 하는 의도를 담고 있다. 그러나 학습자와 그 가족 등을 교수·학습의 인적자원으로 활용할 때에는 그들의 자발성이 우선적으로 고려되어야 한다. 특히 다문화적 환경에서 활용할 때에는 또 다른 차별이나 소외가 되지 않도록 주의 깊은 설계가 필요하고, 사전에 해당 학습자나 그 가족과의 충분한 대화나 상호 이해가 요구된다.

(3) 청소년 활동

아동, 청소년 및 청년들은 글로벌 시민의식의 기초가 되는 인류 보편적 가치를 추구하고, 또 행동으로 옮기는 원동력이자 주체가 된다. 이들은 글로벌 시민교육의 학습자이자 행동하는 시민, 나아가 미래 세계를 이끌어나갈 글로벌 시민이다. 청소년들은 글로벌 시민의식을 증진하고 실행하는 데 중요한 이해당사자이다. 청소년들은 글로벌 시민교육을 통해 촉진자, 수요창출자, 교육자, 훈련자 등이 될 수 있으며, 글로벌 시민교육 프로그램의 설계, 실행, 평가에 필요한 정보 및 피드백을 제공할 수 있다.

글로벌 시민교육은 행동적 영역, 즉 실천과 참여가 중요하다. 따라서 글로벌 시민교육이 학생들의 삶과 연계되기 위해서는 청소년 활동을 통하여 실천할 수 있는 참여중심의 활동이 필요하다. 유네스코는 글로벌 시민교육을 실현하기 위하여 다양한 방법들을 제시하고 있는데, 그중 하나가 청소년 활동이다.

청소년 활동이란 글로벌 시민의식을 함양하기 위하여 청소년이 주도하는 지역사회기반 및 국제 단위의 활동을 의미한다. 청소년들은 청소년 활동을 통해 글로벌 시민교육과 시민사회, 글로벌 사회와의 파트너십을 가지고, 당면한 갈등이나 문제에 대한 해결 방안을 강구할 수 있다.

우리나라에서는 유네스코와 연계하여 체험 중심의 글로벌 교육활동을 운영하고 있는데, 이것은 청소년 활동의 예라 할 수 있다. 글로벌 시민의식을 함양하기 위하여 청소년들이 참여한 청소년 활동 사례를 제시하면 다음과 같다.

청소년 활동 사례 1

세계시민교육 중앙선도교사(충북, 2015)인 곽병남 선생님은 현재 충북 영동초등학교에 재직중이다. 곽병남 선생님은 세계시민교육을 '우리 사회가 안고 있는 문제라든지 현상, 이런 것들에서 조금 더 나은 세상으로 가기 위한 여러 가지 몸부림을 포함하는 개념'으로 보았으며, 이를 실천하기 위해 전교생이 100명도 되지 않는 작은 학교에서 학생들과 '외발 원정대'를 만들었다.

처음에는 학생들과 마을 도랑 청소하기, 소하천 가꾸기, 습지 가꾸기, 지역 문화 이해하기 등과 같은 활동을 진행하였다. 이러한 활동을 2~3년 반복하다 보니 학생들의 경험과 인식의 폭이 넓어지는 것을 확인할 수 있었으며, 뭔가 새로운 방향이 없을까 생각하다 만들어 진 것이 '우리는 솔밭지킴이 외발원정대'이다.

영동 송호리 솔숲

충북 영동 지역에는 '송호리솔숲(송호국민관광지)'이라는 유명 관광지가 있는데, 전국에서 찾아온 관광객들이 쓰레기를 마구 버리고 가는 것이 숲의 가장 큰 고민거리였다. 그래서 곽병남 선생님은 관광객들과 갈등 없이 공동의 행동이나 합의점을 통해 해결할 수 있는 방법을 모색해 보았다.

아이들은 관광객들에게 "저희가 사는 이곳을 좀 더 아껴주세요"라고 말하는 캠페인은 어떨까 생각했고, 학교 동아리에서 아이들에게 외발 자전거 타기를 지도하던 중이라, '우리는 솔밭지킴이 외발원정대'라는 이름을 걸고, 주말에 외발 자전거를 타고 숲에 가서 캠페인 활동을 시작했다.

우선 분리수거를 할 수 있게 재활용통을 만들어서 캠핑장에 비치하고, 아이들이 직접 제작한 작은 휴대용 재떨이를 외발 자전거를 타고 다니면서 나눠주니 관광객들도 재미있어 했다. 어떤 문제에 대해 '하지 마세요!'보다는 '이렇게 해 보세요'라고 접근하니 서로 기분 좋게 문제를 해결할 수 있었다. 예를 들어, 담배꽁초 문제에 대해서도 "꽁초 버리지 마세요"라고 접근하는 것과 아이들이 "이 휴대용 재떨이를 이용해 보세요."라고 하는 것과는 큰 차이가 있다.

프로젝트를 마친 후 아이들에게 짧은 소감문을 받았는데, 대부분의 아이들은 '즐거웠다', '자랑스러웠다'라는 반응을 보였으며, 아이들 스스로가 무언가를 하고 싶어 하는 적극성의 에너지가 생김을 알 수 있었다. 무작정 세계시민교육적 요소가 중점이 되는 활동보다도 아이들이 좋아하는 활동에 세계시민교육의 요소를 첨가하는 것이 아이들에게 자연스러운 세계시민성을 심어 줄 수 있다.

출처: 유네스코 아시아태평양 국제이해교육원(2016). 세계시민교육, 학교와 만나다.

청소년 활동 사례 2

세계시민교육 중앙선도교사(울산, 2015)인 임영아 선생님은 울산 강남고등학교에서 음악 교사로 재직 중이다. 임영아 선생님은 나와 동떨어진 곳이 아닌 내 주변에서부터 시작하는 것이 세계시민교육의 본질이라고 생각했다. 일반적으로 '세계시민교육'이라 하면 아프리카나 제3세계 등을 먼저 떠올리게 되는데, 그들을 도와주기 위한 교육보다는 '나'부터, 그리고 '나의 일상생활'에서 시작하는 것이 참된 세계시민교육이라는 것이다.

출처: 경상일보

임영아 선생님은 울산 지역의 민간단체와 학생들이 함께하는 '청소년 해양탐사대'를 조직하였다. 학생들의 주요활동은 산업화 과정에서 사라져버린 울산의 옛 해안선의 기억을 찾고, 국제 연안정화의 날과 연계하여 해안 정화 활동에 참여하는 것이었다.

총 6회로 이루어진 본 프로젝트를 통해 학생들은 해양문화를 통해 본 울산의 역사, 해양오염과 지구의 미래 등에 대한 강의를 비롯하여 울산만 탐사 및 환경정화 활동, 산업화로 인한 이주민의 삶에 대한 이야기 나눔(울산 출신 해녀 할머니를 통해 듣는 울산의 바다와 삶 이야기), 해안선 지도 그리기, 울산 석유화학 공단 기업체 종사자의 강의, 시민활동 참여 및 국제연안정화의 날 기념 바다 대청소 등의 활동에 참여했다.

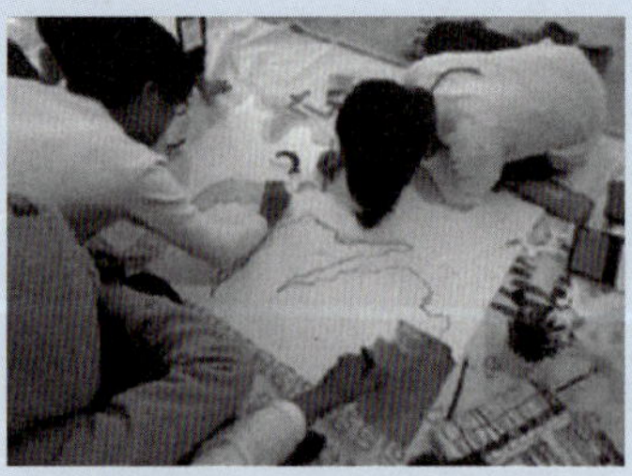
울산 해안선 지도를 그리는 학생

울산의 처용암 뒤로 보이는 산업도시

이 프로젝트를 마감하며 학생들은 울산 해안선 지도 그리기, UCC 제작, 보고서 작성 등의 갈무리 활동을 하였는데, 인상적이었던 것은 학생들이 공통적으로 '내가 알게 된 것을 그냥 나 혼자 아는 것으로 그치면 안 된다는 생각을 갖게 되었다. 나만 아는 것에서 끝내는 것이 아니라 이러한 문제점을 알려서 공동의 행동으로 만들어야 한다'고 주장했다. 이와 같이 청소년들의 인식 변화와 공감의 확대에 기반한 자발적 활동은 유의미한 경험이며, 우리 사회에 꼭 필요한 변화를 끌어내는 원동력이 될 것이다.

출처: 유네스코 아시아태평양 국제이해교육원(2016). 세계시민교육, 학교와 만나다.
경상일보(2015. 8. 17). 울산환경과학연구소, 처용함과 개운포성 일대 탐험활동 벌여.

3) 지식과 경험의 공유

(1) 글로벌 시민교육은 그 개념이 명료하게 정립되기 전부터 이미 현장에서 실시되어 왔다. 그러므로 지역 및 세계 차원에서 글로벌 시민교육의 평가를 포함한 정보와 경험을 더욱 광범위하게 공유하는 것이 중요하다. 청년과 성인을 비롯한 이해관계자들이 함께 모여 글로벌 시민교육과 관련된 문제를 논의하는 장을 마련하는 것 또한 효과적이다.

(2) 글로벌 시민교육에는 서로 다른 지역, 분야, 인구집단의 다양한 이해관계자들의 목소리가 반영되어야 할 것이다. 정기적인 토론회에 참석할 수 있는 이해관계자들의 네트워크는 사람들의 끊임없는 관심을 이끌어 내고 글로벌 시민교육의 목표를 발전시켜 나가는 데 도움이 될 것이다. 이러한 강력한 네트워크와 전문성을 세계와 지역, 국가, 지역사회 등 모든 차원에서 의사소통 및 교류의 모든 수단을 통해 활용할 수 있다.

(3) 파트너십과 네트워킹의 새로운 절차와 체계를 만들기 위한 노력이 필요하며, 이는 기존의 절차와 체계를 토대로 이루어져야 할 것이다.

(4) 갈등을 해결하기 위해서는 지속적인 연구와 대화가 필요하다. 따라서 글로벌 시민교육으로 갈등을 해결한 더 많은 사례들을 공유하는 것이 중요하다.

※ 8장 글로벌 시민교육의 실행은 다음 자료들을 정리하여 소개하였다.

- 서울특별시교육청(2016). 교실에서 만나는 세계시민교육. 서울: 서울특별시교육청.
- 유네스코 아시아태평양 국제이해교육원(2014). 글로벌 시민교육: 21세기 새로운 인재 기르기.
- 유네스코 아시아태평양 국제이해교육원(2015). 글로벌 시민교육: 새로운 교육의제.
- 유네스코 아시아태평양 국제이해교육원(2015). 한국의 세계시민교육: 국내외 실천 경험의 시사점 및 비전. 2015 세계교육포럼 유관기관 국제포럼 자료집.
- 정우탁(2016). 세계시민교육. 한국교육학회지, 52(2), 6-12.
- KOICA ODA 교육원(2016). 세계시민 첫걸음 필독서. 경기: KOICA ODA 교육원.

Part 3 행동하는 글로벌 시민

글로벌 시민은 세계 공동체의 구성원으로서 전 지구적 문제에 대하여 직접 행동하는 참여자이다. Part 3에서는 '행동하는 글로벌 시민' 이라는 주제 하에, 구체적인 삶의 영역별로 글로벌 시민의 실천적인 측면을 강조하였다. 글로벌 시민교육에는 삶의 전반적인 영역에 걸쳐 다양한 교육내용이 포함될 수 있다. 여기서는 글로벌 시민교육의 내용 중에서 인권 시민교육, 다문화 시민교육, 평화 시민교육, 그리고 환경 시민교육에 대하여 살펴보고자 한다.

Chapter

9

인권 시민교육

9장 인권 시민교육

1. 인권의 개념

인권(人權)을 단순히 한자어를 풀어서 '인간의 권리'로만 이해한다면 인권이 가진 절실한 의미를 모두 담아내기 어렵다. 인권의 사전적 의미를 살펴보면, 인권은 개인이 한 나라의 구성원으로서 마땅히 누리고 행사하는 기본적인 자유와 권리이다. 즉, 인권은 인간의 존엄성이라 할 수 있다. 1948년 유엔에서 제정된 「세계인권선언」 제1조에서는 인간의 속성에 대하여 "모든 인간은 태어날 때부터 자유롭고, 존엄성과 권리에 있어서 평등하다"고 정의하고 있다. 인권은 일반적으로 '인간의 천성에 내재된 권리들'로 정의될 수 있으며, 이러한 내재적 권리들이 없이는 우리가 인간답게 살 수 없다.

인권이 있다는 것은 인권을 요구할 수 있다는 의미이다. 따라서 인권을 부정하는 것은 개인적·인격적 비극일 뿐 아니라 사회적·경제적 불안요인을 가중시키며, 사회나 국가 간에 폭력과 갈등을 유발할 수 있다. 「세계인권선언」의 전문에서도 '인류의 모든 구성원의 타고난 존엄성과 평등하고도 양도할 수 없는 권리를 인정하는 것이 전 세계의 자유와 정의 그리고 평화의 기초'라고 명시하고 있다.

인권은 인간이 인간답게 살기 위한 보편적이고 절대적인 지위와 자격이다. 세계 모든 사람들의 공통점은 오직 인간이라는 것이다. 국적, 인종, 종교, 소득, 학력, 외모, 개성 등은 각기 다르지만, 인간 개개인을 존중해야 하는 이유는 인간이기 때문이다. 이처럼 인간이 단지 인간이라는 이유만으로 마땅히 누려야 하는 권리, 인간이 세상에 태어나 성장해 가면서 희망하고 요구하는 것들을 권리의 개념으로 승화시킨 것이 바로 인권(human rights)이다(설규주, 2005). 인권은 사람의 권리(right of man)가 아니라 사람답게 살 권리(human rights)로 이해되어야 한다. 즉 인권은 사람다움을 실현하는 권리로서 모든 인간이 가지는 기본적 · 보편적 권리이다.

2. 인권의 성격

인권의 성격으로는 보편성, 양도 불가능성, 보호성, 포괄성, 도덕성, 최종성, 역사성, 의무상관성, 실천성, 그리고 불가분성을 들 수 있다(박주현, 최덕경, 2020; 심성보, 2011; 이봉철, 2001; KOICA ODA 교육원, 2016).

① 보편성

인권은 국적과 신분 모두 상관없이 모든 인간이 누릴 수 있는 권리이다. 따라서 인권은 인류사회의 '구성원 모두'를 주체로 한다. 또한 인간이기 때문에 갖는 권리이므로 그 발생의 근원이 인간 자체, '인간임'에 있다는 점에서 보편성을 띤다. 인간은 누구나 차별받지 않고 평등하게 인권을 향유할 수 있어야 한다.

② 양도 불가능성

인권은 양도 불가능성(讓渡不可能性, inalienable)의 특징을 지닌다. 즉 인권을 마음대로 포기하거나, 남에게 양도하거나, 또는 다른 사람에 의해 함부로 박탈당할 수 없다.

③ 보호성

인권의 보호성이란 '국제적으로 보장되어 왔고, 법적으로 보호받는다'는 것이다. 또한 인권은 개인뿐만 아니라 집단도 보호받을 수 있다. 특히 인권에 취약한 개인을 포함하여 아동, 여성, 장애인, 소수 민족, 노인 등 인권에 취약한 집단의 권리도 보호받을 수 있어야 한다.

④ 포괄성

인간다운 삶을 위한 것인 만큼 인간 삶의 모든 영역이 포괄적으로 인권의 대상이 된다. 1948년의 「세계인권선언」은 물론이고 1966년 제정된 「시민적 · 정치적 권리에 관한 국제규약」과, 「경제적 · 사회적 · 문화적 권리에 관한 국제규약」은 곧 인간 삶의 전체 영역을 아우르고 있음을 알 수 있다.

⑤ 도덕성

인권은 도덕성을 가지고 있다는 점에서 구속력을 부여받는다. 물론 인권 보장을 위한 법과 제도를 통해 강제하기도 하지만, 바로 그러한 법과 제도가 정당화될 수 있는 근거는 바로 인권이 도덕적 차원에서 논의될 수 있기 때문이다.

⑥ 최종성

인권은 권리에 관한 논쟁에 있어 최종성을 갖게 된다. 여기서 인권은 법과 제도를 초월하는 특성을 가질 수 있다. 권리 규정과 권리 실현의 최상의 논거점이고 그 요구와 확보를 위한 최후의 보루가 바로 인권인 것이다.

⑦ 역사성

인권은 오랜 역사를 통해 확립된 개념이다. 따라서 인권 개념은 근대 시민혁명과 독립전쟁 등 인간에 대한 존중감이 고조되는 역사적 사건과 맥을 같이하고 있고, 자연법이라는 형이상학적 근거를 통해 정당성을 확보하고 있다.

⑧ 의무상관성

인권은 의무와 상관적이다. 인권을 주장하기 위해서는 반드시 인권에 대한 엄격한 보호와 존중의 의무가 동반되어야 한다. 이러한 의무가 없으면 권리도 존재할 수 없다.

⑨ 실천성

인권의 개념은 추상적이면서도 실천적이다. 인권은 인간다운 세상에 대한 비전을 지지하고, 개인과 제도가 인간을 어떻게 다루어야 하는지에 대한 최소한의 규준을 설정한다. 인권은 인간이 자신의 권리와 타인의 권리를 인식하고, 방어하거나 책임감 있는 행동을 하도록 한다.

⑩ 불가분성

인권의 불가분성(indivisibility) 원칙이란 인권은 분리할 수 없고, 모든 권리는 동등하며, 위계적 질서에 의해 순위와 우선성을 부여할 수 없음을 의미한다. 따라서 정부와 개인이 개개의 인권을 인정하되, 선별적으로 특정 개인의 인권을 더 중요하게 취급해서는 안 된다.

3. 인권의 내용

1) 역사적 변천에 따른 인권의 내용

인권의 대상과 내용은 시간과 장소를 달리하면서 발달해 왔다. 고대 그리스 사회에서는 일부 시민에게만 정치적 자유와 평등이 보장되었으며, 시민혁명 이후 근대 사회에서는 더욱 많은 사람에게 자유와 평등의 권리가 보장되었다. 이후 정치 참여에 대한 권리도 점차 소수에서 다수로 확대되었다. 20세기 중반 이후에는 인권을 적용받은 대상이 더욱 확대되었을 뿐만 아니라 인권의 내용이나 목록도 생존권, 환경권, 평화권 등을 포함하면서 더욱 풍부해졌다. 이런 점에서 인류의 역사는 인권이 점진적으로 확대되는 과정이라고 볼 수 있다.

프랑스의 법률가 카렐 바사크(Karel Vasak)는 프랑스 혁명의 세 가지 구호를 근거로 인권의 3세대를 설정하였다. 그는 세대 개념을 통해 인권의 확장과정을 첫 번째는 '자유'라고 하는 국민의 정치적 권리, 두 번째는 '평등'에 근거한 사회적 권리, 세 번째는 '박애'라는 연대의 권리로 설명하고 있다. 카렐 바사크의 인권 3세대론에 기초하여 인권의 역사를 살펴보면 다음과 같다(구정화 외, 2004; 심성보, 2011).

인권의 발달단계는 프랑스 혁명의 세 정신인 자유, 평등, 박애를 구호로 하여 각각 1세대, 2세대, 3세대 인권과 맥을 같이한다. 인권의 각 세대는 단절된 것이 아니라 2세대 인권은 1세대 인권을, 3세대 인권은 2세대 인권과 1세대 인권을 각각 전제하고 그것을 포함하고 있다.

1세대 인권은 국가로부터 불간섭을 요구하는 '자유'라 하는 정치적 권리이다. 이 자유권은 18세기 전후로 전제정치와 같은 국가 권력이 개인의 자유를 침해하는 것을 막기 위한 투쟁이었던 미국의 독립과 프랑스 혁명을 통해 얻어진 결과이다. 자유권으로 개인의 자유, 즉 표현의 자유, 집회 및 결사의 자유, 사적 재산의 권리와 관련된 주요한 정치적 권리가 구현되었다. 1세대 인권을 시민적·정치적 권리 또는 고전적 인권이라고도 한다.

2세대 인권은 일정한 분배 정의를 확립함으로써 사회경제적 약자들이 '평등'을 누리게 되는 사회권이다. 이 사회권은 19세기 후반 이후 자본주의로 인해 빚어진 착취와 사회적 불평등에 대한 저항의 맥락에서 구현되었다. 사회권은 사회·경제·문화적 권리로서, 배고픔으로부터의 자유, 배분적 정의, 새로운 국제적·경제적 질서, 적절한 삶을 누릴 권리, 노동자와 취약층의 기본권, 일할 권리, 교육받을 권리 등이 여기에 해당된다.

3세대 인권은 '박애'로 표현되는 연대의 권리, 또는 집단적 권리이다. 연대의 권리는 20세기 후반 세계화의 흐름 속에서 새롭게 등장한 평화유지, 식민지 민족들의 자유 보장, 1세계 국가들과 3세계 국가들의 경제적 격차 해소, 환경보존 등과 같은 전 지구적 문제를 해결하기 위해 등장한 개념이다. 3세대 인권의 예로는 평화롭게 살 권리, 깨끗한 환경에서 살 권리, 인도주의에 입각해서 재난에서 구제받을 권리 등과 같은 지구적 권리를 들 수 있다. 이러한 지구적 권리의 보장은 혼자만의 힘이나 한 국가만의 힘으로는 대처하기 어려운 것으로써 국경을 초월한 연대와 협력이 요구되므로 3세대 인권은 연대의 권리 또는 집단의 권리를 강조한다.

3세대 인권은 지구적 권리(예. 평화권, 발전권, 환경권 등)를 보장하기 위하여 박애, 지구적 연대, 상호 의존 등을 강조하고 있으며, 이는 글로벌 시민교육의 내용과 일맥상통한다. 3세대 인권은 전 지구적으로 인간적 삶을 각성하는 '박애'라는 연대의 권리를 주장하며, 이를 구현하기 위한 교육적 일환으로 인권교육, 평화교육, 환경교육 등이 이루어지고 있다.

이러한 세대별 인권 범주는 독립적으로 나타나는 것이 아니라 단계적으로 확장되면서 1, 2세대를 포괄적으로 거쳐 3세대에 도달하며, 비로소 인권 개념이 완성되는 것으로 본다(인권운동사랑방, 2000). 세대별 인권 범주의 특징과 내용을 정리하면 다음과 같다.

〈표 9-1〉 세대별 인권 범주의 특징과 내용

핵심	특징	내용
1세대 인권: 자유권적 인권 (17~18세기) 자유권: "자유"	- 국가로부터 불간섭을 요구 - 자유주의 철학의 영향 (~로부터의 자유) - 정부의 개입보다는 자제를 선호	- 생명과 자유, 안전에 대한 권리 - 노예나 노예적 예속상태로부터의 자유 - 고문, 비인간적인 처우로부터의 자유 - 자의적인 체포, 구금 또는 추방으로부터의 자유 - 법의 동등한 보호를 받을 권리 - 공정하고 공개적인 재판을 받을 권리 - 프라이버시, 사상, 양심, 종교의 자유 - 표현의 자유, 집회 및 결사의 자유 - 선거를 통해 정치에 참여할 수 있는 권리
2세대 인권: 사회권적 인권 (19세기 전후) 사회권: "평등"	- 자본주의와 개인주의에 대한 반발로 평등 강조 - 분배정의, 사회적 약자의 인간적 삶 추구 (~에 대한 권리) - 정부의 적극 개입	- 사회보장을 받을 권리 - 노동할 수 있는 권리, 실업으로부터 보호받을 권리 - 유급휴가 등 휴식과 여가를 누릴 권리 - 의식주와 의료 등 적절한 생활수준을 누릴 권리 - 교육에 대한 권리 - 문화에 대한 권리
3세대 인권: 연대의 권리 (20세기~) 집단권: "박애"	- 소수자, 제3세계 등 인권 자체를 누리지 못하는 개인과 집단 - 국가와 개인의 관계에서 나오는 권리가 아니라 집단적이고 연대적인 권리	- 자결권(정치적 지위를 자유롭게 결정하고 경제, 사회, 문화생활을 자유롭게 추구할 수 있는 권리) - 평화와 발전에 대한 권리 - 인도주의적 재난구제를 받을 권리 - 다른 사람과 다를 수 있는 권리 - 지속 가능한 환경에 대한 권리

출처: 김영인 외(2017). 시민교육론. KNOU Press. 수정.

2) 인권의 분류

「세계인권선언」은 세계의 자유, 정의, 평화를 위해 인권을 인정하고, 이 인권은 법에 의해 보호되어야 하며, 인권과 자유에 대한 보편적 존중과 준수의 증진을 달성할 것을 서약한 국제인권기준이다(KOICA ODA 연수원, 2016). 「세계인권선언」에 명시되어 있는 핵심 인권 항목들은 다음 국제협약들을 통해 구체화되었다.

- 인종차별철폐협약(1965)
- 경제 · 사회 · 문화적 권리에 관한 국제규약(1966)
- 시민정치적 권리에 관한 국제규약(1966)
- 여성차별철폐협약(1979)
- 고문 및 그 밖의 잔혹한, 비인도적인 또는 굴욕적인 대우나 처벌 방지에 관한 협약(1984)
- 아동권리협약(1989)
- 이주 노동자와 그 가족의 권리 보호에 관한 국제협약(1990)
- 장애인권리협약(2006)
- 강제실종방지협약(2006)

「세계인권선언」은 시민 · 정치적 권리(자유권)와 경제 · 사회 · 문화적 권리(사회권)를 수록하고 있다. 이후 「세계인권선언」은 1966년 「경제 · 사회 · 문화적 권리에 관한 국제규약(사회권 규약)」과 「시민 · 정치적 권리에 관한 국제규약(자유권 규약)」으로 분리되었다.

사회권과 자유권 규약에 포함되어 있는 인권의 세부 권리 목록을 시민적 권리, 정치적 권리, 경제적 권리, 사회적 권리, 문화적 권리로 분류하면 다음과 같다.

〈표 9-2〉 인권의 분류와 내용

분류	내용
시민적 권리	• 법 앞에 인간으로서 인정받을 권리(자유권 규약 16조) • 법의 평등한 보호를 받을 권리(자유권 규약 26조) • 고문 금지(자유권 규약 7조) • 공정한 재판에 대한 권리 · 재판 앞에 평등과 무죄 추정의 원칙(자유권 규약 14조) • 사상, 양심, 종교의 자유(자유권 규약 18조)
정치적 권리	• 평화로운 집회의 자유(자유권 규약 21조) • 결사의 자유(자유권 규약 22조) • 정치에 참여할 권리(자유권 규약 25조)
경제적 권리	• 적절한 생활수준을 획득하고 유지할 권리 – 배고픔으로부터 자유로울 권리(사회권 규약 11조 2항) • 식량, 의복, 주거를 포함하는 적절한 생활수준에 대한 권리(사회권 규약 11조 1항) • 노동권(사회권 규약 6조) • 공정하고 유리한 노동 조건에 대한 권리(사회권 규약 7조) • 노동조합을 형성하고 가입할 권리, 파업할 권리(사회권 규약 8조)
사회적 권리	• 사회 보장에 대한 권리(사회권 규약 9조) • 가족, 임산부, 아동의 권리(사회권 규약 10조) • 혼인의 자유와 가족의 보호(자유권 규약 23조) • 아동의 권리(자유권 규약 24조) • 육체적, 정신적 건강에 대한 권리(사회권 규약 12조)
문화적 권리	• 교육권(사회권 규약 13조) • 기초 의무교육에 대한 권리(사회권 규약 14조) • 문화적 생활에 참여할 권리와 자유로운 과학적 진보로부터 이익을 향유할 권리(사회권 규약 15조) • 소수자의 권리(자유권 규약 27조)

출처: KOICA ODA 교육원(2016). 국제개발협력 심화편. 경기: 시공미디어.

4. 인권 시민교육의 필요성

인간의 존엄성은 민주주의의 핵심이념이다. 인권 시민교육은 그러한 가치를 지향하는 민주사회의 구성원인 시민이 곧 주체이자 대상이 되어 인권교육을 실시하는 것을 말한다. 인권 시민교육의 필요성은 다음과 같다(구정화 외, 2004; 김영인 외, 2017 재인용).

① 인권은 '찾아야 할 권리'이기 때문이다.

인권이 기초적이고 보편적인 권리이기는 하지만 모든 인간이 자신의 인권을 누리는 것은 아니다. 인권의 특성과 인권이 발달해 온 역사를 통해서 알 수 있듯이, 인권은 주어진 것을 수동적으로 받아서 누리는 것이 아니라 능동적으로 찾아서 누려야 하는 것이다. 이런 점에서 인권은 자신이 누릴 수 있는 인권을 알아가는 것에서부터 시작된다.

② 모두가 인권을 누리고 있지 않기 때문이다.

인권이 인간의 보편적 권리라고 하지만 모든 인간이 인권을 향유하는 것은 아니다. 그러므로 보편적인 권리인 인권을 누리지 못하는 사람들에게 자신이 누리지 못하는 인권을 자각하도록 해야 한다. 즉, 인권을 누리지 못하는 소수자들이 자신들에게 가해 오는 억압과 통제의 부당함을 인식하고, 자신들이 무엇을 요구할 수 있는지를 알도록 하기 위해서 인권 시민교육은 필요하다.

③ 타인의 인권을 고려할 수 있도록 하기 위해서이다.

인권은 자신을 위한 권리이면서 타인과의 관계에서 발현되는 권리라는 점에서 인권 시민교육은 타인의 권리를 지켜주기 위해서도 필요하다. 다양한 갈등이나 문제 상황에서 타인의 권리를 침해하지 않는지 파악하기 위해서는 인권에 대한 정확한 인식과 그에 따른 책임 있는 행동이 필요하다. "누구도 타인의 권리를 짓밟을 권리는 없다(「세계인권선언」제30조)"는 것을 인권 시민교육을 통해 인식할 필요가 있다.

5. 인권 시민교육의 영역과 목적

인권 시민교육의 영역과 목적에 대하여 살펴보면 다음과 같다(심성보, 2011; Lister, 1991; 구정화 외, 2004 재인용).

1) 인권 시민교육의 영역

인권 시민교육은 인권에 대한(about) 교육, 인권을 위한(for) 교육, 인권을 통한(through) 교육으로 그 영역을 나눌 수 있다. 첫째, 인권에 대한 교육은 인권의 개념, 속성, 역사 등에 관한 이해를 높일 수 있도록 하는 인지적 영역에 해당한다. 둘째, 인권을 위한 교육에서는 인권보호를 위한 구체적 행위를 실천할 수 있도록 하는 기능과 활동적인 측면을 강조한다. 셋째, 인권을 통한 교육은 인권친화적인 환경과 분위기 및 가치 형성에 초점을 두는 것으로 이해할 수 있다. 인권 시민교육의 영역을 정리하면 다음과 같다.

〈표 9-3〉 인권 시민교육의 영역별 내용

영역	내용
인권에 대한(about) 교육	• 인권의 역사, 인권 관련 문서, 인권 관련 정책 • 기본적인 권리의 목록 • 권리 침해의 상황과 그에 대응하는 행동방침
인권을 위한(for) 교육	• 일상생활에서 인권의 관점 적용 • 타인의 인권보호 실천 • 인권에 대한 민감성 발휘 • 인권 관련 문제해결
인권을 통한(through) 교육	• 인권 시민교육의 장에서부터 인권을 누리도록 설계 • 인권 시민교육의 과정 자체가 인권을 완성해 가는 것

출처: 김영인 외(2017). 시민교육론. KNOU Press.

2) 인권 시민교육의 목적

인권 시민교육은 기본적으로 모든 인간은 하나의 동등한 인격체로 존중될 권리를 가지고 있고, 또한 스스로 자신의 문제를 해결할 능력을 가지고 있다는 교육 철학이 전제되어 있다. 따라서 인권 시민교육은 인간의 권리와 기본적 자유를 존중하는 역량을 키우도록 하고, 인간 존엄성과 인성을 계발하도록 한다.

영국의 전 총리이자 노동당 당수였던 토니 블레어(Tony Blair)가 주장한 인권 시민교육의 목적을 인용하면 다음과 같다(강순원, 2000).

> 인권 시민교육은 첫째, 인간의 기본적 권리로서 인권에 대한 보편적인 열망을 학생들에게 인식시키고, 둘째, 인권을 보호하는 국제기구에 대한 기본적 지식을 부여하며, 셋째, 인권이 부정되는 곳에서 이와 관련된 쟁점 혹은 그 쟁점이 적용되는 사례에 대해 비판적으로 사고할 수 있도록 하며, 넷째, 권리가 짓밟혀진 경험이 있는 사람들에 대하여 관심을 갖고 그들의 입장을 내 입장에서 되돌아 생각해보기 위한 것이다.

인권 시민교육은 지식, 가치, 태도의 균형이 중요하다. 먼저 인권 시민교육의 지식적 측면에서는 인간의 기본적 권리로서의 인권에 대하여 인식시키고, 인권 침해 사례, 인권을 보호하는 방책 등에 대한 기본적인 지식을 갖게 한다.

인권 시민교육의 가치적 측면에서는 인간은 태어날 때부터 평등하고 존엄한 가치를 갖는다는 인권의식을 일깨우는 교육과 관련 있다. 이를 위해서는 '자신의 인권'뿐만 아니라 '타인의 인권'까지 고려하여 인권 침해를 당하고 있는 상황에서 공감과 동정심을 갖고 고통을 분담하며, 해결하기 위해 함께 노력하게 되는 것이다. 이러한 과정에서 인권 시민교육은 자연스럽게 태도적 측면과 연결된다.

인권 시민교육의 태도적 측면은 인권친화적 행동하기, 즉 인권을 존중하는 태도를 형성하는 것이다. 인권 시민교육에서 가장 중요시하는 실천성이 강조되는 부분이며, 인권의 원칙에 입각하여 일상생활에서 인권이 보장되는 인간다운 삶을 영위하는 것이다. 따라서 자신의 인권 및 타인의 인권을 보장하는 책임감 있는 행동, 인권적 대화, 민주적 참여 등을 격려하는 교육을 태도적 측면에서 실시할 수 있다.

인권 시민교육은 '인권문해능력(human right literacy)'을 높이는 교육이다(심성보, 2011). 인권 시민교육을 통해 일상생활과 세상 속에서 인권적 자각을 하고, 실천을 할 수 있는 '인권 소양을 갖춘 시민'을 양성할 수 있다.

인권 시민교육의 목적을 정리하면 다음과 같다(구정화 외, 2004; 심성보, 2011).

① 인권 알기: 지식

- 가정, 학교, 사회에서 자신과 다른 사람이 갖고 있는 인권이 무엇인지를 인식한다.

② 인권침해에 민감해지기: 가치

- 자신의 인권 및 타인의 인권을 고려하여 공감하는 인권의식을 일깨운다.
- 인권 감수성을 기른다.
- 우리가 침해받고 있는 인권에 대해 살펴보고, 대응할 수 있는 방법을 모색한다.

③ 인권친화적 행동하기 : 태도

- 인권을 존중하는 태도를 형성한다.
- 자신의 인권을 보호하는 한편, 다른 사람의 권리를 존중해야 할 책임의식을 기른다.
- 자신의 인권 및 타인의 인권을 보장하는 책임감 있는 행동, 인권적 대화, 민주적 참여 등 실천적 태도를 함양한다.

6. 인권 시민교육의 내용

1) 인권 시민교육의 내용 구성 원리

인권 시민교육에서 초점을 두어야 하는 내용 구성 원리에 대하여 소개하면 다음과 같다(구정화 외, 2004; 심성보, 2011; Brabeck & Rogers, 2000).

① 맥락적 요소를 이해하도록 구성한다.

인권 문제가 발생할 경우 그 맥락(context)이 특정 대상에게 어떤 영향을 미치는지를 이해하여야 한다. 인권문제의 여러 가지 영역을 통합적으로 고려하여 접근해야 한다. 예를 들면, 지역사회에서 지속적으로 폭력이 발생할 경우, 이것을 단순한 폭력사태로 바라보면 적절한 해결 방안을 찾기가 어렵다. 만약 이 사태가 지역사회에 고질적으로 만연해 있는 인종주의, 차별, 빈곤 등에서 비롯된 폭력이라면, 이 사회적 맥락과 불의를 보다 다각적으로 검토하여 가난한 사람, 특정 인종, 소수자들의 목소리를 경청하여 인간의 존엄성에 대한 권리, 정치적 · 사회적 · 문화적 권리, 그리고 연대적 권리에 대한 역할 등에 대하여 이해할 수 있다.

② 삶, 그리고 자신의 인권과 책임에 영향을 미치는 사회적 · 정치적 요소로 구성한다.

인권 시민교육에서 사회에 존재하는 제도적 폭력, 빈곤의 영향, 역사와 문화에서 흐르는 인종, 성, 사회적 약자에 대한 차별 등에 의문을 제기하고 탐구하도록 허용한다.

③ 체제와 구조를 변화시키는 관여에 초점을 둔다.

교사와 학생은 인권 침해를 예방할 수 있는 체제와 구조를 변화시킬 수 있는 활동을 해야 한다. 학생들은 개인의 행위와 사회적 행위 간의 관계를 파악함으로써 사회적 체제와 구조가 인권을 침해할 수도 있고 인권과 복지를 보장해 줄 수도 있음을 이해하게 된다. 따라서 학생들은 자신뿐 아니라 타인의 삶에 영향을 미치는 체제와 구조에 대하여 비판적으로 탐구할 필요가 있다.

④ 개인적 수준과 사회적 수준을 포괄한다.

인권침해 및 보장은 오로지 개인의 문제 혹은 구조의 문제일 수 없다. 인권 시민교육은 개인적 수준을 넘어 공동체의 복지와 상호 이해에 관심을 둔다. 따라서 교육과정은 개인적 차원과 함께 사회구조적 차원에서의 고찰, 분석, 해결 방안 제시 등의 내용을 담을 수 있어야 한다.

⑤ 공동선 및 집단적 선을 위한 개인적 책임의식을 강조한다.

인권 시민교육을 통해 학생들은 인권을 통해 알게 된 도덕적 성격을 형성하여 공동선, 집단적 선을 추구할 수 있다. 개인의 복지와 집단의 복지 간의 연계, 특권층과 빈곤층 간의 관계에서 인간다운 삶을 추구하기 위한 개인적 책임의식을 강화한다.

⑥ 일상생활의 경험에서 출발한다.

인권 문제는 학생의 일상생활과 동떨어진, 어떠한 특수 상황에서만 발생하는 것이 아니라는 점을 강조할 필요가 있다. 누구나 잠재적으로 인권침해의 피해자 또는 가해자가 될 수 있다는 점을 고려해야 한다.

2) 인권 시민교육의 내용

인권 시민교육의 내용에는 인권에 대한 지식뿐 아니라 인권을 지지하는 가치와 신념, 태도, 그리고 궁극적으로는 행동의 영역까지 포괄한다. 즉 인권 시민교육은 크게 '인권에 대한 학습'과 '인권을 위한 학습'을 목표로 하는 내용으로 구성한다(심성보, 2011).

<표 9-4> 인권 시민교육의 교육내용

학습 유형	교육내용
인권에 대한 학습 (지식, 이해, 가치)	• 인권 활동의 발생, 역사에 대한 지식, 그리고 연관성 • 국제적 논의에서 인권의 쟁점과 갈등 • 여러가지 인권의 선언과 협정 • 인권의 구현과 실천(국내 및 국제적 인권 실천자) • 비판적 인권 자료에 대하여 강조한 정책과 행동 • 갈등에 핵심적인 조직과 사람 강조
인권을 위한 학습 (존중, 책임, 연대)	• 역량 강화(empowerment) • 지역사회의 삶과 사회의 변혁에 참여 • 연대 / 타인의 권리 • 인권을 기존 규범에 적용하는 것과 기본적 권리를 위한 저항과 투쟁 사이의 긴장

출처: Jones(2006). 인권의 목표와 연계된 인권교육. 심성보(2011) 재인용.

'인권에 대한 학습(Learning about Human rights)'은 주로 인권의 역사, 기록, 실행 체제와 구조에 대한 인지적 내용을 포함한다. 인권의 개념과 함께 「세계인권선언」과 같은 선언과 협정에서 제시하고 있는 국제적 규준, 전 지구적 차원에서 인권의 쟁점과 갈등, 국내 · 외적으로 인권의 구현과 실천, 인권 관련 정책 · 사회구조 · 문화에 대한 비판적 분석과 이해에 대한 인지적 내용을 강조한다.

유럽위원회에서는 인권 시민교육의 인지적 측면과 태도적 측면을 함께 강조하며 부가적으로 행동 기술을 교육내용에 추가하고 있다; ① 인권의 역사적 발전에 있어 주요 지표가 되는 지식 ② 인권에 대한 선언, 협정 등 ③ 인권 침해에 대한 지식 ④ 인권의 기존 개념에 대한 이해(평등, 차별 등) ⑤ 개인, 집단, 국가의 권리 간의 관계에 대한 이해 ⑥ 편견과 관용의 발전 ⑦ 타인의 권리 존중 ⑧ 권리를 침해당하는 사람에 대한 동정 ⑨ 정보를 축적 · 분석하기 위한 지식 및 기술 ⑩ 행동 기술 등(Flowers, et al., 2000).

'인권을 위한 학습(Learning for Human rights)'은 인간의 평등과 존엄성의 원리, 모든 사람의 권리를 존중하고 보호할 책임을 이해하고 수용하는 것을 의미한다. 단, '인권을 위한 학습'은 '인권에 대한 학습'과 같은 인지적 학습과는 달리, 어떻게 행동할 것인가에 관심을 두고 있다. '인권을 위한 학습'의 주요 내용으로는 ① 자신의 삶을 비판적으로 분석하고, ② 가치를 명료화하고, ③ 태도를 변화시키고, ④ 연대를 개발하고, ⑤ 인권이라는 개념으로 분석하고, ⑥ 부정의에 대하여 적절히 대처하도록 전략화하는 등 인권의 구현과 실천을 위한 행동 기술을 포함한다(Flowers, et al., 2000). '인권을 위한 학습'에서는 '역량 강화(empowerment)'된 적극적 시민을 양성하고자 한다. 즉 자신의 삶을 통제하고, 그것에 영향력 있는 결정을 내리는 능력을 지닌 자력화된 개인만이 인권을 구현하는 사회의 변혁에 참여할 수 있기 때문이다. '인권을 위한 학습'은 행동을 강조하며, 인권에 대하여 아는 것은 인권의 실천을 통해 완성된다고 본다. 또한 '인권을 위한 학습'에서는 인지적, 정서적, 태도적 요인의 통합적 학습을 강조하며, 이를 위하여 다음과 같은 전략을 제시하고 있다(심성보, 2011).

- 현실에서 출발하라.

모든 학습은 참여자의 필요, 이익, 경험, 문제에 기초하여야 한다.

- 활동을 하라.

학습은 개인 및 집단 활동에 적극적이어야 한다.

- 지평적 소통을 하라.

학습은 상호 존중의 분위기 속에서 자신의 사고, 감정, 그리고 정서를 공유하는 대화를 통해 일어난다.

- 비판적 능력을 개발하라.

비판적인 능력과 아이디어, 사람, 행위를 신중하게 평가하는 능력을 개발해야 한다.

- 감정의 발달과 표현을 촉진하라.

참여자의 감정을 고려하여 표현함으로써 가치를 학습할 수 있다.

- 참여를 촉진하라.

학습의 가장 바람직한 방법은 학습자 스스로 참여하는 것이다. 학습자들이 자문함으로써, 스스로 결정함으로써, 실천하며 참여하도록 한다.

- 통합을 하라.

학습은 학습과정에서 머리, 몸, 마음이 통합될 때 가장 효과적이다.

우리나라의 경우, 국가인권위원회(2007)에서 인권 시민교육을 인권존중의 가치·태도영역, 인권에 대한 기본 개념 영역, 인권에 관한 법·제도 영역, 인권 관련 문제의 합리적 해결 및 참여 영역으로 분류한 후, 각 영역별 내용요소를 제시하였다.

첫째, 인권존중의 가치·태도영역에서는 권리에 대한 인식과 인간의 존엄성을 존중하는 태도를 강조한다. 둘째, 인권에 대한 기본개념영역에서는 자유권, 평등권, 사회권, 연대권 등 인권 관련 주요 개념과 특징을 파악한다. 셋째, 인권에 관한 법·제도 영역에서는 인권의 중요성 및 역사와 인권보장을 위한 국내외 법적 장치, 제도적 절차 및 인권 관련 기구를 고찰한다. 마지막으로 인권 관련 문제의 합리적 해결 및 참여영역에서는 다양한 인권문제 인식, 원인분석, 합리적인 해결방법 강구 및 인권친화적 행동 실천 등을 다룬다. 인권 시민교육의 영역별 내용을 표로 정리하면 다음과 같다.

〈표 9-5〉 인권 시민교육의 영역별 내용요소

대영역	하위영역
인권 존중의 가치·태도	1. 자신의 권리에 대한 인식
	2. 타인의 권리에 대한 인식
	3. 인권적 가치 및 태도
인권에 대한 기본 개념	1. 자유권적 인권
	2. 사회권적 인권
	3. 연대권적 인권
인권에 관한 법·제도	1. 인권의 의의와 역사
	2. 국내외 인권 관련 문서와 법
	3. 국내외 인권 관련 기구와 제도
인권 관련 문제의 합리적 해결 및 참여	1. 인권문제 분석 및 해결 방안 모색
	2. 인권문제 해결을 위한 참여와 실천

출처: 김영인 외(2017). 시민교육론. KNOU Press.

7. 인권 시민교육의 학습 모형

인권 시민교육은 인간의 악함보다는 선함을, 사회의 안정보다는 변화를, 강압적 방식이 아닌 민주적이고 자유로운 방식을 선호하는 입장을 취한다(심성보, 2011). 따라서 인권 시민교육 과정은 학생들로 하여금 인권 규범과 가치에 부합하는 지식, 정서, 행동 기술 등을 제공하여 자신의 삶과 현실을 변화할 수 있도록 하는 것이다. 인권 시민교육에서는 다양한 유형의 학습자 중심적 학습 모형이 광범위하게 활용된다. 인권 시민교육에서 활용할 수 있는 8가지 학습 모형은 다음과 같다(Tibbitts, 2008).

① 참여 지향적 모형

개념을 명료화하고, 주제를 분석하며, 활동을 실천하는 집단적 노력을 격려하는 학습 모형

② 체험 · 활동 중심 모형

지식 이전의 학습자의 요청을 포함, 학습자의 경험과 지식을 이끌어내는 활동을 제공하는 학습 모형

③ 문제 제기 모형

학습자의 이전 지식에 도전하여 문제를 제기하는 학습 모형

④ 변증 모형

학생들에게 자신의 지식과 타인의 지식을 비교하도록 하는 학습 모형

⑤ 분석 모형

학습자에게 '왜' 일이 그렇게 되었으며, '어떻게' 해서 그 일이 그렇게 진행되었는지를 생각하도록 하는 학습 모형

⑥ 치유 모형

학습자에게 개인 내 그리고 인간 상호 간의 인권을 촉진하는 학습 모형

⑦ 전략적 사고 모형

학습자에게 자신의 목표를 설정하도록 하고, 그것을 달성하기 위한 전략적 방안을 생각하도록 하는 학습 모형

⑧ 목표 · 행동 지향적 모형

학습자에게 그들의 목표와 관련하여 행동을 계획하고 조직하도록 하는 학습 모형

글로벌 시민교육에서는 위 학습 모형 중에서 참여 지향적 모형에 관심이 있다. 참여 지향적 모형을 인권 시민교육에 활용함으로써 글로벌 시민 단체와 연계, 글로벌 시민사회의 활동 방식 등을 직접 경험할 수 있도록 하여, 학교와 사회를 글로벌 시민 사회화할 수 있다.

글로벌 시민의식을 함양하는 데 도움이 되는 참여 지향적 인권 시민교육 모형은 다음 단계에 따라 진행할 수 있다(심성보, 2011).

첫째, 구체적 사례 속에서 인권 '문제 인식하기'
둘째, 인권 관련 '문제 분석하기'
셋째, 인권 관련 '대책 수립하기'
넷째, 인권 신장을 위해 '실천에 옮기기'
다섯째, 관련활동을 '평가하기'

세계인권선언

제1조 모든 사람은 태어날 때부터 자유롭고, 존엄하며, 평등하다. 모든 사람은 이성과 양심을 가지고 있으므로 서로에게 형제애의 정신으로 대해야 한다.

제2조 모든 사람은 인종, 피부색, 성, 언어, 종교 등 어떤 이유로도 □□받지 않으며, 이 선언에 나와 있는 모든 권리와 자유를 누릴 자격이 있다.

제3조 모든 사람은 자기 □□을 지킬 권리, 자유를 누릴 권리, 그리고 자신의 안전을 지킬 권리가 있다.

제4조 어느 누구도 □□가 되거나 타인에게 예속된 상태에 놓여서는 안 된다. 노예제도와 노예매매는 어떤 형태로든 일절 금지한다.

제5조 어느 누구도 □□이나 잔인하고 비인도적인 모욕, 형벌을 받아서는 안 된다.

제6조 모든 사람은 법 앞에서 '한 사람의 인간'으로 인정받을 권리가 있다.

제7조 모든 사람은 □ 앞에 평등하며, 차별 없이 법의 보호를 받을 수 있다.

제8조 모든 사람은 헌법과 법률이 보장하는 □□□을 침해당했을 때, 해당 국가 법원에 의해 효과적으로 구제받을 권리가 있다.

제9조 어느 누구도 자의적으로 □□, 구금, 추방을 당하지 않는다.

제10조 모든 사람은 자신의 행위가 범죄인지 아닌지를 판별 받을 때, 독립적이고 공평한 법정에서 공평하고 □□적인 심문을 받을 권리가 있다.

제11조 범죄의 소추를 받은 사람은 자신을 변호하는 데 필요한 모든 것을 보장받아야 하고, 누구든지 공개재판을 통해 유죄가 입증될 때까지 무죄로 추정될 권리가 있다.

제12조 개인의 □□□, 가족, 주택, 통신에 대해 타인이 함부로 간섭해서는 안 되며, 어느 누구의 명예와 평판에 대해서도 타인이 침해해서는 안 된다.

제13조 모든 사람은 자기 나라 영토 안에서 어디든 갈 수 있고, 어디서든 살 수 있다. 또한 그 나라를 떠날 권리가 있고, 다시 돌아올 권리도 있다.

제14조 모든 사람은 박해를 피해, 타국에 피난처를 구하고 그곳에 망명할 권리가 있다.

제15조 누구나 □□을 가질 권리가 있다. 누구든지 정당한 근거 없이 국적을 빼앗기지 않으며, 자기 국적을 바꾸거나 다른 국적을 취득할 권리가 있다.

제16조 성년이 된 남녀는 인종, 국적, 종교의 제한을 받지 않고 □□할 수 있으며, 가정을 이룰 권리가 있다. 결혼에 관한 모든 문제에 있어서 남녀는 똑같은 권리를 갖는다.

제17조 모든 사람은 혼자서 또는 타인과 공동으로 □□을 소유할 권리가 있다. 어느 누구도 자기 재산을 정당한 이유 없이 남에게 함부로 빼앗기지 않는다.

제18조 모든 사람은 □□, 양심, 종교의 자유를 누릴 권리가 있다.
제19조 모든 사람은 의사표현의 자유를 누릴 권리가 있다.
제20조 모든 사람은 평화적인 □□ 및 결사의 자유를 누릴 권리가 있다.
제21조 모든 사람은 직접 또는 자유롭게 선출된 대표자를 통해, 자국의 □□에 참여할 권리가 있다. 모든 사람은 자기 나라의 공직을 맡을 권리가 있다.
제22조 모든 사람은 사회의 일원으로서 □□□□을 받을 권리가 있다.
제23조 모든 사람은 □할 권리, 자유롭게 직업을 선택할 권리, 공정하고 유리한 조건으로 일할 권리, 실업 상태에서 보호받을 권리가 있다. 모든 사람은 차별 없이 동일한 노동에 대해 동일한 보수를 받을 권리가 있다.
제24조 모든 사람은 노동시간의 합리적인 제한과 정기적 유급휴가를 포함하여, □□할 권리와 여가를 즐길 권리가 있다.
제25조 모든 사람은 먹을거리, 입을 옷, 주택, 의료, 사회서비스 등을 포함해 가족의 건강과 행복에 적합한 생활수준을 누릴 권리가 있다.
제26조 모든 사람은 □□받을 권리가 있다. 초등교육과 기초교육은 무상이어야 하며, 특히 초등교육은 의무적으로 실시해야 한다. 부모는 자기 자녀가 어떤 교육을 받을지 '우선적으로 선택할 권리'가 있다.
제27조 모든 사람은 자기가 속한 사회의 □□생활에 자유롭게 참여하고, 예술을 즐기며, 학문적 진보와 혜택을 공유할 권리가 있다.
제28조 모든 사람은 이 선언의 권리와 자유가 온전히 실현될 수 있는 체제에서 살아갈 자격이 있다.
제29조 모든 사람은 자신이 속한 □□□에 대해 한 인간으로서 의무를 진다.
제30조 이 선언에서 말한 어떤 권리와 자유도 다른 사람의 권리와 자유를 짓밟기 위해 사용될 수 없다. 어느 누구에게도 남의 권리를 파괴할 목적으로 자기 권리를 사용할 권리는 없다.

보기

사생활, 차별, 재산, 사회보장, 기본권, 문화, 법, 정치, 생명, 고문, 공개, 공동체, 국적, 노예, 교육, 결혼, 사상, 체포, 휴식, 집회, 일

세계인권선언 정답

2조 – 차별 3조 – 생명 4조 – 노예 5조 – 고문 7조 – 법 8조 – 기본권 9조 – 체포
10조 – 공개 12조 – 사생활 15조 – 국적 16조 – 결혼 17조 – 재산 18조 – 사상
20조 – 집회 21조 – 정치 22조 – 사회보장 23조 – 일 24조 – 휴식 26조 – 교육
27조 – 문화 29조 – 공동체

출처: 세계인권선언 60만 읽기 캠페인 홈페이지(http://edu.humanrights.go.kr).

인권 OX 퀴즈

1. 인권 확보를 위해 노력하지 않는 사람에게는 인권을 보장할 필요가 없다. (　　)
2. '모든 사람은 자유롭고 평등하다.'는 생각은 고대 아테네 사회에서부터 세계적으로 인정되었다. (　　)
3. 헌법에 열거되지 않은 인권은 보장하지 않아도 된다. (　　)
4. 인간은 사회 속에서 다른 사람과 더불어 살아가는 존재이므로 전체 공동체의 인권이 잘 보장받게 하기 위하여 소수의 인권이 희생되는 것은 어쩔 수 없다. (　　)
5. 일반적으로 재산권은 마음대로 행사할 수 있다. (　　)
6. 성별, 연령, 재산, 학력 등을 불문하고 누구에게나 선거권을 주는 것이 세계적인 추세이다. (　　)
7. 인권은 사람이라면 누구나 당연히 가지는 권리이기 때문에 그 내용은 변화가 없다. (　　)
8. 서양에서 "모든 사람은 태어나면서부터 당연히 가지는 권리이기 때문에 어떤 권력이나 법으로도 침해할 수 없다"는 천부인권 이념이 처음으로 생겨난 때는 근대 시민 혁명기이다. (　　)
9. 근대 시민 혁명에 성공한 시민 계급(부르주아 계급)은 구시대의 지배 계급처럼 자신들의 권리 확보에만 관심을 가지고 대다수 민중들의 권리는 무시하였다. (　　)
10. 부르주아 계급에 의해 무시되었던 노동자, 농민, 여성의 기본권은 정부의 적극적인 개입으로 보장되게 되었다. (　　)
11. 인권에 관한 대표적인 약속인 〈세계 인권 선언〉은 제1차 세계 대전 직후인 1919년에 만들어졌다. (　　)
12. 〈세계 인권 선언〉에는 "도망치는 것도 권리다" 즉 누구나 괴롭힘을 당하면 피난처를 찾아 다른 나라로 도망할 수 있는 권리가 있음을 명시하고 있다. (　　)
13. 〈세계 인권 선언〉에 포함된 다음의 권리들은 모두 사회권에 속한다. 일할 수 있는 권리(23조), 유급 휴가 등 휴식과 여가를 가질 권리(24조), 건강 및 행복에 필요한 생활 수준을 누릴 수 있는 권리(25조), 교육을 받을 권리(26조) (　　)

14. 〈세계 인권 선언〉은 법적 구속력이나 강제력은 없다. (　　)
15. 〈사회권 조약〉, 〈자유권 조약〉, 〈고문 방지 조약〉, 〈난민 조약〉, 〈아동 권리 조약(어린이 청소년의 권리에 관한 국제 조약)〉 등은 인권과 관련하여 국가 간에 맺은 대표적인 약속들이다. 한 나라의 정부가 이러한 조약들을 비준할 경우 이 조약들은 그 나라의 국내법과 똑같은 효력을 가지게 된다. (　　)
16. 〈아동 권리 조약(유엔 아동 권리 협약)〉에서 아동이란 만 18세까지를 말한다. (　　)
17. 12월 10일은 세계 인권의 날이다. (　　)
18. 전 세계 노동자들의 단결된 힘을 확인하는 세계노동절(메이데이)은 11월 3일이다. (　　)
19. 국제 엠네스티는 정치적 신념, 피부색, 성, 사용하는 언어, 종교 등을 이유로 감옥에 갇힌 이른바 '양심수'의 석방을 위해 활동하는 단체이다. (　　)
20. 인간의 생명은 그 무엇과도 비교할 수 없는 소중한 것이라는 인식이 확산되어 우리나라에서도 사형 제도가 폐지되었다. (　　)

출처: 전국사회교사모임 인권교육분과 지음(2003), 땅콩 선생, 드디어 인권교육하다. 우리교육.

인권 OX 퀴즈 정답

1 – X　2 – X　3 – X　4 – X　5 – X　6 – O　7 – X　8 – O　9 – O　10 – X
11 – X　12 – O　13 – O　14 – O　15 – O　16 – O　17 – O　18 – X　19 – O　20 – X

행동하는 글로벌 시민 사례

전제용 선장, 우리들의 평범한 영웅

보트피플(출처: 위키백과)

매년 9월 스위스 제네바에서는 '유엔의 노벨상'으로도 알려진 난센상을 시상한다. 난센상은 1954년 노르웨이 탐험가이자 난민구호에 열정을 바쳤던 프리트요프 난센을 기리기 위해 제정된 이래 난민구호에 헌신적 사랑과 특별한 용기를 보인 사람들에게 수여해 왔다.

2014년 난센상 최종 후보로 올랐던 한국인 전제용 선장을 소개하고자 한다. 그는 1985년 11월 14일 운명적인 상황과 마주쳤다. 인도양에서 참치조업을 끝내고 한국으로 귀항하던 중 남중국 공해 상에서 필사적인 구조를 요청하는 작은 목선을 발견했다. 베트남 보트피플이었다. 당시 월남 패망으로 수많은 난민들이 보트를 타고 남중국해로 탈출했으나 항해하던 선박들은 이들을 외면했다. 전 선장도 무심코 지나쳤다. 더욱이 본사는 물론 당국에서도 구조하지 말라는 지시가 빗발쳤고, 선원들 의견도 마찬가지였다.

그러나 전 선장은 생사의 기로에 서있는 피난민들을 외면할 수 없었다. 동료 선원을 설득해 회항을 지시하고, 이들을 구출했다. 어린아이와 임산부를 포함해 96명이었다. 식량과 식수를 공유하면서 어렵게 부산항에 도착했으나 냉혹한 현실이 기다리고 있었다. 바로 당국에 불려가 혹독한 조사를 받았고 선장 면허까지 정지됐다. 구조한 난민과의 접촉도 불허됐다. 졸지에 실업자 신세가 되면서, 생계유지를 위해 부인과 궂은 일을 해야 했다. 그는 이런 고초 속에서도 자신의 결단을 후회한 적이 없었다.

구조된 난민들은 부산적십자난민보호소에서 대기하다가 미국, 캐나다, 호주 등으로 이주했다. 그 후 이 사건은 거의 20년간 잊혀졌다. 난민들은 재정착에 시간을 보내야 했기 때문이었다. 난민 중의 한 사람이었던 피터 응엔이 2004년 8월 전제용 선장을 자신이 정착한 미국 캘리포니아로 초청했다. 그는 해상구조 당시를 소회한 〈바다의 온정(The Ocean's Heart)〉이란 책도 내면서 생명의 은인과의 재회를 잊은 적이 없었다.

환영 행사장에 운집한 보트피플과 베트남계 미국인들은 전 선장에게 뜨거운 눈물과 함께 박수 갈채를 쏟아냈다. "누구도 못할 일을 전 선장과 선원들의 용기 있는 결단으로 우리를 살렸다"고 감격에 겨워했다. 정작 전 선장은 "할 일을 했을 뿐이다"라는 말만 되풀이했다. '리틀 사이공'으로 알려진 캘리포니아의 베트남 커뮤니티는 침몰직전의 목선과 사투를 벌이던 보트피플을 구한 전제용 선장을 유엔 난센상 후보로 추천했다. 우리 정부와 국회는 물론 미국 의회 의원들도 성원을 보냈다.

최근 해상난민 문제가 국제사회에서 다시 부각되고 있다. 중동과 북아프리카 등 분쟁지역을 피해 바다로 탈출하는 난민들이 부쩍 증가하는 반면 해상에서의 안전은 취약하기 짝이 없기 때문이다. 해상난민 문제는 유엔 난민구제고등판무관(UNHCR)이 금년도 특별 토의주제로 선정할 만큼 심각하다.

우리는 한국전쟁 중에 보여준 레오나르 라뤼 선장의 용기와 박애정신을 기억한다. 그는 1950년 말 혹독한 추위 속에 흥남부두에 운집한 피난민 1만4000여명을 거제까지 수송했다. 보다 많은 승선을 위해 메레디스 빅토리호의 방어용 무기까지 모두 바다에 버렸다. 3일 간의 항해 중 단 한건의 사상자도 없었고 오히려 5명의 새 생명이 태어났다. '크리스마스의 기적'으로도 불리는 이 항해는 한 척의 선박으로 가장 많은 난민을 구조한 해상 작전으로 기네스북에도 올라 있다.

우리는 세월호 참사의 참담함을 겪으면서 기본적 책무도 저버린 선장과 선원들의 무책임과 비정함에 분노했다. 전제용 선장이 난센상 수상자로 최종 선정되지 못한 것은 애석한 일이다. 그러나 그의 숭고한 박애정신과 용기 있는 결단은 영원히 잊히지 않을 것이다. 그는 진정한 사랑을 실천한 의인이었고, 이 시대 우리들의 평범한 영웅이다.

출처: 경향신문. 최석영. 『전제용 선장, 우리들의 평범한 영웅』. 2014. 09. 23.

Chapter

10

다문화 시민교육

10장 다문화 시민교육

1. 다문화주의: 다문화 시민교육의 배경

다문화는 둘 이상의 다양한 문화로서 한 국가나 한 사회 속에 다른 인종·민족·계급 등 여러 집단이 지닌 문화가 함께 존재하는 것을 말한다. 다문화사회는 서로 다른 문화에 대한 이해와 존중, 그리고 노력을 통하여 형성된다. 이러한 다문화는 세 가지 관점을 지닌다.

첫째, 다문화는 다양성을 토대로 세상을 새로운 시선으로 바라보는 것에서 출발한다. 즉, 다문화의 다양성은 고정관념, 편견 그리고 선입관을 내려놓는 일이다.

둘째, 다문화는 관계적이고 상호작용한다. 관계 개념으로서 다문화는 주류 사회의 문화만이 중심이 되는 것이 아니라 소수집단의 문화를 존중하고 상생을 기초로 하는 공동체의식을 형성하게 된다.

셋째, 문화는 끝없이 변화하고 생성되는 과정을 겪는다. 문화는 독립적이지 않으며 상호교류, 충돌, 전이, 지배 그리고 호환 등의 과정을 통해 발전한다. 우리 사회는 서로 다름을 통해서 배우고 이러한 다름의 문화적 교류가 우리 사회를 풍요롭게 할 수 있다는 관점이다.

다문화주의(multiculturalism)는 한 사회 내에서 다양한 문화들이 공존하는 것을 인정하는 개념이다. 다문화주의는 "민족적 다양성을 인정하고 개인이 자신의 고유한 문화를 유지할 수 있도록 보장하는 것이 헌법 원리와 사회의 이념과 가치에 합치한다는 생각"이라고 정의된다(한경구, 2007).

다문화주의는 1970년대부터 캐나다와 호주 등에서 본격적으로 등장하였다. 다민족으로 구성된 캐나다는 퀘벡 주와 서부 주 사이의 문화 간 충돌을 완화하고 국가의 통합을 추구하기 위해 2개 국어와 다문화주의를 표방하였다.

1788년 영국에서 건너온 이민자로 출발한 호주는 영어 및 영국식 제도가 호주문화의 바탕을 이루었고, 비영어권 국가의 이민을 차단하는 '백호주의(White Australia)' 정책을 채택하였다. 그러나 두 차례의 세계대전 이후 인구 증가의 필요성을 절감하자 유럽 및 아시아, 중동, 아프리카로부터 이민자를 적극적으로 수용하기 시작하였다. 호주는 1975년「인종차별금지법」제정을 통해 백호주의를 철폐하였으며, 1978년에는 다문화주의 정책을 공식적으로 표방하였다.

호주의 다문화정책은 주류사회로의 동화가 아닌 조화에 초점을 두고 '함께 살아가기(Living in Harmony)'를 강조한다. 호주의 다문화정책은 세 원칙을 기본으로 시행되고 있는데, 첫째, 문화적 정체성을 지킬 권리, 둘째, 사회 정의의 가치 존중, 셋째, 경제적 효율성이다(이관춘, 2011). 이와 같이 다문화주의는 소수 문화를 보호하고 육성함으로써 문화에 대한 사회적, 정치적, 경제적 갈등을 해소하는 데 그 목적을 둔다(구견서, 2003).

스터바(Sterba, 1995)에 의하면, 다문화주의는 문화적 다양성 존중의 이상(ideal)이며, 이것은 곧 다른 사람에 대한 존중의 이상과 같은 것으로 간주하였다. 다문화주의의 실천적 요구사항으로는 ① 최소한의 기본수요(minimum basic needs)를 충족할 수 있는 권리와 ② 동등한 기회(equal opportunity)를 부여받을 수 있는 권리를 들었다. 만약 최소한의 기본 수요와 균등한 기회를 인정한다면 문화적으로 공존할 수 있는 파트너로 수용할 수 있다는 의미이다.

2. 다문화교육

1) 다문화교육의 개념

세계화 현상, 시장개방과 인적 자원의 이동, 정보통신혁명 등 지구적 차원의 요인으로 인해 우리 사회는 급속도로 다문화사회로 접어들었다. 단일민족과 단일문화를 강조하던 우리나라는 준비가 미흡한 상태에서 다문화주의에 직면하게 되었는데, 이에 따른 다양한 문제들을 위한 해법으로 다문화교육(multicultural education)이 제기되었다.

다문화교육은 문화적 다양성에 대한 이해를 향상시킴으로써 국가의 사회적 다양성을 증가시키고, 가치와 시민 역량을 증진시키는 기반을 제공한다. 슬리터와 그랜트(Sleeter & Grant, 1999)는 다문화교육에 대한 여러 연구를 종합하여 다문화교육을 다섯 가지로 분류하였다(이관춘, 2011 재인용).

첫째, 다문화교육은 인종이나 문화적으로 다른 집단의 학생을 일반 집단 속에 동화시키기 위한 교육이다.

둘째, 다문화교육은 특정한 소수 집단에 대한 지식과 존중을 가르치는 단일집단연구(single-group studies)이다.

셋째, 다문화교육은 개인 간, 집단 간의 협력을 강조하는 인간관계교육(education for human relations)이다.

넷째, 다문화교육은 문화적 유사점과 차이점을 인식하고 긍정적으로 수용할 수 있도록 지원하는 교육이다.

다섯째, 다문화교육은 다양한 집단 간의 불평등한 관계를 조장하는 사회구조를 비판하고, 변화를 추구하는 다문화적이며 사회재건적인 교육(education that is multicultural and social-reconstructive)이다.

2) 다문화 교육과정

다문화 교육과정은 다문화교육의 목적과 관련하여 학습자들의 이해, 행동, 가치, 태도 등을 개발하기 위해 의도적으로 계획된 공식적 및 비공식적 경험의 총체이다. 베넷(Bennett, 2009)은 다문화 교육과정의 핵심가치를 다음 네 가지로 제시하였다.

① 세계 공동체에 대한 책임
② 지구에 대한 존중
③ 문화적 다양성 인정
④ 인간 존엄성과 보편적 인권

베넷은 위에 제시한 다문화 교육과정의 핵심 가치를 함양하기 위하여 다음 여섯 가지 목적을 제시하고 있다(Bennett, 2009; 이관춘, 2011 재인용). 각각의 목적은 다문화교육을 위하여 필요하나, 그 목적 하나만으로는 충분하지 않다. 이 여섯 가지 목적은 서로 중첩되어 있으므로 이 목적들을 다문화 교육과정 전반에 고루 반영하되, 교과목의 특성과 학습자의 발달 단계적 특성을 고려하여 가장 적합한 목표를 다루도록 해야 한다(Bennett, 2009).

[그림 10-1] 다문화 교육과정의 목적

출처: Bennett, C. (2009), p. 62. 수정.

① 다양한 역사적 관점의 이해

다문화교육의 가장 중요한 목적은 다양한 역사적 관점을 이해함으로써 유럽이나 미국 중심으로 편향되어 있는 성향을 바로잡는 것이다. 지역적 사건이나 국가적 사건을 이해할 때에도 다수집단과 소수집단의 관점을 함께 고려하여야 한다.

② 문화적 의식 함양

문화적 의식이란 자신의 세계관이 보편적이지 않으며, 다른 나라나 민족집단의 구성원이 지닌 세계관과 다르다는 것을 이해하고 인정하는 것이다. 여기에는 다양한 사고와 행동방식이 존재한다는 점을 이해하고, 자신의 사고와 행동이 다른 나라나 민족집단에서는 수용될 것인가를 인식하는 것이 포함된다.

③ 간문화적 역량 개발

간문화적 역량이란 자신과 다른 표상적 의사소통(언어, 기호 등), 무의식적인 신호(신체 언어; body language), 문화적 관습 등을 해석할 수 있는 능력을 의미한다. 자신의 문화적 조건을 기초로 상대방에 대해 다양한 가정과 문화적 해석이 가능함을 인식하는 것이 간문화적 역량을 개발하는 궁극적인 목적이다.

④ 인종차별이나 성차별 등 기타 모든 차별 및 편견과의 투쟁

모든 차별 및 편견과의 투쟁이란 자신의 문화와 다르다는 점으로 인해 형성된 부정적 태도나 행동을 줄여나가는 것을 의미한다. 먼저 사회 내에는 성, 인종, 민족집단과 관련된 사회적 통념, 편견, 고정관념에 기초한 인종차별과 성차별이 존재한다는 것을 인식하고, 나아가 반인종차별주의자, 양성평등주의자로서 행동하도록 하는 데 중점을 둔다.

⑤ 지구의 현 상태와 전 세계적 역동성에 대한 이해 증진

지구의 현 상태를 정확하게 파악하며, 아울러 전 세계적으로 나타나는 보편적인 변화 양상을 인식하는 것이다. 전 세계는 다양한 하위체계가 상호 밀접하게 연계되어 있는 거대한 생태계로서, 작은 사건에 의해서도 막대한 영향을 받을 수 있음을 이해하는 것이 목적이다.

⑥ 사회적 행동 기술 형성

사회적 행동 기술이란 지구의 미래와 인류의 행복을 위협하는 다양한 문제를 해결하는 데 필요한 지식과 태도, 행동을 의미한다. 특히 '사고는 전 지구적으로(Think globally)', '행동은 지역적으로(Act locally)' 하는 것을 강조한다. 따라서 모든 사회집단과 구성원이 민주적 과정을 통해 변화촉진자가 되도록 하는 것에 강조점을 둔다.

3. 다문화 시민교육

1) 다문화 시민교육의 개념

다문화 시민교육은 다문화사회에 능동적으로 적응함과 동시에, 다문화사회의 다양한 갈등과 문제를 바람직한 방향으로 해결할 수 있는 시민의 자질을 함양하는 교육이다.

다문화 시민교육은 1960년대 미국 문화에 소수집단을 주류집단에 동화시키고자 했던 '용광로 정책(Melting pot)'과 함께 등장하였다. 미국 사회는 인종차별을 법적 및 제도적으로 금지하고자 나름의 노력을 기울였으나, 집단 간 편견과 차별, 그리고 갈등을 근본적으로 해결하지는 못하였다(임성택 외, 2000). 용광로 정책의 대안으로 실시된 것이 바로 샐러드 볼(Salad Bowl) 정책이다. 샐러드 볼 정책이란 여러 국가와 민족들의 다양한 문화적 전통과 가치관을 수용하는, 즉 문화적 다양성을 존중하는 정책이다. 샐러드 볼 정책은 각 문화의 정체성을 유지하면서 다양한 문화의 공존을 추구한다는 점에서 모자이크 정책과 유사하다.

다문화사회에서 역량있는 시민을 양성하기 위해 다문화 시민교육이 필요하다. 다문화 시민교육은 다양한 문화를 인정하고 존중하는 시민 정신을 함양하는 것을 목표로 한다.

2) 다문화 시민교육의 관점

다문화 시민교육은 어떠한 관점에서 실시하느냐에 따라 그 내용이 달라질 수 있는데, 이 관점은 교수자나 교육기관의 선택의 문제이기도 하다. 여기서는 다문화 시민교육을 현상, 전략, 규범적인 관점으로 구분하여 소개하고자 한다(김영인 외, 2017).

(1) 현상으로서의 다문화 시민교육

'현상으로서의 다문화 시민교육'은 사실로서 존재하는 다문화적 상황을 그대로 교육현장에서 서술하는 것이다. 이 관점에서 실시하는 다문화 시민교육은 시대적·사회적 변화를 수동적으로 반영하는 것이다. 다문화사회로 진입함에 따라 소수문화에 대한 내용을 공적 학습의 장으로 가져오는 것이다. 따라서 주류 문화는 여전히 건재하지만, 우리 사회 내에 이러한 소수 문화도 있음을 소개하는 데서 그친다.

(2) 전략으로서의 다문화 시민교육

'전략으로서의 다문화 시민교육'은 개인과 국가의 생존 및 경쟁력 강화를 위해 교육현장에서 활용 가능하다. 현상으로서의 다문화 시민교육에 비해 전략으로서의 다문화 시민교육은 보다 능동적이고 적극적이다. 이 관점은 문화적 충격이나 갈등으로 인해 겪을 수 있는 고통과 손해를 예방하고, 각 문화별로 적절히 대응함으로써(예. A 문화에는 A′, B 문화에는 B′의 대응) 문화적 주체(예. 개인, 집단, 국가 등)의 적응력과 경쟁력을 높이자는 관점이다. 이 관점은 특히 경제적 이해와 관심을 추구하는 과정에서 활용될 수 있는 수단으로서의 의미가 크다.

(3) 규범으로서의 다문화 시민교육

'규범으로서의 다문화 시민교육'은 아래로부터 세계화 흐름을 반영하여 민주주의 실현을 지향하는 관점이다.

아래로부터의 세계화란 정치나 경제 엘리트 중심의 세계화가 아니라 시민사회가 중심이 되어 자유와 평등, 인권, 평화 등과 같은 보편적 가치의 확산을 추구하는 것을 의미한다. 규범으로서의 다문화 시민교육이 다문화 시민교육의 본래적 목적에 가장 부합되는 관점이라 할 수 있다.

규범으로서의 다문화 시민교육은 능동적 · 적극적이면서도 경제적 가치 외의 도덕적 가치, 문화적 가치, 민주적 가치 등도 함께 지향한다는 점에서 전략으로서의 다문화 시민교육과 차이가 뚜렷하다. 이 관점은 민주공동체의 구성원으로서 다양한 문화적 배경에 대한 이해와 존중을 목적으로 한다. 따라서 그동안 상대적으로 소외되었던 문화권의 목소리에 더욱 귀기울일 수 있고, 그것을 공적 논의의 장으로 끌어오면서, 그러한 문화적 요구가 민주적으로 타당한지 검토해 본다.

3) 다문화 시민교육의 필요성

다문화사회가 현실화된 21세기는 차이(differences)의 시대이다(이남석, 2001). 차이의 시대가 요구하는 바람직한 사회란 사회적 · 문화적으로 다름이 존재하는 다양한 집단들이 모두 평등하며, 서로를 존중하고 차이를 인정하는 사회이다. 바람직한 다문화사회는 차이에 대한 무관심(indifference to difference)에서 차이에 대한 관심과 배려가 일상화되는 사회이다(김용찬, 2016). 다문화사회에 적합한 시민은 다양성을 수용하고 차이를 존중하는 시민이다. 이러한 시민을 양성하기 위해서는 다문화사회를 이해하고 다양성을 존중하며 소수집단을 배려하는 '다양성과 차이 존중 교육'이 확대되어야 하는데(김용찬, 2016), 이것이 다문화 시민교육이 필요한 이유이다.

우리나라의 경우, 다문화 학생수 조사가 시작된 2012년 이후부터 매년 꾸준히 다문화 학생 비율이 증가하고 있는 것으로 나타났다. 특히 다문화 학생 비율이 가장 높은 초등학교의 경우 2020년에는 전체 학생의 4%, 중학교는 2%, 고등학교는 0.9%를 차지하고 있다.

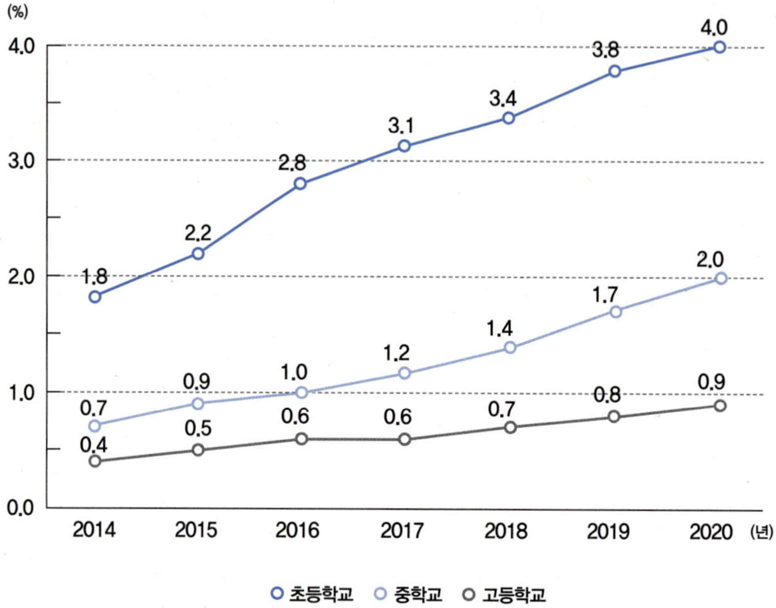

[그림 10-2] 학교급별 다문화 학생 비율(2014~2020년)

출처: 교육통계서비스(https://kess.kedi.re.kr).

〈표 10-1〉 다문화가정 학생 수와 학생 비율

연도	다문화 학생 비율(%)			학생 수(명)			다문화 학생 수(명)		
	초등학교	중학교	고등학교	초등학교	중학교	고등학교	초등학교	중학교	고등학교
2014	1.8	0.7	0.4	2,728,509	1,717,911	1,839,372	48,225	12,506	6,734
2015	2.2	0.9	0.5	2,714,610	1,585,951	1,788,266	60,162	13,827	8,146
2016	2.8	1.0	0.6	2,672,843	1,457,490	1,752,457	73,972	15,080	9,816
2017	3.1	1.2	0.6	2,674,227	1,381,334	1,669,699	82,733	15,945	10,334
2018	3.4	1.4	0.7	2,711,385	1,334,288	1,538,576	93,027	18,068	10,668
2019	3.8	1.7	0.8	2,747,219	1,294,559	1,411,027	103,881	21,693	11,234
2020	4.0	2.0	0.9	2,693,716	1,315,846	1,337,312	107,694	26,773	12,478

출처: 교육통계서비스(https://kess.kedi.re.kr).

다문화 시민교육은 ① 점점 증가하고 있는 다문화 가정 학생의 교육적 불평등을 해소하고, ② 우리 사회 내에, 나아가 전 세계적으로 다양성이 심화됨으로 인한 갈등과 대립을 예방하여 모두가 동등한 인간으로서 공존하기 위하여 반드시 필요하다.

다문화 시민교육은 다문화 가정 학생들을 포함한 우리 사회 구성원 모두를 대상으로 실시할 필요가 있으며, 교육내용은 국내뿐 아니라 전 세계에 적용 가능한 것으로 구성되어야 할 것이다.

4. 다문화 시민교육의 차원과 내용

1) 다문화 시민교육의 차원

뱅크스 등(Banks et al., 2007)은 다문화 시민교육을 다양한 내용의 통합, 형평성을 갖춘 교육, 학교문화의 역량 강화, 학습자의 문화적 선입견 감소, 학습자 스스로 구성하는 지식 등 다섯 가지 차원으로 나누어 제시하였다.

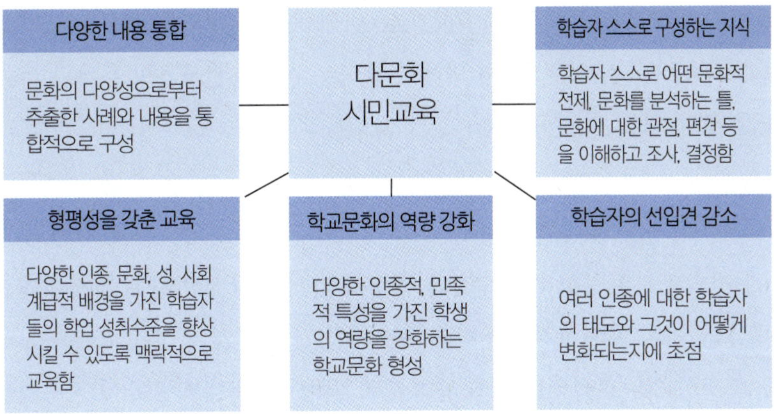

[그림 10-3] 다문화 시민교육의 차원

출처: Banks, J. & Banks, C. (2007). Multicultural education: Issues and perspective. Allyn and Bacon. 김영인, 설규주(2013). 시민교육론. KNOU Press 재인용.

2) 다문화 시민교육의 내용

다문화 시민교육의 내용은 다음 네 가지 형태의 교육으로 제시할 수 있다(양영자, 2007).

① 문화적 소수자 적응교육

문화적 소수자들이 우리 사회와 문화에 적응하도록 하여 문화적 단일성과 사회적 통합성을 유지하도록 하기 위한 내용을 포함한다. 이에 따라 한국어, 한국 문화, 한국 예절 및 관습, 한국 역사와 지리 등에 관한 내용과 함께 학교생활 적응방안 등을 주요 내용으로 하고 있다.

② 문화적 정체성 교육

문화적 정체성을 어떻게 정립하느냐는 것은 다문화 시민교육의 중요한 과제이다. 문화적 소수자로 하여금 한국사회에 적응하도록 강요한다면, 그것은 결과적으로 소수자의 고유한 정체성을 포기하거나 혼란에 빠지게 할 수 있다. 언어는 소수자의 정체성 형성에 기여하는 중요한 변인이므로, 한국어와 출신국가 언어를 모두 가르치는 이중언어 교육이 포함된다. 이 외에도 한국문화와 출신국가의 문화를 함께 가르치는 것도 중요하다.

③ 문화적 공동체들의 조화를 위한 교육

다문화 시민교육은 문화적 소수자와 다수자 간의 바람직한 관계 형성에만 기여하는 것이 아니라, 다양한 배경의 문화적 소수자들 간의 관계 형성을 위해서도 매우 중요하다. 다문화 시민교육에는 우리 사회에서 살아가는 문화적 소수자 공동체들 간의 공존과 배려를 증진할 수 있는 내용이 포함되어야 한다. 따라서 한국 사회라는 공통적인 맥락에서 더불어 살아가는 여러 소수자 공동체들 간에도 문화 상대주의적 태도로 다양한 문화를 바라보며 상호 존중하고 인정하는 내용을 강조한다.

④ 다수자를 대상으로 하는 소수자에 대한 이해 증진교육

다수자를 대상으로 하는 소수자에 대한 이해 증진교육은 다문화 시민교육이 가장 강조점을 두고 있는 부분이다. 다문화사회에서 함께 공존하기 위해서는 다수자나 소수자 어느 한 집단의 노력만으로 되는 것이 아니다. 다수자는 다수자로서 인정과 포용을 위해 담당해야 할 몫이 있고, 소수자는 소수자로서 적응과 통합을 위해 담당해야 할 몫이 있다. 따라서 다문화 시민교육은 다수의 한국인들이 그와 같은 소수자들의 문화를 반성적으로 인식하고, 그 소수 문화와 함께 규범적으로 어울려 살 수 있는 방안을 모색하도록 하는 적극적인 교육이 필요하다.

다문화 시민교육은 급변하는 사회 환경에서 다수의 한국인들이 문화적 소수자들을 이해하고 서로 수용하며, 관용하면서도, 필요한 경우 상호 개입할 수 있도록 하는 세계관을 형성하여 실천적인 행동을 할 수 있도록 하는 데 주안점이 있다.

5. 다문화 시민교육의 전략적 단계

워커의 다문화 학습모델의 단계와 내용을 우리나라 상황에 맞게 재구성하여 다문화 시민교육의 전략적 단계를 제시하였다(한건수, 2003). 제1단계는 개방적 자세(열린 마음)를 갖는 단계로서, 타문화 수용태도를 발달시키는 데 주안점을 둔다. 제2단계는 타문화에 대한 지식을 축적하는 단계로서 문화에 대한 기초지식을 쌓는 것을 강조한다. 제3단계는 문화 간 숙련 및 기술을 개발하는 단계로서, 문화 간 접촉의 효율성을 극대화할 수 있는 행동 및 행위를 개발한다. 제4단계는 자신과 타인에 대하여 인식하는 단계로서 자신과 타인 사이의 이질성과 동질성을 인식하는 것을 목표로 한다. 각 단계별 내용을 소개하면 다음과 같다.

① 제1단계: 개방적 자세(열린 마음)

■ 목표: 타문화 수용태도를 발달시킨다.

- 우리는 모두 같은 사람이지만 서로 다른 문화를 형성해 왔다는 인식에서 타문화의 이질성을 그대로 인정하려는 열린 마음을 갖고 있는가?
- 객관적이고 공정한 방식으로 나 자신의 문화적 성향을 검토하며, 역효과를 초래하는 문화적 습관을 탈피하려는 열린 마음을 갖고 있는가?
- 타문화 방식이 내가 믿고 있는 현실이나 사실과 상반될 때, 또는 내가 알고 있는 효율적이며 적합한 방식과 불일치할 때에도 상대의 방식을 수용하려는 열린 마음을 갖고 있는가?
- 타문화에 대한 성급한 판단과 평가를 피하고 고정관념에 얽매이지 않으며 자문화 중심적 행위를 지양하면서 타문화를 경험하려는 열린 마음을 갖고 있는가?
- 안정된 마음과 침착한 행동을 유지하면서 타문화적 관점에서 입장을 바꾸어 사안을 바라볼 수 있는가?

② 제2단계: 타문화에 대한 지식의 축적

■ 목표: 문화적 기초지식을 쌓는다.

- 모든 문화(혹은 특정 문화)에 대하여 내가 반드시 알아야 할 것은 무엇인가?
- 내가 필요로 하는 문화적 지식을 제공할 수 있는 자료에는 어떤 것이 있는가?
- 나에게 장기적으로 도움이 될 수 있는 실천적, 문화적 지식을 꾸준히 습득할 수 있는 방법은 무엇인가?

③ 제3단계: 문화 간 숙련 및 기술

■ 목표: 문화 간 접촉의 효율성을 극대화할 수 있는 행동 및 행위를 개발한다.

- 어떻게 문화적 인식과 지식을 기능적으로 활용할 것인가?
- 어떤 기술이 문화 간 갈등을 최소화하며 생산성과 효율성을 극대화하는 데 도움이 될 수 있나?

- 어떻게 문화적 기술을 지속적으로 향상시키고 문화적 수용능력을 개발할 수 있나?
- 어떻게 타문화 학습에 대한 개방적 자세를 강화하는 데 문화적 기술을 사용할 수 있는가?

④ 제4단계: 자신과 타인에 대한 인식

■ 목표: 자신과 타인 사이의 이질성과 동질성을 인식한다.

i) 자신에 대한 인식

- 나 자신의 문화적 성향은 어떠한가? 낯선 문화에 속한 사람을 만나는 데 있어서 이러한 나의 성향은 어떤 영향을 미치는가?
- 내가 속한 문화나 사회의 주류로부터 나는 얼마나 이질적인 측면을 가지고 있는가?
- 나의 적응력은 어느 정도인가? 문화간 접촉을 통해 나의 능력을 어떻게 증진시킬 수 있는가?

ii) 타인에 대한 인식

- 타문화권 사람들의 문화적 성향은 어떠한가? 이러한 성향이 그들의 행동이나 사고에 어떠한 영향을 미치는가?
- 그들이 속한 문화와 사회의 주류의 모습은 어떠한가? 그들 문화의 주요변인으로 어떤 것들이 있는가?
- 그들의 적응력은 어느 정도인가? 나와 나의 문화에 대해 배우려는 의지는 어느 정도인가?
- 동질적, 공통적 측면이 존재하는가? 상호간 공감대를 어떻게 형성할 수 있는가?

6. 다문화 시민성과 다문화 시민교육

다문화 시민성이란 "한 국가의 시민으로서 그 국가 공동체를 구성하는 다양한 문화 정체성을 이해하고 존중하는 데 요구되는 능력과 태도(구정화 외, 2011)"라 정의할 수 있다. 다양한 문화 집단들로 구성된 공동체에서 살아가는 데 요구되는 삶의 표준인 다문화 시민성을 함양하는 것은 다문화 시민교육의 목표가 되며, 이를 위해서는 다음 사항에 초점을 두어야 한다(구정화 외, 2011).

첫째, 인간다운 삶을 위하여 필요한 인권(공통의 권리와 집단 차등적 권리) 등의 가치를 이해하고 실행한다. 다문화 시민성은 보편적으로 적용되는 '공통의 권리' 이외에 '집단 차등적 권리'로서 '문화적 권리'와 '권리 없는 사람들의 권리'를 보장하는 것을 중요시 한다. 문화적 권리란 소수자들이 주류 언어와 문화에 대하여 전면적으로 접근할 수 있는 권리를 가지며, 동시에 소수자로서 자신의 언어와 생활양식을 유지할 수 있고, 원치 않는 문화 통합에 저항하여 주류 문화를 거부할 수 있는 권리를 의미한다(김현미, 2008). '권리 없는 사람들의 권리'는 시민권이 없는 이주민이 인간으로서 삶을 누릴 수 있는 최소한의 조건을 보장하는 것이다.

둘째, 사회 내에 존재하는 불평등을 인식하고 이에 대한 사회구조적 원인을 파악하며, 이를 개선하기 위한 참여와 연대를 행한다. 다문화 시민성은 문화 집단 간 차별과 편견을 해소하는 노력이나 상호 공존을 강조하는 데 그치지 않고 사회 내에 존재하는 문화 간의 불평등에 대한 비판적 인식을 요구한다. 즉 모든 집단의 문화가 다르게 존중되기 위해서는 문화 간 차이에 대한 이해와 함께 문화 간 불평등 관계와 그에 영향을 주는 사회문화적 기제에 대하여 파악할 필요가 있다.

셋째, 집단 간 차이와 다양성을 인정하고 자신의 문화 정체성을 바르게 정립하고 다른 문화에 대하여 관용한다.

다문화 시민성을 함양하기 위한 다문화 시민교육의 인지적 측면의 하위 요소로는 첫째, 다문화사회의 형성 과정과 그 현상을 이해한다. 둘째, 시민권, 인권의 의미와 내용을 이해한다. 셋째, 문화의 의미와 특징을 이해한다.

다문화 시민교육의 가치적 측면의 하위 요소는 차이 인정과 인권 존중의 가치를 중시하며, 연대감과 참여 의식을 갖는다.

다문화 시민교육의 기능적 측면의 하위 요소는 간문화적 소통 능력과 고등 사고력을 실행할 수 있어야 하며, 시민참여 기능을 발휘하여야 한다.

다문화 시민교육의 내용을 인지적, 가치적, 기능적 측면으로 분류할 수 있으며, 각각의 하위 요소는 다음과 같다(구정화 외, 2011).

〈표 10-2〉 다문화 시민교육 내용의 인지적, 가치적, 기능적 측면 및 하위요소

인지적 측면	가치적 측면	기능적 측면
– 다문화사회의 형성과정과 현상 이해 – 시민권, 인권의 의미와 내용 이해 – 문화의 의미와 특징 이해	– 차이 인정 – 인권 존중 – 연대감과 참여의식	– 간문화적 소통능력 – 고등 사고력 – 시민참여 기능

출처: 구정화, 박선웅(2011). 다문화 시민성 함양을 위한 다문화교육의 목표 체계 구성. 시민교육연구, 43(3), 1-27.

다문화 시민교육을 통해 '다른 것을 같게 하는 것'을 뛰어 넘어 '다르게 같이 가는 삶의 방식', 즉 공존의 태도로 익힘으로써 다문화사회에서 다양성을 존중하는 글로벌 시민을 양성할 수 있다(구정화 외, 2011; 허혜경, 김혜수, 2017).

차별없는 세상을 위해 - 차이와 차별 개념 파악하기

1. 다음 설명에 해당하는 용어를 쓰시오.

(1) [   ] : 서로 같지 아니하고 다름. 또는 그런 정도나 상태

(2) [   ] : 둘 이상의 대상을 각각 등급이나 수준 따위의 차이를 두어서 구별함.

(3) [   ] : 그르거나 어긋나다. 올바르지 못하고 비뚤어지다.

(4) [   ] : 서로 같지 않다.

2. 많은 나라의 경험에서 공통적으로 발견되는 대표적 차별 유형을 3개 쓰시오.

(,   ,   )

3. 다음은 「대한민국 헌법」 제11조이다. 이를 읽고 물음에 답하시오.

「대한민국 헌법」 제11조

① 모든 국민은 법 앞에 평등하다. 누구든지 성별, 종교 또는 사회적 신분에 의하여 정치적 경제적 사회적 문화적 생활의 모든 영역에 있어서 차별을 받지 아니한다.

② 사회적 특수계급의 제도는 인정되지 아니하며, 어떠한 형태로도 이를 창설할 수 없다.

③ 훈장 등의 영전은 이를 받은 자에게만 효력이 있고, 어떠한 특권도 이에 따르지 아니한다.

(1) 우리의 행위나 정부 정책을 구분하는 두 대상이 서로 같은 것을 같게 대우하는 것(Ⅰ), 서로 같은 것을 서로 다르게 대우하는 것(Ⅱ), 그리고 두 대상이 서로 다른 것을 같게 대우하는 것(Ⅲ), 두 대상이 서로 다른 것을 다르게 대우하는 것(Ⅳ) 등 4가지 유형으로 구분할 경우, 우리 헌법은 어느 것을 차별이라 하여 금지하고 있는가?

두 대상이 / 대우를	서로 같다	서로 다르다
같게 한다	Ⅰ	Ⅲ
다르게 한다	Ⅱ	Ⅳ

(2) 각 상황에 합당한 대표적인 사례를 찾아보고 그 정당성을 평가해보시오.

상황	대표적인 사례	평가(정당하다, 정당하지 않다)와 그 이유
I		
II		
III		
IV		

출처: 선생님을 위한 인권+(국가인권위원회).

정답

1. (1)차이 (2)차별 (3)틀리다 (4)다르다
2. 인종차별, 성차별, 장애인 차별

차별 없는 세상을 위해 - 주제별 차별 경험 나누기

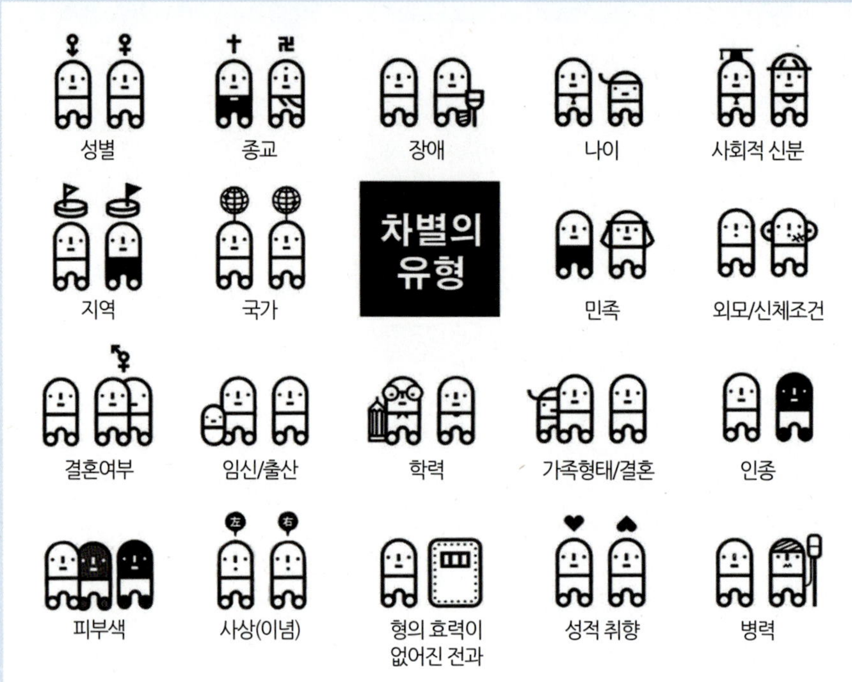

출처: 선생님을 위한 인권+(국가인권위원회).

선택한 주제	
주제별 차별 사례	

토론 참고 자료

문화의 이해와 글로벌 시민교육

1. 문화의 특성

일반적으로 문화는 공유성, 학습성, 축적성, 통합성, 변동성, 다양성의 특성을 지닌다. 다음과 같은 문화의 특성을 설명하면 다음과 같다(김선애, 2014; 천정웅 외, 2014; 허혜경 외, 2015).

첫째, 공유성이다. 문화가 지닌 공유성이란 특정 사회 구성원에게 공통적으로 나타나는 행동 및 사고방식을 의미한다. 한 사회의 구성원들은 다른 사회의 구성원과는 구별되는 어떤 공통적인 생활양식을 갖고 있는데, 예를 들면 언어, 음식, 전통의상 등이다. 공유성은 같은 문화를 지닌 사회 구성원에게 원활한 사회생활을 위한 공통의 장을 제공한다.

둘째, 학습성이다. 문화는 타고난 것이 아니라 후천적인 것으로 사회화 과정을 통해 학습된다. 따라서 개인의 사고방식이나 행동은 그들이 어떤 문화를 학습하고 생활하였는지에 달려 있다.

셋째, 축적성이다. 문화는 서로 발달하고 상호작용하는 과정을 거쳐서 지속적으로 축적된다. 인간은 한 세대에서 이루어진 경험과 지식을 다음 세대로 전달하며, 이러한 세대 간 문화전수과정을 통해 문화는 축적된다.

넷째, 통합성이다. 문화는 지식, 신앙, 예술, 도덕, 관습 등의 수많은 문화적 요소로 구성되어 있는데, 이러한 요소들은 각각 독립적으로 존재하는 것이 아니라 상호 긴밀한 관계를 유지하면서 통합적 체계를 이루고 있다. 문화는 수많은 문화적 요소들이 사회의 다양한 측면에서 유기적으로 연관되어 있는데, 이를 문화의 통합성 또는 총체성이라고도 한다. 이처럼 문화는 사회 내의 문화적 요소들이 서로 영향을 주고받으며, 하나의 전체(whole) 또는 체계(system)를 이루고 있다.

다섯째, 변동성이다. 문화는 시간의 흐름에 따라 변화한다. 문화의 변동성은 내부적 혁신 또는 다른 문화와의 접촉, 문화 전파 등에 의해 나타난다. 축적된 문화는 정체되거나 고정불변한 것이 아니라 지속적으로 변화 또는 발전한다. 예를 들면, 과거에는 유선전화를 사용했지만 몇 십 년 사이에 휴대전화가 상용되고 있는 것을 보면 문화의 변동성을 실감할 수 있다.

여섯째, 다양성을 지닌다. 각 사회마다 사회 구성원이 환경에 적응하는 방식이 상이한 것처럼 문화도 각각의 사회, 집단, 연령층, 종교 등 분야마다 다양한 방식으로 나타난다. 이와 같이 각 사회마다 독특하고 고유한 문화가 다양하게 존재하므로 반드시 문화적 상대성이 인정되어야 한다.

2. 문화를 바라보는 태도(김영인 외, 2017; 임신웅, 2020)

(1) 자문화 중심주의

- 자신이 속한 민족과 나라의 문화가 가장 우수하다고 생각하는 태도
- 문화교류를 방해하고 문화갈등을 조장하는 문제점이 있음

(2) 문화사대주의

- 자기나라의 문화에 대해 열등감을 느끼며, 선진국이나 강대국의 문화를 추종하는 경향
- 고유문화의 전승과 발전에 장애가 됨

(3) 문화상대주의

- 문화의 상대성을 인정하는 태도로서 특정 문화는 사회적, 역사적, 자연적 상황의 영향을 받아 만들어진 것이므로 그 자체로 우열을 가릴 수 없다는 태도
- 최근 우리나라도 국제결혼 증가, 이주노동자 유입 증가 등으로 인해 다문화사회의 특성이 점차 많이 나타나면서 문화상대주의적 태도가 절실히 요청되고 있음

(4) 다문화주의

- 각 문화의 다양성과 상대성 및 보편성을 인정하여 공존을 추구하는 태도
- 어떤 문화를 그 사회가 처한 특수한 환경, 역사적 · 경제적 · 사회적 맥락 속에서 총체적으로 이해하고자 함
- 다수 문화와 소수 문화, 주류와 비주류, 지배문화와 종속문화 등 문화를 구분하는 편견과 차별을 거부하고, 모든 문화를 평등하게 존중하며 공존하는 태도

토론일시: 년 월 일 토론 참여자:	
토론주제	한국사회에는 현재 20만 명이 넘는 불법체류 노동자들이 있다. 이들 중 대부분은 우리나라의 산업발전에 기여하고 있지만, 그 중 일부는 한국사회에 잘 적응하지 못할 뿐 아니라 심지어 범죄를 저지르기도 한다. 합법적인 다문화가정의 구성원이 아닌 불법체류 노동자들에게도 시민의 관용의식이 미쳐야 하는가? 이들에 대한 관용의 한계와 범위는 어디까지여야 하는가?

〈토론 사례〉

토론일시: OOOO년 6월 7일 토론 참여자:2조			작성자: 김 ○ ○		
토론자					
기여도					
토론주제	한국사회에는 현재 20만 명이 넘는 불법체류 노동자들이 있다. 이들 중 대부분은 우리나라의 산업발전에 기여하고 있지만, 그 중 일부는 한국사회에 잘 적응하지 못할 뿐 아니라 심지어 범죄를 저지르기도 한다. 합법적인 다문화가정의 구성원이 아닌 불법체류 노동자들에게도 시민의 관용의식이 미쳐야 하는가? 이들에 대한 관용의 한계와 범위는 어디까지여야 하는가?				

불법체류에 대한 의견은 다수의 행복, 다수의 안전을 위해 강경하게 대할 필요가 있다고 본다. 물론, 비자연장의 과정이 제도적으로 불편해서, 불법체류자가 될 수 밖에 없는 경우가 발생하지 않도록 비자 관련 제도가 유연함을 갖출 필요가 있겠으나, 이미 불법체류자인 경우, 자진신고의 범칙금 및 페널티를 다소 감소시키고 적극적으로 자진신고를 장려하여, 국내 불법체류자들의 현황을 적극적으로 파악하고, 관리할 필요가 있다.

관용으로 치부하기에는 불법체류자의 흉악 범죄율이 높고, 안산, 수원 등 외국인 노동자 밀집구역 내 치안이 악화되는 등, 외국인 불법체류자의 악행이 외국인 노동자 전체에 대한 사회적 인식을 저하시키는 것으로 보인다.

정부에서는 이러한 외국인 범죄를 방지하기 위해서 국내 체류 외국인에 대한 전반적인 검역 강화가 필요하다고 보며, 특히 불법체류자에 대한 파악과 문제해결이 급선무라고 본다.

시민의식의 관용의식은 실리만 찾을 수 있는 분야에 국한된다. 다수의 안전을 위협하고 국민의 행복을 해칠수 있는 케이스에는 관용이 아니라 강경한 태도가 국민 더 필요하다고 본다.

Chapter

11

평화 시민교육

11장 평화 시민교육

1. 평화 시민교육의 개념

1) 평화의 개념

평화는 모든 사람이 소망하는 인류 보편적 가치 중 하나이다. 평화는 과거에는 전쟁과 반대되는 개념, 즉 '전쟁이 없는 상태'를 의미하였으나, 최근에는 평화의 개념이 확대되어 전쟁과 폭력이 없는 상태를 넘어서 사회 정의와 인권, 그리고 삶의 질이 보장되는 상태라는 넓은 의미로 사용되고 있다(김영아 외, 2017; 전희옥, 2006). 이는 석유나 물 등과 같은 자원의 불균형, 인권침해, 인종이나 성 차별, 환경파괴, 종교 분쟁, 빈곤과 기아 등과 같은 문제들이 우리의 평화를 위협하는 요인으로 작용하기 때문에 평화의 개념이 점차 확대되는 것이다.

Russian soldier playing an abandoned piano, Chechnya, 1994

출처: http://futureplan.tistory.com

Johan Galtung (1930 ~)

노르웨이의 평화학자 요한 갈퉁(Johan Galtung)은 평화의 개념을 소극적 평화(negative peace)와 적극적 평화(positive peace)의 개념으로 분류하여 설명하고 있다. 소극적 평화는 직접적 폭력이 없는 상태이다. 직접적 폭력이란 때리거나 다치게 하는 것과 같은 가시적인 폭력을 의미하며, 그 예로는 전쟁, 테러, 폭행, 싸움, 협박, 언어폭력 등을 들 수 있다. 반면 적극적 평화란 직접적 폭력은 물론 간접적 폭력까지도 없는 상태를 의미한다. 여기서 간접적 폭력이란 가난, 차별, 억압, 환경 파괴 등과 같이 눈에 잘 보이지 않는 폭력을 의미하며, 이러한 간접적 폭력까지도 존재하지 않는 상태를 적극적 평화라 한다. 따라서 평화의 개념에는 전쟁문제, 폭력문제 외에도 인간의 평화로운 삶을 위협하는 핵문제, 차별문제, 빈곤과 기아 문제, 생태계 위기, 민족 문제, 세대 갈등, 사회적 계급 갈등, 종교 갈등 등이 모두 포함될 뿐 아니라 나아가 폭력 문화의 근절과 함께 비폭력 문화의 구현과 창조까지 다루어져야 한다(Galtung, 1996).

갈퉁은 '긴장'의 개념에서 영감을 받아 소극적 평화와 적극적 평화의 개념을 정립하였다. 건강과 마찬가지로 평화도 소극적으로 치유하는 능력뿐 아니라 적극적으로 평화를 위해 예방할 수 있는 능력을 갖추어야 한다고 주장한다(허승환 외, 2016).

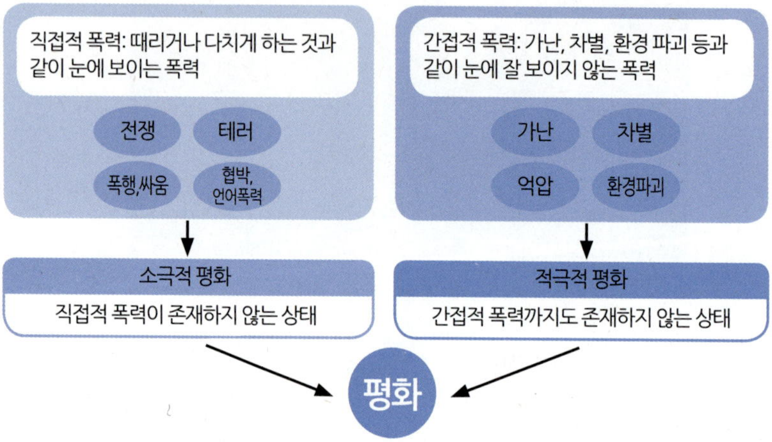

[그림 11-1] 소극적 평화와 적극적 평화

출처: 허승환 외(2016). 세계시민교육의 첫걸음, 교실속 평화놀이. 서울: 즐거운 학교. p. 16.

지구 공동체 내의 정치, 경제, 사회, 문화 등 다양한 맥락 속에는 전쟁, 분쟁, 폭력, 갈등, 독재, 차별 등과 같은 비평화적인 이슈들이 복잡하게 얽혀 있다. 세계를 지구 공동체로 바라볼 때, 평화가 부재하는 원인은 문화적, 역사적, 구조적, 직·간접적 측면에서 찾아볼 수 있다.

평화와 관련하여 논의되는 폭력에는 직접적, 구조적, 문화적 유형으로 분류할 수 있다(김용찬, 2011). 직접적 폭력은 남을 해치거나 상해를 입히려는 고의적 의도를 가지고 인간의 기본적인 욕구를 유린하는 것을 의미한다. 구조적 폭력은 그 사회가 구조적으로 지닌 부정의한 측면에서 보다 간접적인 방식으로 폭력의 결과를 초래하는 것을 의미한다. 문화적 폭력은 상징적인 것으로서, 문화 가운데 간접적이거나 구조적인 폭력을 정당한 것으로 만드는 데 이용되는 측면들을 가리킨다. 이러한 직접적 폭력, 구조적 폭력, 문화적 폭력 문제는 모두 평화 시민교육에서 다루어야 할 내용이다.

적극적 평화의 개념을 적용하여 평화 시민교육에서 다루어야 할 평화의 개념을 정리하면 다음과 같다(김영아 외, 2017; 허승환 외, 2016; Galtung, 1996; Galtung, 1997).

- 개인의 내면 상태에 평화를 추구하는 정서적 요인인 평화감수성을 갖게 한다.
- 인권 존중, 협동, 공존, 배려, 상생, 소통의 가치를 이해함으로써 사람들 간에 평화적 관계를 유지하는 능력, 갈등을 평화적으로 해결할 수 있는 능력, 비평화적인 관계를 예방할 수 있는 능력 등을 갖추도록 한다.
- 문화적 평화(cultural peace)의 개념을 반영한 평화 시민교육을 실시하여, 평화문화를 형성한다.
- 평화적 수단에 의한 평화(peace by peaceful means)를 추구한다.
- 평화 실천의 내용으로, 개인적, 사회적, 국가적, 세계적 차원에서 평화 관련 이슈를 이해하고, 해결 및 예방 방안을 모색하며, 평화를 실천할 수 있는 태도를 함양한다.

2) 평화 시민교육의 이해

평화는 인권이 보장되고 사회 정의가 구현되는 사회 속에서 행복하게 살아갈 수 있도록 모든 사람이 누려야 할 권리이다(교육과학기술부, 2012). 따라서 평화를 지키기 위해 전 지구적 안목을 가지고 세계를 바라보아야 할 것이며, 지속 가능한 실천 방안을 모색하고, 실천 가능한 교육을 실시하여야 하는데(교육과학기술부, 2008; Yamasita, 2006; Zahabiounet al., 2013), 이것이 바로 평화 시민교육이다.

평화 시민교육은 1990년대부터 활발하게 논의되기 시작하였다. 1993년 제27차 유네스코 총회는 '평화, 인권, 민주주의 교육에 관한 선언(Declaration on Education for Peace, Human Rights and Democracy)'을 채택하고, 이를 구체화하기 위하여 1994년 제네바 세계교육회의에서는 '평화, 인권, 민주주의 교육에 관한 선언 및 통합실천체계(Declaration and Integrated Framework of Action on Education for Peace, Human Rights and Democracy)'를 제시하였다. '평화, 인권, 민주주의 교육에 관한 선언 및 통합실천체계' 는 평화 교육의 목적과 범주를 다음과 같이 제시하고 있다(http://www.unesco.or.kr/kor/ency/ed_dec_2.html; 김용찬, 2011 재인용).

① 평화, 인권, 민주주의 교육의 궁극적인 목표는 평화의 문화가 예견되는 보편적 가치의식과 행동양식을 모든 개인들에게 계발시키는 것이다. 이로 인해 보편적으로 인식될 만한 서로 다른 사회적·문화적 맥락의 가치까지도 확인할 수 있다.

② 교육은 그것이 처해 있는 도전에 대응할 자유와 능력을 개발해야 한다. 이는 어렵고 불확실한 상황에 대처할 수 있도록 시민들을 준비시키고 그들에게 자율성과 책임감을 길러주는 것을 의미한다. 개인적 책임감은 시민참여의 가치인식 및 다른 사람들과 함께 문제를 해결하며 정의롭고 평화로우며 민주적인 사회를 위해 함께 일하는 것에 대한 인식과 연계되어야 한다.

③ 교육은 개인, 성, 민족, 문화 등의 다양성에 존재하는 가치를 인식하고 수용하며 다른 사람들과 상호 교류하고 가진 것을 나눌 수 있는 능력을 개발시켜야 한다. 다원주의 사회와 다문화적 세계의 시민들은 그 상황과 문제에 대한 해석이 그들 개인의 생활과 사회의 역사적, 문화적 전통에 기초하고 있음을 받아들일 수 있어야 한다. 즉, 어떤 개인이나 집단도 문제에 대한 정답을 가질 수 없으며, 각 문제에는 하나 이상의 해답이 있을 수 있다. 그러므로 인간은 공통된 근거를 찾기 위해 서로 이해하고 존중하며 동등한 자격으로 협상해야 한다. 따라서 교육은 개인의 정체성을 강화하고 사람들 간의 평화, 우정, 연대를 강화시키는 생각과 대안들을 장려해야 한다.

④ 교육은 비폭력적 분쟁 해결력을 개발해야 한다. 이를 통해 학생들은 마음에 내적 평화를 누리며, 관용, 동정심, 나눔, 보살핌의 역량을 함양할 수 있도록 해야 한다.

⑤ 교육은 시민들에게 현재 상황의 분석뿐만 아니라 바람직한 미래의 전망에 관

한 자신의 판단과 행동에 기초하여, 정보에 근거한 선택을 할 수 있는 능력을 길러주어야 한다.

⑥ 교육은 시민들이 문화유산을 존중하고 환경을 보호하며 지속 가능한 발전을 가능하게 할 생산방식과 소비양식을 채택하도록 가르쳐야 한다. 개인의 가치와 집단의 가치 간의 조화, 그리고 현재의 기본적 요구와 장기적인 이익 간의 조화가 필요하다.

⑦ 교육은 균형 있는 장기적 발전의 관점으로 국가적 · 세계적 차원에서 연대감과 평등의식을 기르도록 한다.

1899년 네덜란드 헤이그에서 열린 평화회의 이후 1999년, 100년 만에 다시 모인 '헤이그 평화회의(the Hague appeal for peace)'에서 평화 교육은 주요 의제로 논의되었다. 유엔총회에서는 2000년을 '세계 평화 문화의 해(International year of the culture of peace)'로 선포하고, 2001년~2010년까지의 10년을 '평화의 문화와 세계 아동들을 위한 비폭력 10년(international decade for a culture of peace and non-violence for the children of the world)'으로 지정하였다. 또한 유엔과 유네스코는 21세기의 평화 문화를 정립하기 위하여 '세계 문화와 비폭력을 위한 선언 2000(manifesto 2000 for a culture of peace and non-violence)'을 발표하고 전 세계 1억 명의 서명을 받았다(정현백 외, 2002).

평화 시민교육은 평화를 달성하기 위해 시민들에게 평화와 관련된 지식, 가치, 태도를 교육하는 것이다. 평화 시민교육은 인류 보편적 가치인 평화를 지키고(peace keeping), 평화를 만들어내며(peace making), 나아가 평화를 증진시키는(peace increasing), 사람과 사회를 변화시키는 교육적 활동이라 정의할 수 있다(강순원, 2000). 평화 시민교육은 무엇이 평화이며, 왜 우리가 평화를 달성하지 못하고 있는지, 어떻게 하면 평화를 달성할 것인지를 가르치는 활동이다.

평화 시민교육의 주요 목적은 평화에 관한 개인의 인식과 책임감 등을 향상하는 데 있다. 평화 시민교육은 교육의 모든 영역에서 비평화적 요인과 폭력의 원인 등을 탐구하는 과정을 통해 평화 의식을 기르고자 한다(설규주, 2009). 또한 평화 시민교육은 평화로운 사회를 만들기 위하여 지식·가치·태도적 역량과 평화감수성을 갖춘 시민을 양성하는 교육이다.

여기서 평화감수성이란 삶 가운데에서 발생하는 다양한 갈등요소를 파악하고 이를 평화적으로 해결할 수 있는 후천적인 사회적 능력으로, 폭력, 아픔, 차별, 갈등이 없는 마음과 함께 공감능력을 발휘하는 것이다. 평화감수성을 갖춘 사람의 경우 고통을 겪고 있는 피해자의 어려움에 쉽게 공감하게 되어 문제의 본질에 더 가까이 접근할 수 있다. 평화감수성은 일상에서 무감각 또는 무관심해지기 쉬운 반평화 요인에 민감하게 대처하고, 평화의식을 생활화할 수 있는 정서적 요인으로, 평화 시민교육을 통해 길러질 수 있다.

평화 시민교육은 궁극적으로 평화로운 사회를 만들어 갈 수 있는 인간을 길러내는 것을 목적으로 한다. 우리나라 학생들은 어려서부터 경쟁, 학교폭력, 입시위주의 교육, 진학, 취업, 성공을 향한 욕망 등이 복잡하게 얽혀있는 반평화적 분위기에 노출되어 자라나고 있다. 더욱이 우리나라는 남북 간의 대치 국면에서 끊임없이 국가의 안보가 위협받는 상황에 놓여 있다. 이와 같은 각박한 환경에서 학생들에게 갈등을 처리하는 평화적 능력이나 지역·국가·세계적으로 더불어 평화롭게 살아가는 데 요구되는 글로벌 시민의식을 기대하기는 쉽지 않은데, 이것이 바로 우리나라에서 평화 시민교육이 필요한 이유이다. 우리나라를 둘러싼 갈등과 긴장이 팽배한 평화위협적 환경 속에서 평화적 정서와 문제해결 능력을 함양하는 데 목적을 둔 평화 시민교육은 글로벌 시민들이 공존할 수 있는 중요한 해법이 된다.

2. 평화 시민교육의 내용

글로벌 시민교육의 차원에서 평화 시민교육은 인류 보편적 가치로서의 평화뿐만 아니라 우리나라가 처한 구체적인 시대적 상황, 그리고 세계적으로 요구하는 평화에 관한 교육이 병행되어야 한다.

평화 시민교육의 내용에 대한 학자들의 관점을 살펴보면, 먼저 해리스와 모리슨은 평화교육에는 다음과 같은 10가지의 주요 목적이 포함되어야 하며, 이에 따라 국제이해교육, 갈등 해결 교육, 폭력 예방 교육, 개발교육, 인권교육, 다문화 교육, 비폭력 교육, 반편견 교육, 환경교육 등으로 분류해야 한다고 주장한다(Harris & Morrison, 2011).

- 평화의 광범위한 개념을 파악하기
- 공포 다루기
- 안보에 대한 정보를 제공하기
- 전쟁 행위에 대하여 이해하기
- 문화 간 이해를 증진시키기
- 미래 지향성을 갖도록 하기
- 과정으로서의 평화를 가르치기
- 사회 정의를 수반하는 평화 개념 정립하기
- 생명존중사상을 함양하기
- 갈등을 비폭력으로 관리하기

강순원(2000)은 평화 교육의 영역별 교육내용을 다음과 같이 제시하고 있다.

- 지식의 영역: 군축, 식민주의, 제국주의, 분단, 통일, 핵, 환경, 발전, 계급, 인종, 인권, 정의, 민주주의, 성, 관용, 전쟁
- 기술의 영역: 중재, 협동, 명상, 놀이, 노작활동, 대화, 토론, 타협, 비판적 사고, 창의적 활동
- 가치 · 태도의 영역: 양보, 비폭력, 생태학적 관심, 미래에 대한 전망, 진리에 대한 헌신, 공동체 의식, 자율, 자기존중, 타인존중, 상호 이해, 상생

고병헌(2006)은 평화교육의 내용으로, 분단, 군사 문화, 경제적 세계화, 생태계 파괴와 환경오염, 성, 지역, 학력, 인종, 장애인 등의 차별 문제, 가족과 전통의 해체, 자본과 과학의 결합에서 비롯된 과소비 문화, 정보화 부작용, 교육 파행과 공교육 실

종, 국가와 개인, 집단과 개인, 개인과 개인, 인종 간의 인권 문제(인권 탄압 · 인권침해 · 권리침해)까지 포함시켜야 한다고 주장한다.

갈퉁(Galtung, 1996, 1997), 강순원(2000), 김용찬(2011) 등의 선행연구에 기초하여 평화 시민교육 내용의 영역별 범주를 정리해 보면 다음과 같다.

〈표 11-1〉 평화 시민교육 내용의 영역

지식 영역	기술 영역	가치 · 태도 영역
• 평화 개념 • 평화문제에 대한 접근 • 갈등과 폭력문제 • 소외 문제 • 전쟁, 핵, 통일 문제 • 환경 문제 • 인권 문제 • 문화 다양성	• 대화와 토론 • 조정과 중재 • 타협과 협력 • 비판적 사고 • 창의적 사고 • 의사 결정	• 자기존중, 타인존중 • 생명존중 • 배려 • 관용 • 자율 • 비폭력 • 공동체 의식 • 생태학적 관심 • 미래에 대한 전망 • 진리에 대한 헌신, 상생 • 갈등과 분쟁의 평화적 해결

한편, 김병연(2011)은 평화 시민교육에서 다루어야 할 교수-학습 내용을 주제 및 세부내용으로 나누어서 다음 〈표 11-2〉와 같이 제시하고 있다. 그는 평화 시민교육에서 평화의 개념, 전쟁문제, 핵문제, 통일 교육, 인권 교육, 갈등 교육, 다문화 교육, 세계화와 개발 교육, 환경 교육 등 아홉 가지 주제를 다루어야 한다고 주장하였다.

이 중에서 특히 '핵문제'는 우리나라와 밀접하게 관련된 주제이다. 세계 평화를 보장하는 수단으로의 핵무기와 함께 인류의 생존을 위협하고 있는 핵과 관련된 다양한 갈등과 논쟁은 평화 시민교육에서 다룰 수 있는 교육내용이다.

또한 환경 교육은 환경 시민교육에서 별도로 다루어지지만, 김병연(2011)은 인류와 지구의 생존문제와 직결되는 환경 교육은 마땅히 평화 시민교육의 범주에 포함되어야 한다고 주장한다. 환경파괴는 자연계에 의존하여 살아가는 인간에게 심각한 도전을 제기한다. 따라서 인간이 지구환경에서 '생태적 평화(ecological peace)'를 누리게 될 때 지속 가능한 미래가 보장될 것이다(심성보, 2011).

〈표 11-2〉 평화 시민교육의 교수-학습 내용

주제	세부 내용
평화의 개념에 관한 교육	• 개인간, 집단 간 폭력의 발생 원인 • 타인과 타집단에 대한 선입관과 편견 • 소극적 평화와 적극적 평화의 개념
전쟁문제에 관한 교육	• 전쟁의 실상과 전쟁을 바라보는 관점에 대한 성찰 • 전쟁 준비로서 무기경쟁과 우리들의 삶과의 관계 • 군사문화의 현실과 그것이 삶의 평화에 미치는 영향
핵문제에 관한 교육	• 핵전쟁의 위험성에 대한 이해 • 핵무기와 원자력 에너지에 대한 반성적 고찰 • 핵무기 경쟁이 사람들의 삶에 미치는 영향
통일 교육	• 기본지식: 분단의 배경과 과정, 통일의 장애물 • 분단이 야기한 비평화적 현상 • 일상에서 평화를 만들어 가는 능력
인권 교육	• 인권에 관한 기본 지식 • 사회와 학교의 인권 현실에 대한 비판 • 인권 상황 개선을 위한 노력에 참여와 실천
갈등 교육	• 갈등에 대한 이해 • 갈등의 평화적 해결의 중요성 • 갈등 해결 방법에 대한 사례별 체험
다문화 교육	• 집단 간의 협력 또는 경쟁이 삶에 미치는 영향 • 다른 문화에 대한 편견과 왜곡에 대한 성찰 • 다문화사회의 현실 • 다문화사회의 사회 정의 실현을 위한 필요조건
세계화와 개발 교육	• 세계화의 긍정적인 면과 부정적인 면에 대한 이해 • 선진국과 후진국의 빈부 차이의 구조적 원인 분석 • 글로벌 시민의 자질
환경 교육	• 지구적 환경 위기의 현실 구조적 원인에 대한 성찰 • 인간의 삶의 방식이 초래한 환경 문제에 대한 비판 • 다양한 차원의 개선 방법에 대한 탐구와 실천

출처: 김병연(2011). 평화교육 교수학습체계에 관한 연구. 윤리철학교육, 15, 55-78. 수정

이 외에도 김영아와 허미경(2017)은 평화교육의 내용을 평화의 개념, 갈등과 해결, 분단과 통일, 권력과 정의, 세계화와 불평등 등 다섯 가지 주제로 분류하였다. 이들이 주장한 평화교육의 주제 및 세부 내용은 다음과 같다.

〈표 11-3〉 평화교육의 주제 및 내용요소

주제	세부 내용
평화의 개념	• 서양과 동양의 다양한 평화의 의미 탐색 • 적극적 평화와 소극적 평화 • 평화를 위한 조건(폭력의 개념)
갈등과 해결	• 다양한 차원(개인, 가정, 사회, 국가)에서 갈등의 발생 원인과 형식 • 갈등 해결의 과정과 방법, 기술 • 갈등이 극대화된 전쟁과 핵 문제의 이해 • 평화적인 갈등 해결의 경험 공유 및 역사적 사례 조사
분단과 통일	• 분단상황에서 발생하는 문제 조사 • 평화로운 국가를 만들기 위한 노력 • 통일국가에 대한 기대와 우리의 노력
권력과 정의	• 권력의 종류와 발생 배경, 권력 구조 • 권력 유지, 분배와 불평등 • 정의의 의미와 사회정의를 추구하는 다양한 활동
세계화와 불평등	• 세계화의 의미와 현상 • 세계화에 따른 정치 · 경제적 문제 • 세계화의 문제를 해결하기 위한 새로운 시각

출처: 김영아 외(2017). 교육과정에 기초한 유아세계시민교육. 서울: 창지사, 127-128.

일어보기

셰퍼드 페어리(Shepard Fairey)와 평화

Shepard Fairey
(1970 ~)

셰퍼드 페어리는 미국의 길거리 예술가이자 그래픽 디자이너, 활동가, 삽화가이다. 그는 2008년 당시 오바마 미국 대선 후보의 얼굴이 담긴 HOPE 포스터를 통해 일반 대중들에게 폭넓게 인지되기 시작하였으며, 세계적으로 유명한 그래피티 아티스트가 되었다.

셰퍼드 페어리는 오랫동안 전쟁, 평화, 정치 그리고 환경에 대해 관심을 불러올 수 있는 예술 작품의 가능성을 탐구해 왔으며, 공적 영역 안에서 우리에게 친숙한 이미지를 사용해 강력한 효과를 불러일으키는 작품을 창작해오고 있다. 그중 반전 운동에 대한 입장과 평화를 위한 헌신을 예술 작품으로 끊임없이 표현하고 있다.

그는 예술은 사람들에게 세상에 대한 두려움을 조금은 덜어줄 수 있으며, 세상과 밀접한 관계가 될 수 있도록 만들어 주는 것이라 믿었다. 이에 기반하여 평화와 정의는 그의 작품에 있어서 중요한 주제로 자리잡았다.

Make Art Not War, 2004

Peace Girl(Make Art Not War), 2005

Peace Tree, 2007

War By Numbers (Gold), 2007

Toxicity Inspector, 2007

Scale Tipping Services, 2013

출처: 구글(https://www.google.co.kr)/ 예술의 전당 작품인내(http://www.sacticket.co.kr)

3. 평화 시민교육의 교수 · 학습법

평화 시민교육을 실시함에 있어서는 교수·학습법이 상당히 중요하다. 기존 연구에서는 평화 시민교육의 교수법으로 전통적인 강의식 수업방법에서 탈피하여 학생들이 스스로 문제를 인식하고 실천할 수 있는 가치·태도적 영역을 강화하는 활동중심의 수업방법이 강조될 뿐이었다.

앞서 평화 시민교육의 주제 및 세부 내용요소를 다루었지만, 평화의 개념이 점점 확대되어 감에 따라 교육내용과 체계에 대한 합의가 쉽지 않은 상태이다. 또한 평화 시민교육의 교수·학습법은 서로 독립적이거나 배타적이지 못하고 다른 교수법과 겹치는 부분이 많다(부산대학교 사범대학 국제이해교육연구팀, 2013). 따라서 평화 시민교육에서 다룰 핵심 내용, 지식 및 기술, 태도, 교수·학습법을 종합적으로 다루는 심도 있는 연구가 요구되는 상황이다.

평화 시민교육의 교수·학습법에 대한 선행 연구를 살펴보면, 갈퉁(Galtung, 2000)은 자기 규제적이며 다른 사람과 더불어 살아갈 수 있는 가치를 지닌 균형 잡힌 사람을 양성하기 위해 평화 시민교육의 활성화 단계를 분석, 일반적 목표 설정, 비판, 제안 구성, 행동의 다섯 가지 내용으로 분류하였다. 그러나 갈퉁이 제시한 내용은 교수·학습법이라기보다는 평화 시민교육을 실천하기 위한 단계로서 의미가 있다(김영아 외, 2017).

투볼(Tudball, 2003)은 평화 시민교육에서 강조하는 가치 및 태도를 기르고 기술을 향상하기 위한 교수·학습법으로 적극적 교수·학습, 참여적 학습, 실험적 학습, 또래와의 파트너십 학습, 또래와의 대화 학습, 자기표현 학습, 다문화 학생과의 교환 교육 등을 제시하였다.

투볼(2003)이 제시한 평화 시민교육의 가치 및 태도, 기술, 교수·학습법은 다음 표와 같다.

〈표 11-4〉 투볼의 평화 시민교육 가치 및 태도, 기술, 교수·학습법

구분	내용
가치 및 태도	• 인종, 성별, 연령, 국적, 계급, 외모, 정치적 신념, 종교, 신체적 · 정신적 능력 등에서 차별 없이 타인을 존중하기 • 타인의 주장과 입장을 그들의 시작으로 이해하고 공감하기 • 개인과 집단이 긍정적인 변화를 이끌어 낼 수 있다는 믿음 • 다양성을 존중 • 자기존중 • 사회 정의와 평등 및 비폭력에 대하여 책임 • 환경과 생태계에 대한 이해와 고려 등
기술	• 편견을 구분하는 기술 • 문제해결 능력과 독립적인 연구 능력 • 나눔과 협력, 의사 결정의 공유 • 비판적 생각과 판단 • 자신과 타인에 대한 자기존중 강화 • 창조적인 자기표현 • 개인 · 집단 · 지역 · 지구적 차원의 상호 연계성 인식 • 솔직한 대화, 타인 의견을 섬세하게 경청 • 자기반성 • 공격적 · 파괴적이지 않은 방법으로 자기 의견이나 기분 표출하기 • 비폭력적인 행동 등
교수 · 학습법	• 적극적인 교수 · 학습 • 참여적 학습 • 실험적 학습 • 또래와의 파트너십 학습 • 또래와의 대화 학습 • 자기표현 학습 • 다문화 학생과의 교환 교육 등

출처: Tudball, I.(2003). Reflection on journey-peace education in school. Ethos, 11(2). 수정.

4. 평화 시민교육과 글로벌 시민의 과제

글로벌 시민교육에서는 개인적, 국가적, 세계적 수준이 상호 결합된 총체적 수준의 평화 시민교육을 지향하며, 이에 따라 평화의 개념은 개인, 국가, 문화별로 다양할 수 있다. 민주주의적 관점에서는 '질서(order)'로서의 평화, 아시아 문화권에서는 '조화(harmony)'로서의 평화를 의미한다. 우리는 평화를 '전쟁이나 폭력의 부재' 또는 '갈등이 드러나지 않는 상태'라고 규정짓기에는 평화를 보장할 수 없는 세상에서 살고 있다.

적극적 평화의 개념으로 확장하면 평화는 사람과 사람 사이뿐 아니라 사람과 동식물, 생태계 및 환경과의 관계 등에서도 이루어지는 것이다(심성보, 2011). 즉 평화는 폭력을 줄이고 정의와 자유를 확대하고, 인권을 보장하는 인간만이 누리는 개념이 아니다. 평화는 인간, 나아가 작은 생명, 우리가 살고 있는 환경까지도 소중히 여기며 절제하여 생활하는 것까지도 평화적 삶이라 할 수 있다.

이러한 적극적 평화의 개념은 〈노벨 평화상 수상자들이 말하는 평화학교의 약속 10〉을 살펴보면 잘 알 수 있다.

노벨 평화상 수상자들이 말하는 평화학교의 약속 10

1. 먹는 물과 자원을 공평하게 나누자.
2. 인종 차별과 증오를 끝내자.
3. 질병이 퍼지지 않도록 하자.
4. 극심한 빈곤을 없애자.
5. 사회 정의와 인권을 바로 세우자.
6. 여성과 아동의 권리를 보호하고 교육하자.
7. 지구 환경을 되살리자.
8. 군사 비용을 줄이자.
9. 인류의 안전망을 만들자.
10. 폭력의 악순환을 끊자.

출처: Suvanjieff, I. & Engle, D. G. (2008). Peacejam: A billion simple acts of peace. 이순미 역(2010). 노벨평화상 수상자와 함께 하는 평화학교. 다른.

평화 시민교육은 이론과 실천이 병행될 때만이 가치가 있다(김용찬, 2011; Galtung, 1997). 특히 가치관과 행동양식이 형성되는 청소년기, 청년기의 학생들은 갈등을 평화적으로 해결하는 교육, 문화, 직·간접적 경험 등을 접해 보는 것이 중요하다.

평화 시민교육을 통해 글로벌 사회에서 살고 있는 글로벌 시민들은 가정, 지역공동체, 국가, 세계 등에서 안전하고 평화적인 세계를 조성하고, 지속 가능한 환경을 건설할 기술, 지식, 정서, 그리고 태도를 함양하여야 할 것이다. 평화를 실현하기 위하여 우리의 생활 도처에 편재해 있는 폭력적 및 비평화적 요인들을 글로벌 시민의식을 가지고 대처하며, 적극적 평화를 실천하는 것이 글로벌 시민의 삶이라 할 수 있다.

평화 협동 작품(그림책/동영상) 만들기

STEP1 평화에 대한 다양한 생각을 모은 후 평화의 의미를 나타내는 작품을 만들기 위한 아이디어를 자유롭게 표현해 보세요.

STEP2 그림책/동영상의 주제와 소재를 정해 보세요.

주제:

소재:

STEP3 그림책/동영상을 만들기 위한 역할과 대상, 방법을 정해 보세요.

step1	주제 정하기	- 내가 관심 있는 소재는 무엇인가요? - 어떤 목적을 가지고 그림책을 만들고자 하나요?	
step2	관람대상 정하기	- 어떤 사람들이 읽기를 원하나요? (나이, 성별, 국적, 직업, 관심사 등등)	
step3	방법 정하기	- 독자에게 쉽게 전달하기 위한 단어나 말의 사용은 어떻게 할 것인가요? - 독자에게 쉽게 전달하기 위한 그림이나 색깔의 사용은 어떻게 할 것인가요?	
step4	실천하기	- 팀 내 역할 분담은 어떻게 할 것인가요? - 계획, 구상, 수집, 실행, 편집 등의 과정은 언제 할 것인가요? - 실제 그림책을 만들기 위해서 이야기 구성을 짜보세요. - 프로젝트를 실현하기 위해 필요한 예산이나 준비물은 무엇이 있나요?	

STEP4 그림책/동영상을 어떤 내용으로 구성할지 협의하여 스토리보드를 작성해 보세요.

그림	그림
설명	설명
그림	그림
설명	설명
그림	그림
설명	설명

STEP5 스토리보드에 따라 그림책/영상물을 구성하여 만들어 보세요.

STEP6 결과물은 전시/상영을 통해 공유하고 서로 생각을 나누어 보세요.

출처: 서울특별시교육청(2016). 교실에서 만나는 세계시민교육. p. 136~137. 수정.

Chapter

12

환경 시민교육

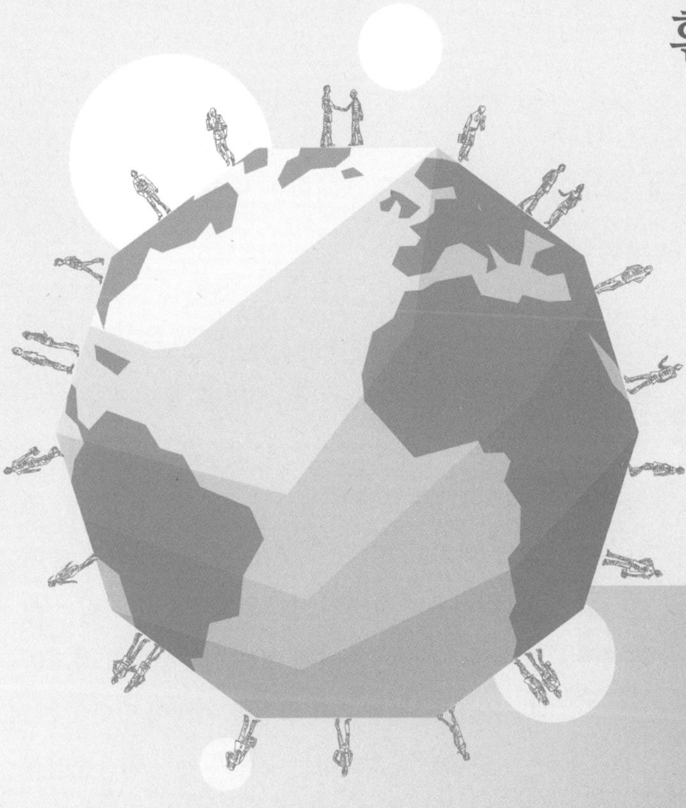

12장 환경 시민교육

1. 환경 시민교육의 필요성

1) 생태계 위기

Arthur Tansley
(1871~1955)

환경(environment)은 인간을 둘러싸고 있는 자연적·사회적 조건이나 상황을 의미한다. 환경은 인간을 포함한 생물들에게 직·간접적인 영향을 미치고 있다. 우리가 환경의 정의를 통해 알 수 있듯이 환경은 인간을 중심으로 정립된 개념이다. 이러한 환경에 대한 인간중심적 사고는 오늘날의 환경문제와 밀접한 관련이 있다.

최근에는 환경이라는 용어가 가진 인간중심적인 개념에서 탈피하기 위하여, 생태계라는 개념을 사용하기도 한다.

생태계(Ecosystem)란 용어는 영국의 식물생태학자인 아서 탠슬리(Arthur Tansley)에 의해 사용되기 시작한 개념으로, 특정 자연환경과 그 속에서 생존, 번식, 진화하는 유기체의 관계를 나타낸다. 다시 말해 생태계는 특정 지역에 서식하는 생물(organism)과 이를 둘러싸고 있으면서 유기체와 상호작용하는 물리적 환경 전체를 의미한다. 즉, 생태계는 생물과 이를 둘러싼 대기, 물, 토양 등과 같은 무생물들 간의 상호관계를 모두 포괄하는 총체적인 공동사회(total community)라 할 수 있다(김영인 외, 2017). 유기체는 기후, 토양, 물, 양분 등 유기체를 둘러싼 생태적 환경에 적응하면서 진화해 간다.

인간도 역시 이런 생물과 환경이 유기적인 관계를 맺고 있는 생태계 속의 한 존재이다. 따라서 생태계가 건강하게 지속되어야만 인간도 건강한 삶을 영위할 수 있다. 그러나 오늘날 우리는 심각한 생태계 위기에 직면하고 있다.

출처: 좌측 - https://revistapoder.lamula.pe/2013/10/28/peste-en-el-lago/poder/
우측 - Jordan Smith(2015.2.17.). 12 Of The Most Polluted Citied In The World(www.citylab.com)

미국의 45대 부통령을 역임하고, 2007년 노벨 평화상 수상자인 앨 고어(Al Gore)는 1992년에 저술한 「위기의 지구(Earth in the Balance: Ecology and the Human Spirit)」라는 책에서 생태계 위기를 가져온 인간에 의한 환경파괴의 심각성을 다음과 같이 지적하였다.

"인간이 자연을 두려워했던 과거와는 달리, 이제 자연이 인간을 두려워하고 있다. 6,500만 년 전 시작된 신생대는 46억년 지구 역사에서 가장 다양한 생명체가 번성하던 시기였다. 그러나 인간에 의한 자연 파괴로 인하여 1970년에만 해도 눈으로 덮혀 있던 킬리만자로의 빙하는 불과 30년만에 모두 녹아버렸다"

Al Gore(1945~)

출처: www.algore.com

인간에 의한 환경파괴로 인해 생태계 위기, 그리고 인간의 생존의 위기를 가져온 것이다. 앨 고어는 2006년에 기후변화에 관한 자료를 추가하여 「위기의 지구」를 업데이트하였다. 그는 저서를 통해 글로벌 환경 위기가 차세대를 위협하고 있다는 경고와 함께 환경문제를 글로벌 아젠다로 부각시키는 데 기여하였다.

그렇다면 인간을 위협하고 있는 생태계 위기는 무엇인가? 생태계 위기(ecological crisis)는 생태 위기(eco-crisis)라고도 불린다. 생태계 위기란 생태계의 안정성이 훼손되어 불안정 상태에 놓임으로써, 지구의 생태계가 유지되지 못하고 파국을 맞게 될 위기에 처해진 상태를 의미한다(홍성태, 2008, 2015). 인간이라는 생태계의 한 개체, 집단의 과도한 환경 개발, 산업화, 도시화 등으로 인해 생태계의 질서가 심각하게 파괴되는 생태계 위기를 맞이하게 된 것이다.

생태계(ecosystem), 생명체(organism), 삶(life)은 상호 유기적인 관계를 맺고 있다. 생명체는 이들을 둘러싼 환경인 생태계와 상호작용을 하면서 삶을 지탱하는 것이다. 생태계 위기는 대기 · 수질 · 토양의 환경오염, 오염물질이 순환하고 있는 먹이사슬, 화석연료의 지나친 사용으로 인한 지구 온난화 등 다양한 현상을 통해 확인할 수 있다.

경제성장으로 인한 산업화와 도시화, 자연의 질서와 한계를 넘어선 무분별한 개발, 인구 증가 및 소비의 팽창, 전쟁 등의 결과로 빚어진 생태계 위기로 인해 궁극적으로는 인간의 삶이 위협받게 된 것이다. 생태계 위기는 현재 우리 모두가 삶에서 직면하고 있는 환경문제와 밀접한 관련이 있다.

다음은 우리가 햄버거에 들어있는 소고기를 얻기 위해 얼마나 많은 자연들을 훼손하고 있는지, 생태계 파괴의 심각성을 '햄버거 커넥션(Hamburger Connection)'을 인용하여 살펴보고자 한다.

햄버거 커넥션

햄버거, 두 조각의 빵과 야채 그리고 고기로 만들어진 패티
매초 200명의 미국인이 1개 이상의 햄버거 소비
햄버거 왕국 맥도널드사, 전 세계 121개국에 29,000여개 매장
햄버거의 핵심, 소고기
소를 키우기 위해 목초지 조성
1970년대 말 중앙아메리카 전체의 농토 3분의 2가 축산단지로 전환
매년 남한 땅 크기의 목초지가 과도한 방목으로 사막화
목초지의 풀과 함께 지구에서 생산되는 곡식의 3분의 1을 먹어치우는 소
매년 4000만 명에서 6000만 명이 기아로 인한 영양실조로 사망
우리가 1인분의 고기와 우유 한 잔을 얻으려면 소에게 22인분의 곡식을 먹여야 한다.
소를 키우기 위해 파괴되는 숲, 열대우림
소고기 100g, 햄버거 하나를 만들기 위해 열대우림 1.5평이 목초지로 변신
그래서 두 개의 빵조각과 야채, 한 조각의 고기가 햄버거의 전부는 아니다.
햄버거 하나를 얻기 위해 소를 키우고
소를 키우기 위해 목초지를 만들고 숲을 태우고
사라진 숲은 지구의 온도를 높이고 지구 곳곳에서 이상 기후 현상 발생
나는 오늘도 해일이 밀려 떠밀려 가는 악몽을 꾼다.

- 온난화로 가라앉는 섬, 몰디브의 한 주민

출처: EBS 지식채널e(2005. 11. 28). 햄버거 커넥션.

현재 햄버거 커넥션이 심각한 국가로는 브라질을 꼽을 수 있다. 세계 120여 개국에서 판매되고 전 세계 인구의 1%가 매일 먹는 햄버거, 그리고 햄버거에 필요한 고기를 조달하기 위한 목축업으로 브라질 아마존 열대우림은 계속 파괴되어 황폐해지고 있다.

이러한 햄버거 커넥션 문제를 해결하기 위하여 현재 브라질은 개인 소유의 토지 중 20%만 개발하도록 법령을 제정하였다. 그리고 이미 20%를 넘긴 개발 지역은 다시 나무를 심어 숲으로 복구하는 작업을 하도록 하였다. 즉 브라질에서는 햄버거 커넥션 문제를 해결하기 위한 개발과 보존의 현실적인 공존이 이루어지고 있는 상황이다(지구 환경 변화-열대림 개발과 기후 변화, EBS 지식채널e).

2) 패러다임의 전환: 인간중심주의 세계관에서 생태중심주의 세계관으로

석유생산 정점(peak oil), 생명체의 멸종, 지구온난화, 사막화 등에 따른 기후변화, 그리고 환경오염과 같이 대처하기 어려운 심각한 생태계 위기와 관련된 환경문제들은 해결하기 쉽지 않다. 생태계 위기라는 인간에게 부여된 가장 근원적이고 현실적인 인류의 과제를 현명하게 해결하지 못한다면 인간 역시 머지않아 멸종의 위기에 처하게 될 것이다. 이러한 위기를 극복하기 위해서는 근본적으로 인류가 지니고 있는 인식을 수정해야 한다는 견해가 확산되고 있다. 이러한 인식의 변화는 인간중심주의 세계관을 반성하고, 생태중심주의 세계관을 받아들여야 한다는 시대적 요청을 반영한다(김희경 외, 2012).

생태계 위기 문제를 해결하기 위해서는 인간중심주의 세계관에서 생태중심주의 세계관(ecological world view)으로의 패러다임 전환이 필요한 것이다. 일반적으로 생태계 위기가 인간중심주의 세계관에서 비롯되었다는 인식이 지배적이다. 인간중심주의 세계관은 인간중심주의의 지배적 세계관(dominant world view)이라고도 표현되며, 지구를 인간이 사용할 자원의 보고로 간주함에 따라 자연을 지배의 대상으로 인식한다. 인간중심주의 세계관에 의하면 생태계 위기도, 자원의 고갈 현상도, 인간의 삶도 과학기술, 의학기술을 발전시킴으로써 인간이 해결할 수 있다고 보는 입장이다.

반면 생태중심주의 세계관에 입각한 생태주의자들에 의하면, 현재 직면한 생태계 위기는 생태학적 지식 없이 인간이 무분별하게 개발한 결과라고 주장한다. 또한 인간과 자연은 상호작용적인 관계망을 형성하고 있으므로 지배적이기보다는 조화롭게 공존하여야 한다.

노르웨이 철학자 네스(A. Naess)는 심층생태학(Deep Ecology)이라는 용어로 생태중심주의 세계관을 주장하고 있다. 네스의 심층생태학에 따르면 자연에 대한 지배보다는 자연과의 조화를, 자연의 도구적 가치보다는 자연 고유의 가치를, 인간의 물질적·경제적 성장보다는 자아실현을, 자원의 무한성보다는 자원의 유한성에 대한 인식을, 기술 진보에 대한 맹목적인 확신보다는 적정기술을 중시하는, 소비주의보다는 적당히 소비하는 것으로 만족하는, 중앙집권적인 국가 정치적 단위보다는 분권화된 생명 지역을 선택할 것을 주장한다. 즉 네스는 인간중심주의에서 생태중심주의로의 전환을 주장하면서 기존의 인간-자연 관계의 틀에서 벗어나 사회체계의 변화를 요구하고 있다.

Arne Naess advocates for Deep Ecology and believes that there can be no other option for a basis of environmental ethic.

심층생태학을 주장한 Naess는 환경윤리에 기초하지 않고서는 더 이상의 선택이 없다고 확신한다.

출처: https://environmentalstudiesblog.wordpress.com/2014/12/12/deep-and-shallow-ecology

네스의 심층생태학은 드볼(B. Devall)과 세션즈(G. Sessions)의 저서 「심층생태주의(Deep Ecology)」를 통해 널리 보급되었다. 드볼과 세션즈가 주장하는 패러다임의 전환을 표로 제시하면 다음과 같다.

인간중심주의 세계관	→	생태중심주의 세계관
지배적 세계관		심층생태주의
자연에 대한 인간의 지배		자연과 인간의 조화
인간을 위한 자원으로서의 자연환경		모든 자연은 내재적 가치와 생명중심적 평등성을 가짐
인구성장에 맞춘 물질적, 경제적 성장		우아하고 단출한 물질적 필요 (보다 큰 자아실현에 필요한 물질적 목표)
자원이 풍부하게 보존되어 있다는 믿음		지구는 제한된 자원만을 공급한다는 믿음
거대 기술과 기술적 해결책 강조		적절한 기술과 자연에 대한 비지배적 과학
소비주의적 삶		충분하고 의미 있는 일과 재순환
국가적 또는 중앙집중식 공동체		최소한의 전통과 생태적 소공동체

[그림 12-1] 드볼과 세션즈(Devall & Sessions)의 패러다임 이동

출처: 조용개(2003). 생태학적 환경위기 극복을 위한 철학적 대안 모색, 교육철학, 30, p. 229. 수정

Lester W. Milbrath (1925 ~ 2007)

생태계 위기에 대처하기 위해서는 심층생태학에 기초한 '생태중심주의 세계관'으로 전환하는 '생태적 전환(ecological turn)'이 요청된다(홍성태, 2015).

밀브레이스(L. Milbrath)도 인간중심의 지배적 사회 패러다임(Dominant Social Paradigm: DSP)에서 새로운 생태주의적 패러다임(New Ecological Paradigm: NEP)으로 전환하여 생태계 위기와 환경문제를 극복하여야 한다고 주장하였다. 그는 새로운 생태학적 패러다임에 필요한 종합적이고 구체적인 원칙을 다음 표와 같이 제시하고 있다.

〈표 12-1〉 밀브레이스의 새로운 생태주의적 패러다임의 전환

관점	지배적 사회 패러다임	새로운 생태주의적 패러다임
자연에 대한 가치 평가	• 자연의 가치를 경시함 - 자연을 상품 생산에 이용 - 인간의 자연 지배 - 환경보다 경제 성장을 우선	• 자연에 높은 가치를 부여 - 자연 자체를 애호함 - 인간과 자연의 전체적인 공존 - 경제 성장보다 환경 중시
관심범위	• 좁은 범위의 특수한 연민 - 인간은 욕구를 위해 다른 종 파괴 - 타 인종에 대한 무관심 - 자기 세대에만 관심	• 넓은 범위의 일반화된 연민 - 다른 종에 대한 연민 - 타 인종에 대한 관심 - 미래 세대에 대한 관심
위험에 대처하는 자세	• 부의 극대화를 위해 위험 감수 - 과학 기술에 대한 숭배와 맹신 - 핵무기의 개발 - 대규모 경성(hard) 기술 강조 - 자연 보호를 위한 정부 규제 소홀	• 위험을 피하고 사려 깊은 계획과 행동 - 과학 기술에 대한 비판적 통제 - 핵무기의 개발 정지 – 소규모 연성(soft) 기술의 개발 – 자연보호를 위한 정부 규제 강조
성장에 대한 견해	• 성장의 한계 부정 - 자원 고갈 부인 - 인구 문제 경시 - 생산과 소비의 강조	• 성장의 한계 인정 - 자원 고갈 인정 - 인구폭발의 문제 인정 - 자연의 보존과 유지 강조
정치적 관점	• 기존의 정치 - 전문가에 의한 지배 - 시장 기능의 신뢰 - 제도정치 강조 - 좌우 대립 – 생산 수단 소유 여부	• 새로운 정치 - 협의와 참여 - 준비와 계획 - 직접 행동 불사 - 개발과 환경이라는 새로운 축의 형성

출처: 밀브레이스, 이태건 외 역(2001). 지속가능한 사회, p. 219. 수정

이와 같이 생태계 위기를 인간중심주의 세계관에서 생태중심주의 세계관으로의 패러다임 전환을 통해 인간과 자연이 조화를 이루고 공존해야 한다는 인식이 널리 확산되고 있다. 생태계 위기에 처한 인간에게 필요한 것은 인간과 자연이 조화롭게 공존하는 생태중심적인 패러다임이며, 이러한 인식의 변화는 환경 시민교육을 통해 가능하다.

3) 생태중심주의 세계관과 환경 시민교육

인간이 직면하고 있는 생태계 위기에 대처할 수 있는 방안으로 환경 시민교육을 들 수 있다. 환경 시민교육이란 사람들의 인식의 변화, 구체적으로 생태중심주의 세계관을 함양하고 이를 행동으로 실천하게 이끄는 역할을 담당하는 교육이라 할 수 있다. 환경 시민교육은 글로벌 시민교육의 핵심적인 영역으로서, 우리가 공동체 생활을 영위하고, 지구적 안목에서 전지구적 환경에 대한 책임감을 가지고 지구환경 문제를 예방하거나 해결하기 위해 필요한 생태 시민성(ecological citizenship)을 함양하기 위한 교육적 노력이다.

유네스코 보고서에 의하면, 환경 시민교육은 인류로 하여금 생물적 · 지리적 · 사회적 · 경제적 · 문화적 요소들 간에 복잡한 상호 관련성을 이해하게 함과 동시에 환경문제를 예방 및 해결하며, 환경의 질을 관리할 수 있는 지식, 가치, 태도, 기능 등을 습득하게 하는 교육이다(박태윤 외, 2003).

환경 시민교육은 오늘날 우리사회에서 요구되는 생태 시민성을 갖춘 생태적 시민(ecological citizen)을 양성하는 것이다. 다시 말해, 환경 시민교육은 환경 친화적인 가치관과 태도를 함양하고, 환경문제를 예방하여, 지속 가능한 사회를 위해 행동할 수 있는 생태적 시민을 기르는 교육활동이다. 환경 시민교육은 환경적으로 소양 있는 생태적 시민을 육성하고 책임 있는 환경행동(responsible environmental behavior)을 증진시키는 데 주안점을 둔다.

2. 생태 시민성

환경문제가 심각해지고 생태계의 지속성이 위협당하고 있는 오늘날, 지구 생태계의 건강한 생존을 위해서는 인간의 친환경적인 의식의 전환이 필요하다. 인류가 지속 가능한 사회, 녹색사회, 생태사회를 지향하기 위해서는 생태적 시민이 요구되므로, 시민성 논의가 환경 분야에 적용된 개념인 생태 시민성이 등장하게 되었다.

돕슨(Andrew Dobson)은 「생태 시민성(environmental citizenship)」이라는 저서와 논문에서 생태 시민성의 특성을 다음과 같이 제시하고 있다(Dobson, 2007; 김희경 외, 2012).

첫째, 생태 시민성은 비영토성의 특성을 갖는다. 비영토성은 지구 온난화, 오존층 파괴 등과 같은 여러 환경문제들이 국가 단위를 넘어서 전 지구적인 문제라는 사실에 기인한다. 즉, 비영토성은 나의 행동이 지구상에 존재하는 다른 사람에게 영향을 줄 수 있다는 인식과 관련 있다. 비영토성은 공간뿐만 아니라 시간에도 적용되는 개념으로, 현 세대뿐 아니라, 미래 세대에 미치는 영향까지도 고려해야만 한다. 생태 시민성은 지속가능발전의 개념과 밀접하게 연관되어 있다는 것을 의미한다.

둘째, 생태 시민성은 권리보다 책임과 의무를 강조한다. 생태 시민성은 보상과는 상관없이 자발적으로 실천하는 것이다. 생태 시민성에 있어서 그 책임과 의무의 범위는 비영토적이며, 그 대상은 생태계 내에 있는 모든 존재, 그리고 현 세대뿐 아니라 미래 세대까지도 포함한다.

셋째, 생태 시민성은 덕성(virtues)을 토대로 한다. 즉, 생태적 시민이 다른 공간과 시간에 있는 생명에 대한 책임과 의무를 갖는 것은 내적 동기인 덕성에서 비롯되는 것이다. 첫 번째 덕성은 정의(justice)이며, 이는 생태적 공간을 공정하게 분배하는 의미를 담는다. 두 번째 덕성은 동정, 배려, 연민으로, 특히 다른 생명체에 대한 배려, 공존, 그리고 미래 세대에게 지속가능한 세상을 물려주고자 정의를 효과적으로 적용시키는 데 중요한 역할을 한다.

넷째, 생태 시민성은 공적 영역뿐만 아니라 사적 영역도 중요시한다. 그러므로 사적 영역에서의 행동이 공적 영역에 영향을 미친다는 사실을 강조한다. 가정에서 재활용을 하고, 소비를 줄이는 등의 모든 사적 '녹색 행동'은 동시에 공적 행동이 된다. 따라서 생태 시민성은 일상의 삶이 생태적으로 변화하는 것에 관심을 기울인다.

생태 시민성에는 녹색 시민성, 환경 시민성, 지속 가능한 시민성 등이 포함되며, 이것은 전 지구적인 환경 위기를 극복하는 궁극적인 해법으로 인식된다. 구체적으로 환경 시민교육은 이러한 특성을 지닌 생태 시민성을 함양하기 위한 교육적 대안이 될 수 있다. 뿐만 아니라 "미래 세대의 욕구를 충족시킬 수 있는 능력을 위태롭게 하지 않고, 현 세대의 욕구를 충족시키는 발전"을 의미하는(WCED, 1987) 지속가능발전의 개념이 들어간 교육내용을 환경 시민교육에서 반영함으로써 생태 시민성을 기를 수 있다.

Andrew Dobson(1957 ~)

『생태 시민성』

3. 환경 시민교육

1) 생태 시민성의 내용

환경 시민교육에서 함양하고자 하는 생태 시민성을 행동 영역별로 나누어 살펴보면 다음과 같다(박태윤 외, 2003; 남상준, 2010).

- 인식: 지구환경과 관련된 문제에 대한 인식과 생태 감수성을 갖도록 한다.
- 지식: 지구환경과 이에 관련된 문제에 대한 과학적 지식과 이해를 갖도록 한다.
- 기능: 환경문제의 원인을 파악하고 이를 해결할 수 있는 다양한 기능을 습득하도록 한다.
- 태도: 환경의 중요성과 가치에 대한 민감성, 미래 세대와 다른 생물체에 대한 책임감, 환경보전과 문제해결을 위한 적극적인 동기와 의지 등을 갖도록 한다.
- 가치: 친환경적인 가치관과 행동윤리, 자연을 사랑하는 마음을 형성하도록 한다.
- 참여: 환경보전과 환경문제의 해결과정에 능동적이며 적극적으로 참여할 수 있는 능력과 자세를 갖도록 한다. 전 지구적으로 생각하고, 구체적으로 지역 상황에 맞게 문제를 해결하도록 행동한다(Think globally, Act locally).

2) 환경 시민교육의 구성

환경 시민교육은 환경에 관한 교육(education about the environment), 환경 안에서의 교육(education in the environment), 환경을 위한 교육(education for the environment)으로 이루어져 있다(박태윤 외, 2003; 김영인 외, 2017 재인용).

(1) 환경에 관한 교육

'환경에 관한 교육'은 환경에 대해 과학적 탐구활동을 하고, 이를 통해 환경에 대한 개념과 지식, 정보 등을 습득하는 내용으로 실시하는 교육활동이다. 환경에 관한 교육활동에서는 환경이나 환경 문제에 대한 사실적 자료를 수집하고 분석하여 원인과 관련된 특징을 파악한다. 환경에 관한 교육은 환경 시민교육의 인지적 목표를 달성하는 데 효과적이다.

(2) 환경 안에서의 교육

'환경 안에서의 교육'은 환경 자체를 하나의 학습자원으로 활용하여 학습자들이 환경을 직접 느끼고 경험하는 교육활동을 의미한다. 이 교육은 환경을 통한 교육이라고도 표현되며, 환경 시민교육의 생생한 학습 내용이자 자료로 환경을 활용하는 것이다. 환경 시민교육의 예로는 체험학습을 통한 환경 시민교육 활동을 들 수 있다. 환경 안에서의 직접적인 활동과 경험을 통해 환경 체제와 가치를 체험하는 것이야말로 친환경적 태도와 생활방식을 익힐 수 있는 효율적인 방법이다.

최근에는 생태 시민성의 개념이 등장하면서, '환경 안에서의 교육', 즉 환경 안에서의 생태 시민성 교육이 주목을 받고 있다.

(3) 환경을 위한 교육

'환경을 위한 교육'은 환경을 보전하고 환경 문제를 해결하기 위해 주로 환경문제와 쟁점을 바탕으로 실천적인 행동을 하는 교육활동을 의미한다. 앞서 살펴보았던 환경에 대한 지식을 학습하는 '환경에 관한 교육', 환경 안에서의 다양한 체험활동을 통해 생태 감수성과 친환경적 태도를 기르는 '환경 안에서의 교육'도 환경 시민교육에서는 중요하다. 나아가 '환경을 위한 교육', 즉 환경문제의 해결 방안을 강구하고 실천하는 참여적인 자세와 능력도 반드시 함양하여야 한다.

오늘날 환경문제가 심각해짐에 따라 환경 시민교육의 세 구성요소 중에서 '환경을 위한 교육'이 가장 중요하게 여겨진다. '환경을 위한 교육'에서는 변화하는 사회가 환경에 미치는 영향에 대한 통찰, 환경 정책에 대한 이해와 참여, 사회운동에 대한 인식, 이데올로기와 소비자운동에 대한 이해, 실제 환경 쟁점에 대한 참여 등이 중요하다.

환경 시민교육은 초기에는 주로 '환경에 관한 교육'에 초점을 두어 학생들에게 환경에 관한 지식을 전달하는 인지적 측면을 강조하였다. 그러나 점차 '환경을 위한 교육'이 강조되었으며, 이러한 맥락에서 가치 지향적인 환경 시민교육의 필요성이 제기되고 있다(김희경 외, 2012). 미래 세대에게 물려주고자 하는 지속 가능한 지구 환경을 추구하는 것은 결국은 가치관의 문제이므로, 가치지향교육은 지속가능발전교육(Education for sustainable development)의 기초가 된다.

4. 환경 시민교육의 원칙

환경 시민교육은 균형성, 통합성, 계속성, 일상성의 원칙을 내포하고 있다(남상준, 2010; 김영인 외, 2017 재인용).

(1) 균형성의 원칙

균형성의 원칙이란 환경에 관한 교육, 환경 안에서의 교육, 환경을 위한 교육이 적절하게 균형을 이루어야 함을 의미한다. 이 세 가지 구성요소가 균형을 이루어야 한다는 것은 환경에 대한 정보와 지식 등을 아는 지적 측면, 환경에 대한 민감성과 태도 등을 형성하는 정의적 측면, 환경문제에 대한 해결능력과 실천적인 역량 등을 갖추는 행동적 측면이 조화를 이루어야 함을 뜻한다. 여기서 조화란 이 세 영역의 산술적인 균형을 의미하는 것은 아니다. 이는 어느 한 부분에 지나치게 편중됨이 없고, 있어야 할 부분은 적절하게 있어서 전체적으로 생태적 시민을 기르는 데 필요한 내용이 충족되어 있음을 의미한다. 생태적 시민에게 있어서 가장 필요하고 중요한 요소는 환경을 위한 교육이므로 필요에 따라서는 이와 관련된 내용이 가장 많을 수 있다.

(2) 통합성의 원칙

통합성의 원칙이란 환경 시민교육의 목표, 내용, 방법이 종합적이고 상호 유기적 관련성을 지녀야 함을 의미한다. 환경은 모든 것을 포괄하는 총체성을 특징으로 한다. 따라서 환경을 이해하고 환경문제를 해결하기 위해서는 통합적 관점과 접근 방법이 필요하다.

환경 시민교육은 생태적 시민이 갖추어야 할 총체적 목표와 내용, 방법을 지향한다. 환경 시민교육의 목표를 지적 · 정의적 · 행동적인 내용 등으로 구분하지만, 이들이 통합되어야 생태적 시민성은 함양될 수 있는 것이다. 내용에 있어서도 환경을 이해하기 위해서는 지리학, 경제학, 생화학, 생물학, 정치학, 지구과학, 기후학, 윤리학 등과 같은 다양한 학문이 통합되어 학제적으로 구성되어야 한다. 방법에 있어서도 다양한 방법이 활용되어 종합성을 지녀야 한다. 한마디로 생태적 시민성을 함양시키기 위해서는 환경 시민교육의 목표, 내용, 방법에 관련된 모든 요소가 총체적으로 고려되어 유기적으로 환경 시민교육에 포함되어야 하고, 목표-내용-방법도 상호 유기적 관련성을 가지고 통합되어야 한다.

(3) 계속성의 원칙

계속성의 원칙이란 인간이 태어나서 죽을 때까지 전 생애에 걸쳐 환경 시민교육이 이루어져야 한다는 것이다. 환경 시민교육에서 추구하는 생태적 시민성은 인간 발달의 특정 시기의 교육만으로는 부족한데 이는 사회가 지속적으로 변화하는 과정에서 환경과 환경문제의 내용이 달라지기 때문이다. 과학기술이 발전함에 따라 인간이 활용할 수 있는 환경의 범주는 계속 확대되고, 이에 따라 새로운 환경문제도 지속적으로 발생한다. 그러므로 환경 시민교육은 평생교육적 관점에서 전생애 동안 이루어져야 한다.

(4) 일상성의 원칙

일상성의 원칙이란 환경을 직접적으로 접하는 생활 속의 경험과 실제를 중요시하는 원칙이다. 환경과 환경문제는 우리의 일상생활과 밀접한 관련이 있다. 특히 환경문제는 우리의 생활로 인해 발생할 수 있으며, 우리의 삶에 상당한 영향을 미친다. 따라서 우리가 매일 보고, 듣고, 접촉하는 모든 것들이 환경 시민교육의 교육내용이 될 수 있다. 이러한 일상적 생활경험을 활용할 때 환경 시민교육의 효과는 향상될 수 있다.

5. 환경 시민교육의 경향

오늘날 환경 시민교육의 몇 가지 경향성을 살펴보면 다음과 같다(김영인 외, 2017).

1) 지속가능성 교육

'지속가능성'(sustainability)의 개념은 1992년 브라질 리우데자네이루에서 열린 'UN 인간환경개발회의'에서 채택된 '리우 선언'의 핵심 내용이다(이종문 외, 2003). 자연과 인간, 환경보전과 환경개발의 양립을 추구하는 내용의 리우 선언에서 제시된 지속가능성의 개념은 말 그대로 지구생태계가 파괴되거나 멸실되지 않고 계속되어야 한다는 것이다. 즉 현세대의 필요와 욕구를 충족시키기 위해 환경을 개발해야겠지만, 이로 인해 미래 세대의 필요와 욕구, 그리고 삶을 침해해서는 안 된다는 것이다. 인간을 포함한 모든 생명체는 하나뿐인 지구에서 상당 기간 혹은 영원히 살아야 한다. 따라서 지구환경이 보전되어야만 미래의 재생산이 보장될 수 있는데, 이것이 바로 지속가능성의 개념이다.

리우 선언에서 지속가능성의 개념이 제기된 이후 환경 시민교육에서는 교육을 통해 지속가능성의 확보를 주요 과제로 삼고 있다. 인간의 반환경적인 행태와 생활방식에 의해 지속가능성이 크게 위협받고 있기 때문에 이를 교육을 통해 교정하여 사회와 생활방식에 지속가능성이 정착될 수 있도록 하는 지속가능성 교육이 환경 시민교육의 비중 있는 영역으로 부각된다. 지속가능성 교육에서는 미래 세대에 대한 현세대의 책임성, 과소비와 과잉생산에 의한 지구자원의 소모, 환경 파괴를 막기 위한 생활방식과 생산방식, 모든 개발정책과 의사결정에서 환경의 보전 등의 내용이 다루어진다. 미래 세대에게 물려주고자 하는 세계가 어떤 모습인지 그려보는 것은 지속가능성을 유지하기 위한 가치지향교육이다(Dobson, 2003).

2) 환경 의사결정교육

환경 시민교육에서는 환경 의사결정을 강조한다. 환경 의사결정이란 '의사결정자의 선택이 앞으로의 환경에 직·간접적으로 영향을 미칠 것이라는 점을 인식한 가운데 내리는 결정'이라 정의할 수 있다(박태윤 외, 2003). 여기서 중요한 점은 의사결정자가 자신이 내린 결정이 환경에 미칠 영향을 인식하는 것이다. 실제로 우리가 살아가면서 하는 많은 선택들은 환경과 직·간접적으로 관련되어 있다. 이는 우리의 생활과 활동에는 환경자원의 소모와 노폐물의 방출이 필연적으로 수반되기 때문이다. 또한 의사결정자가 환경에 미칠 영향을 인식한다는 것은 자신의 결정에 대해 책임질 각오가 되어 있음을 함축한다.

환경과 관련된 행동에는 그 행동에 앞선 의사결정이 전제된다. 바꾸어 말하면, 의사결정이 바르게 되면 이에 수반되는 행동도 바를 수 있다는 점을 시사한다. 이러한 맥락에서 환경 시민교육에서는 환경 의사결정교육을 강조한다. 환경 의사결정교육을 통해 자신의 의사결정이 환경에 미치는 영향을 인식하도록 하고, 나아가 이에 대한 책임을 부과하는 것이다. 아울러 환경에 부담이 되지 않도록 사리를 분별하여 의사결정 능력을 기름으로써 생태 시민성을 함양시키고자 한다.

3) 친환경 행동교육

환경 시민교육은 시민들로 하여금 친환경적인 행동을 하도록 강조한다. 시민들이 친환경적인 행동을 함으로써 환경오염을 예방하거나 생태계를 회복할 수 있기 때문에 생태 시민성과 함께 실천적 행동이 뒤따를 때 환경 시민교육은 빛을 발하는 것이다. 어떻게 하면 시민들로 하여금 친환경적인 행동을 하도록 할 것인가? 이 해답을 얻기 위해 먼저 사람들은 왜 친환경적인 행동을 하지 않는지에 대해 살펴보고자 한다.

친환경적인 행동을 하지 않는 이유를 분석해 보면 대략 세 가지 정도로 좁혀진다. 첫째는 무지(無知)이다. 친환경적 행동을 해야 하는 이유를 모르는 경우이다. 둘째는 무시(無視)이다. 친환경적인 행동이 옳은지는 알지만 개인의 이익을 위해 또는 환경에 대한 신념과 철학이 부족해 회피하는 경우이다. 셋째는 무능(無能)이다. 친환경적인 행동이 옳은지도 알고 신념도 있지만, 그런 행동을 할 능력이 없는 경우이다.

어떻게 하면 시민들은 자신의 무지, 무시, 무능을 극복하고 친환경적 행동을 할 수 있을까? 이에 대한 해답은 핑거(M. Finger)의 생활세계접근법(life-world approach)에서 찾을 수 있다. 핑거는, 개인은 자신의 경험과 세계관을 토대로 사회적 행동을 한다는 논리를 전제로 환경 시민교육에서 학습자가 환경과 관련된 의미 있는 생활세계에서의 경험을 많이 하도록 해야 한다고 주장한다. 친환경 행동과 같은 실천력을 높이기 위해서는 학습자로 하여금 직접 환경 문제 상황에 참여하여 문제를 느끼고 해결해 보도록 하는 참여활동 경험이 필요하다(박태윤 외, 2003). 이러한 핑거의 주장을 고려하여 환경 시민교육에서도 생활세계접근법을 채택하여 시민들에게 환경과 관련된 참여경험을 많이 축적할 수 있도록 할 필요가 있다.

4) 기업 · 소비자 교육과 연계

환경 시민교육은 기업 교육, 소비자 교육과의 연계를 중요시한다. 환경문제의 대부분이 기업의 생산활동과 소비자의 소비활동에서 비롯되기 때문이다. 생산활동과 소비활동을 친환경적으로 전환시키지 않고서는 환경문제의 해결은 불가능하다는 인식하에 환경 시민교육 관점에서 기업 교육과 소비자 교육을 실시하려는 것이다. 이때 중요한 것은 지속가능한 생산, 지속가능한 소비 개념이다. 이는 기본적인 생활욕구를 충족시키는 수준에서 가급적 덜 쓰고 덜 버려서 쓰레기를 최소화하고, 생산과정에서도 최소한의 자원을 사용하여 지구환경 부담을 최소화해서 자정능력을 회복할 수 있게 함으로써 지구환경의 질을 지속시키자는 것이다. 오늘날에는 지속가능한 생산, 지속가능한 소비의 개념이 생산과 소비생활에 반영되어 기업에서는 그린(green)생산, 그린 마케팅, 친환경 경영 등의 전략이 구사되고, 소비자들도 재활용, 절약 등과 같은 친환경적인 소비양식을 채택하는 경향이 높다.

5) 국제협력을 통한 교육

몇몇 나라들만의 노력으로는 환경과 관련된 쟁점이나 문제들을 해결하기는 어렵기 때문에 환경 시민교육에서는 국제협력의 필요성을 강조한다. 환경 시민교육과 관련된 회의를 열어 환경교육의 중요성과 정보를 공유하는 활동을 하기도 한다. 지구환경은 하나이고 환경문제는 초국경적이다. 따라서 환경보전이나 환경문제의 해결은 전 지구적인 노력을 요구한다.

이런 점을 인식하여 환경보전과 환경문제 해결을 위해서 일찍부터 국제협력이 진행되어 왔다. 습지 보호를 위한 람사 협약(1971), 폐기물 등에 의한 해양오염 방지를 위한 런던 협약(1972) 오존층 보호를 위한 몬트리올 의정서(1987), 유해 폐기물의 국가 간 이동 및 처리의 통제에 관한 바젤 협약(1989), 생물 다양성 보호를 위한 생물 다양성 협약(1992), 온실 가스 규제를 통한 지구온난화 방지를 위한 교토 의정서(1997), 기후변화에 대응하기 위하여 195개국이 채택한 '신기후 체제'인 파리협정(2015) 등이 그 예이다. 그린피스(Green Peace), 세계야생동물기금(WWF) 등과 같은 환경을 위한 세계시민단체나, 지구환경 문제를 국제무역거래와 연계시키는 그린라운드(Green Round) 등도 모두 환경을 위한 국제협력의 예이다.

6. 생태 시민성과 글로벌 시민교육

최근 지구온난화를 비롯한 각종 생태위기 상황에 직면하면서 자연과 인간 그리고 사회의 관계를 근본적인 차원에서 재설정하여 글로벌 시민으로서 갖추어야 할 생태 시민성에 대한 관심이 높아지고 있다. 생태 시민성은 기존의 시민성의 개념을 넘어서 글로벌 시민으로서 생태적으로 깨어 있는 생태적 소양을 강조한다. 생태적으로 지속가능한 사회를 이루기 위해서는 글로벌 시민들의 생태 시민성이 함양되어야 한다.

생태 시민성은 살아있는 유기체로서 자신이 살아가고 있는 환경에 대해 깊은 책임감을 느끼고 지구공동의 생태 문제를 해결하기 위하여 지역, 국가, 나아가 지구촌 차원의 공동선에 기여할 수 있는 생태적으로 깨어있는 능력이라 할 수 있다(정용교, 2015). 생태 시민성은 자연과 인간을 아우르는 생태계를 염두에 두며, 인간의 행동이 인간사회를 넘어 생태계 질서에 어떤 영향을 미칠 것이냐에 대해 반성적으로 성찰할 수 있는 시민적 역량이다. 따라서 생태 시민성은 기존의 시민성을 넘어서 지역

공동체에 대한 관심은 물론 지구공동체적 차원에서 사고하고 행동할 수 있는 생태 시민으로서의 시민의식을 의미한다(김도영 외, 2012).

생태적으로 성찰하는 시민은 상호 의존적이면서도 부정의와 불균형이 상존하는 글로벌 사회에서 내가 누리는 삶이 정당한 것인가, 환경문제로 인한 피해가 저소득층이나 정치적 영향력이 미약한 집단에게 전가될 수 있는지 등에 대해 따져볼 줄 아는 반성적 능력과 함께 환경적으로 정의롭지 않은 각종 다양한 현상에 대해서도 민감하게 반응할 수 있는 능력을 갖추어야 한다. 생태적으로 지속 가능한 사회는 생태 시민성을 가지고 생태적 원리를 삶의 영역에서 실천할 수 있을 때 가능하다.

생태적으로 민감한 생태 시민성이 뒷받침될 때 자연과 인간 사회의 근본원리를 이해하며 생태 친화적으로 행동할 수 있다. 이와 관련하여 김용찬(2016)은 '생태지능(ecological intelligence)'과 '생물권 의식(biosphere consciousness)'의 개념으로 설명하고 있다.

생태지능은 생물과 그것이 살아가는 생태계를 이해하는 것을 의미하는 '생태(ecological)'와 경험으로부터 배우고 환경을 효과적으로 다룰 줄 아는 능력인 '지능(intelligence)'의 합성어이다. 생태지능은 '에코지능(EQ)'이라고도 하는데, 이것은 감성지능을 자연으로 확장한 개념이다. 생태지능을 갖춤으로서 우리는 인간 활동이 생태계에 미치는 영향에 대해 배운 것을 활용할 수 있고, 그로써 나쁜 영향을 줄이고 생태적 공간에서 지속 가능한 삶을 누릴 수 있다(Goleman, 2009).

생물권 의식(biosphere consciousness)은 제레미 리프킨(Jeremy Rifkin)에 의해 소개된 개념으로, 우리 모두를 살아 있는 생물권의 긴밀한 일부분으로 보는 의식이다. 생물권 의식은 우리가 하는 모든 행동은 생태발자국(ecological footprint)을 남겨 다른 사람과 지구상 생명체의 안녕에 영향을 끼친다는 의식을 의미한다(Rifkin, 2011).

생태적 시민은 생태 지능과 생물권 의식 수준이 높으며, 생태 시민성을 갖춘 글로벌 시민임을 알 수 있다. 생태시민사회의 구축 여부는 글로벌 시민교육을 통해 생태 시민성을 갖춘 글로벌 시민을 길러내느냐에 달려있다고 해도 과언이 아니다. 이런 의미에서 생태 시민성은 글로벌 시민의식과 밀접한 관련이 있다. 무엇보다도 생태 시민성을 갖춘 글로벌 시민을 양성하는 글로벌 시민교육은 지속가능한 사회를 만들기 위한 충분조건이자 필요조건이라 할 수 있다. 글로벌 시민교육이 직면한 과제는 생태 시민성을 갖춘 글로벌 시민이 일상적 삶에서 실천과 참여수준을 향상하느냐와 관련 있다. 글로벌 시민교육에서 강조하고 있는 생태 시민성은 생태학에 근거를 둔 실천의식이어야 할 것이다.

토론 참고 자료

이탈리아 밀라노, LPG차량 통행료 면제
CNG, 하이브리드, 전기차 등 친환경차량 대상

유럽에서 자동차 보유율이 가장 높은 도시 중 하나인 이탈리아 밀라노는 지난 2008년부터 에코패스(Ecopass) 제도를 도입 시행하면서 LPG차량에 대해 통행료를 면제하고 있다.

에코패스는 밀라노 도심지역에 통행제한구역 ZTL(Zona a Traffico Limitatot)을 설정하고 해당지역에 진입하는 차량에 대해 오염물질 배출등급에 따라 혼잡통행료를 징수하는 시스템이다.

LPG자동차를 비롯해 CNG, 에탄올, 하이브리드, 전기차 등 친환경차량에 대해서는 통행료가 면제되며 경유 및 휘발유차량에 대해서는 배출가스 등급에 따라 최대 10유로까지 통행료가 부과된다.

밀라노시는 에코패스 시행 후 대기오염 수치가 14~21% 감소했으며 시내 교통량은 14% 줄었다고 발표했다.

한편 영국의 런던 역시 교통혼잡료(London Congestion Charges) 제도를 도입하여 특정 도심구간을 통과하는 차량에 대해 세금을 부과하는데 LPG 등 대체연료를 사용하고 교통공사가 정한 배출가스 기준을 만족하는 차량의 경우 교통혼잡료를 100% 면제받을 수 있다.

출처: 가스신문. 김재형 기자. 『이탈리아 밀라노, LPG차량 통행료 면제』. 2011. 06. 22.

토론일시: 년 월 일
토론 참여자:

토론주제	이탈리아 밀라노는 EU 회원국 중에서는 3번째로 미세분진 농도가 높은 곳이었다. 그러나 에코패스제도를 시행 후에는 대기오염 수치가 14~21% 감소했으며 시내 교통량은 14% 줄어드는 긍정적인 효과를 보았다. 그렇다면 이러한 '에코패스제도'가 우리나라에도 적용가능할까? 또한 우리나라의 미세먼지 발생 주 원인은 노후차의 배기가스이다. 대기오염 해결을 위해서라도 노후차 관련 정책도입이 시급하다. 에코패스제도를 우리나라에 도입한다면 어떠한 방법으로 도입할 수 있을까?

참고문헌

참고문헌

가스신문(2011.06.22.). 김재형 기자. 『이탈리아 밀라노, LPG차량 통행료 면제』.
강대현(2006). 초 · 중 · 고 토론학습 지도자료 1, 2, 3. 서울: 한국교육과정평가원.
강순원(2000). 평화 · 인권 · 교육. 서울: 한울.
경희대학교 후마니타스 칼리지(2016). 제2의 탄생. 경희대학교 출판문화원.
고병헌(2006). 평화교육사상. 서울: 학지사.
교육과학기술부(2008). 유아세계시민교육. 서울: 교육과학 기술부.
교육과학기술부(2012). 5세 누리과정 교사용 지도서(제9권 세계 여러 나라). 서울: 교육과학 기술부.
교육부, 한국교육개발원(2016). 2016 교육통계 분석자료집-유 · 초 · 중등 교육통계편.
구견서(2003). 다문화주의의 이론적 체계. 현상과 인식. 2003년 가을.
구정화 외(2004). 교사를 위한 학교 인권교육의 이해. 서울: 국가인권위원회.
구정화, 박선웅(2011). 다문화 시민성 함양을 위한 다문화교육의 목표 체계 구성. 시민교육연구, 43(3), 1-27.
국가인권위원회. 선생님을 위한 인권+.
권영성(2010). 헌법학원론. 서울: 박영사.
권재일, 서덕희, 서현정, 이태주, 조용환, 한건수, 한경구, 한준상, 황병하(2008). 다문화 사회의 이해: 다문화 교육의 현실과 전망. 서울: 동녘.
김병연(2011). 평화교육 교수학습체계에 관한 연구. 윤리철학교육, 15, 55-78.
김상범(2013). 자유주의적 관용에 대한 연구. 서울대학교 대학원 박사학위논문.
김선애(2014). 청년발달과 이해. 서울: 창지사.
김신일(2009). 교육사회학. 서울: 교육과학사.
김영아, 허미경(2017). 교육과정에 기초한 유아세계시민교육. 서울: 창지사.
김영인, 설규주(2017). 시민교육론. 서울: KNOU Press.
김용찬(2011). 세계화 시대 민주시민교육을 통한 평화교육 강화 방안. 경인교육대학교 교육논총, 31(2). 35-46.
김용찬(2016). 21세기 트렌드와 다문화사회 민주시민교육의 방향과 과제. 사회과교육연구, 23(1), 1-13.
김용환(1994). 관용에 대한 철학적 분석. 현상과 인식, 제61권.
김용환(2000). 새로운 호모 에두칸두스(homo educandus)를 위하여. 한국철학회 2000년

춘계학술대회, 221-241.
김용환, 조영제(1999). 관용을 위한 가치교육의 내용과 방법에 관한 연구. 시민교육연구, 30(1), 51-80.
김준헌(2005). 경제적 세계화와 경제정의. 미간행 교육자료집, 재인용.
김향원(2002). 학교에서의 세계시민교육을 이한 방안. 백록논총, 4(1), 73-79.
김현덕(2007). 다문화교육과 국제이해교육의 관계정립을 위한 연구. 국제이해교육, 2, 59-74.
김현미(2008). 이주자와 다문화주의. 현대사회와 문화, 26, 57-79.
김희경, 신지혜(2012). 생태시민성 관점에서의 환경교과 분석. 한국지리환경교육학회지, 20(1), 125-141.
남상준(2010). 환경교육론. 서울: 대학사.
도정일(2016). 시민교육이란 무엇인가(pp. 12-23). In 경희대학교 후마니타스 칼리지(2016). 제2의 탄생. 경희대학교 출판문화원.
박명호, 오완근, 이영섭, 한상범(2013). 지표를 활용한 한국의 경제사회발전 연구. OECD 회원국과의 비교분석. 한국경제학회, 61(4), 5-35.
박상준(2010). 사회과교육의 이론과 실제. 서울: 교육과학사.
박상준(2013). 사회과교육의 이해. 경기: 교육과학사.
박태윤, 정완호, 최석진, 최돈형, 이동엽, 노경임(2003). 환경교육학개론. 서울: 교육과학사.
버지니아 카와가스(2003), "국제이해교육의 방법론적 원칙", 아시아 · 태평양 국제이해교육원 편, 세계화시대의 국제이해교육, pp. 49~53. 파주: 도서출판 한울.
변연지(2010). 2007 개정 초등사회과 교육과정에 나타난 세계시민성교육 내용 분석. 서울교육대학교 대학원 석사학위 청구논문.
서울특별시교육청(2016). 교실에서 만나는 세계시민교육. 서울: 서울특별시교육청.
서울특별시교육청(2017). 2017 세계시민교육 기본계획(안). 서울: 서울특별시교육청.
선우현(2012). 평등. 서울: 책세상.
설규주(2003). 한국 시민사회에 적합한 피해자 중심의 윤리와 인성교육. 서울대학교 대학원 박사학위청구논문.
설규주(2005). 한국 시민사회의 성장과 학교 인권교육의 과제. 사회과 교육, 44(1), 27-56.
설규주(2009). 학교급에 따른 학교 평화교육 실태의 차이와 의미 연구: 평화교육의 관점에서 본 사회과를 중심으로. 통일과 평화, 1(2), 231-244.
설규주(2021). 코로나 시대의 민주시민교육과 세계시민교육이 갖는 함의. 열린교육연구, 29(4), 24-44.
설규주, 정원규(2020). 학교 민주시민교육을 위한 교육원칙 연구 - 한국형 보이텔스바흐 합의를 위한 시론적 제안과 적용. 시민교육연구, 52(2), 229-260.
손경애, 이혁구, 옥일남, 박윤경(2010). 한국의 민주시민교육. 서울: 동문사.
송수원(2014). 초등학생의 관용적 행동과 인지적, 정서적 요인의 관계 연구. 연세대학교 대학원 석사학위청구논문.
수반체프 · 엥글, 이순미 역(2010). 노벨 평화상 수상자와 함께하는 평화학교. 다른.
심성보(2011). 인간과 사회의 진보를 위한 민주시민교육. 서울: 살림터.
양애경, 장원동, 최희양(2016). 창의 인성론. 서울: 동문사.
양영자(2007). 한국의 다문화교육 현황과 과제. 한국에서의 다문화주의. 한울 아카데미.
옥일남(2014). 글로벌 시민성 함양을 위한 사회과 교수 · 학습 방안, 시민교육연구, 46(3), 105-140.
유네스코 아시아 · 태평양 국제이해교육원(2003). 세계시민을 이한 국제이해교육. 서울: 유네스코 아시아 · 태평양 국제이해교육원.
유네스코 아시아태평양 국제이해교육원 소개동영상. 세계시민교육이란.
유네스코 아시아태평양 국제이해교육원(2015). 글로벌 시민교육: 새로운 교육의제.
유네스코 아시아태평양 국제이해교육원(2015). 유네스코가 권장하는 세계시민교육 교수학습 길라잡이. 서울: 유네스코 아시아태평양 국제이해교육원.
유네스코 아시아태평양 국제이해교육원(2015). 한국의 세계시민교육: 국내외 실천 경험의 시사점 및 비전. 2015 세계교육포럼 유관기관 국제포럼 자료집.
유네스코 아시아태평양 국제이해교육원(2016). 세계시민교육, 학교와 만나다.
유네스코(2014). 글로벌 시민교육: 21세기 새로운 인재 기르기. 유네스코 아시아태평양 국제이해교육원.
유재경(2008). 유아 세계시민교육 프로그램 모델 개발 연구. 유아교육 보육행정연구, 12(4), 296-315.
이관춘(2011). 호모 키비쿠스. 서울: 학지사.
이광성(2002). 교사의 역할에 따른 논쟁문제 학습의 효과연구. 시민교육연구, 34(1), 229-250.
이남석(2001). 차이의 정치: 이제 소수를 위하여. 서울: 책세상.
이데일리뉴스(2017.06.22) SPI조사 '가장 살기 좋은 나라'에 덴마크…한국 26위.
이동수(2013). 시민은 누구인가. 서울: 인간사랑.
이봉철(2001). 현대인권사상. 서울: 아카넷.

이상익(2016). 인간의 존엄성과 사람다운 삶. 신아세아, 23(2), 33-58.

이성희, 김미숙, 정바울, 박영, 조윤정, 송수희(2015). 세계시민교육의 실태와 실천과제. 서울: 한국교육개발원.

이종문, 이민부(2003). 환경교육론. 서울: 한국방송통신대학교출판부.

이종식(2015). 글로벌시대와 시민사회. 경기: 한국학술정보.

이주행, 김상준, 민현식, 박경현, 심여택, 유동엽, 윤희원, 이석주, 구현정, 이은희, 이창덕, 임칠성, 전은(2005). 화법 교육의 이해. 서울: 박이정.

이학영, 차명제, 김미란, 정선애, 조철민, 이정인, 박선영, 고상준(2005). 시민교육 제도화를 통한 21세기 민주사회건설을 위한 방안연구-국가와 지방자치단체의 지원 · 전달체계를 중심으로. 시민사회단체연대회의 시민교육위원회 한국YMCA전국연맹.

인권운동사랑방 인권교육실 역(2000). 깨어나 일어나. 서울: 사람생각.

임성택, 주동범(2000). 세계시민교육의 방향탐색-미국의 시민교육을 중심으로. 비교교육연구, 10(2), 33-60.

전국사회교사모임 인권교육분과 지음(2003), 땅콩 선생, 드디어 인권교육하다. 우리교육.

전희옥(2006). 학교 문화교육에서 세계시민 교육 내용요소 분석(초등학교 사회 교과서 분석을 중심으로). 사회과교육연구, 12(3), 123-146.

정강곤(2003). 인간의 존엄성에 관한 연구. 호남대학교 대학원 석사학위 청구논문.

정문성(2011). 토의 · 토론 수업방법. 서울: 교육과학사.

정용교(2015). 세계시민교육: 국민을 넘어 세계시민으로. 교육과학사.

정우탁(2016). 세계시민교육. 한국교육학회지, 52(2), 6-12.

정현백, 김엘리, 김정수(2002). 통일교육과 평화교육의 만남. 통일부 통일교육원(편).

조영제(1998). 다원주의 사회의 기본덕목으로서의 관용과 그 시민교육적 함의. 서울대학교 대학원 박사학위논문.

조용개(2003). 생태학적 환경위기 극복을 위한 철학적 대안 모색, 교육철학, 30, 225-244.

조지프 스티글리츠(2008). 인간의 얼굴을 한 세계화(홍민경 역). 서울: 21세기 북스.

차경수(1994). 사회과 논쟁문제의 교수모형, 사회와 교육, 19, 225-239.

차경수, 모경환(2008). 사회과교육. 서울: 동문사.

차미란(2014). 도덕교육의 내용으로서의 '관용'. 도덕윤리과교육, 45, 53-82.

천정웅, 장근영, 이채식, 김윤나(2014). 청소년문화론. 경기: 양서원.

최종덕(2014). 글로벌 시민교육의 쟁점과 과제. 시민교육연구, 46(4), 207-227.

추병완(2008). 정보 윤리 교육론(개정판). 서울: 울력.

크리스틴 베넷(2010). 다문화교육: 이론과 실제(김옥순 외 역). 서울: 학지사.

한건수(2003). 낯선 문화의 학습전략. 아시아태평양 국제이해교육원 편. **세계화 시대의 국제이해교육**. 서울: 한울 아카데미.

한건수(2007). 국내 체류 이주노동자 자녀 및 청소년 이주민의 삶과 정체성. 유네스코 아태국제이해교육원. **다문화사회의 이해: 다문화교육의 현실과 전망**. 서울: 동녘.

한겨레(2017.06.22.). 한국사회발전지수는 26위지만 '삶 선택할 수 있는 자유' 114위.

한경구(2007). 다문화사회란 무엇인가? 유네스코 아태국제이해교육원. **다문화사회의 이해: 다문화교육의 현실과 전망**. 서울: 동녘.

한경구, 김종훈, 이규영, 조대훈(2015). **SDGs 시대의 세계시민교육 추진방안**. 유네스코 아시아태평양 국제이해교육원.

한국교육개발원 교육통계DB(연도별 학교급별 다문화학생 현황)

한국교육개발원(2014). **한국의 교육지표 · 지수 개발연구(Ⅲ): 대학생역량지수 개발 연구**.

한국교육개발원(2015). **세계시민교육의 실태와 실천과제**.

한국해외원조단체협의회(2009). **세계시민의식 함양을 이한 국제개발협력교육–초중고생을 위한 국제협력교육 프로그램**. 서울: 한국해외원조단체협의회.

한춘희(2012). 논쟁문제수업을 통한 의사결정능력의 향상. **사회과교육연구**, **19**(3), 65-77.

허승환, 이보라(2016). **세계시민교육의 첫걸음, 교실속 평화놀이**. 서울: 즐거운 학교.

허영식(2003). 세계시민의 개념에 관한 시론(세계시민교육의 이론적 기초). **한국민주시민교육학회보**, 8, 31-64.

허혜경, 김혜수(2011). 세계화 시대에 따른 시민의식 교육에 대한 청소년 및 교사의 인식 및 실태 분석. **한국교육논총**, **10**(3), 1-20.

허혜경, 김혜수(2015). **청년심리와 교육**. 서울: 학지사.

허혜경, 김혜수(2017). **글로벌 시민교육**. 서울: 창지사.

허혜경, 박인숙, 김혜수(2017). **현대사회와 가정**. 서울: 동문사.

현은자, 김현경, 박현경, 오정옥, 윤현민, 조은숙, 최혜정(2013). **그림책을 활용한 세계시민교육**. 서울: 학지사.

홍성태(2008). 시민사회와 생태주의 교육: 생태적 복지사회를 향하여. **한국학논집**, 36, 193-224.

홍성태(2015). 개발주의와 생태주의. **내일을 여는 역사**, 3, 107-117.

황지원(2013). 대학토론교육의 의미와 구체적 적용-토론관련 교양교과목의 실제 활용을 중심으로. **교양교육연구**, **7**(3), 565-595.

APCEIU(2015). 유네스코가 권장하는 세계시민교육 교수학습 길라잡이. 유네스코 아시아태평양 국제이해교육원.

Apel, Karl-Otto.(1997). Plurality of the good? The problem of affirmative tolerance in a multicultural society from an ethical point of view. *Ratio Juris, 10*(2), 199-212.

Banks, J. A. (2007). *An introduction to multicultural education(4th ed.)*. 모경환 외 역(2008). **다문화교육 입문**. 서울: 아카데미 프레스.

Banks, J. & Banks, C.(2007). *Multicultural education: Issues and perspective*. Allyn and Bacon.

Brabeck, M. M., & Rogers, L. (2000). Human rights as a moral issue: Lessons for moral educators from human rights work. *Journal of Moral Education, 29*(2), 167-183.

Butera, J. B.(2013). Trends in Global Citizenship Education in Africa. *Presentation at the Technical consultation on Global Citizenship Education*. Seoul, Korea.

Cabezudo, A.(2013). Integration of global dimension into citizenship education. *Presentation at the UNESCO Forum on Global Citizenship Education*. Bangkok, Thailand.

Chung, U.(2013). **'아시아 · 태평양 지역의 글로벌 시민교육 Global Citizenship Education in the Asia-Pacific', APCEU**. 2013년 9월 대한민국 서울에서 열린 '글로벌 시민교육 전문가회의' 발표자료.

Cogan, J. & Derricott, R.(2000). *Citizenship for the 21st Century: An International Perspective on Education*. London: Kogan page.

Delos, J., et al.(1996). *Learning: The treasure within*. Paris: UNESCO.

Dobson, A.(2003). *Citizenship and the environment*. Oxford University Press, N.Y.

Dobson, A.(2007). Environmental citizenship: toward sustainable development, *Sustainable Development, 15*(5), 276-285.

Education Above All (2012). *Education for global citizenship*. Doha, Qatar: John Gregg.

Evans, M., Ingram, L., MacDonald, A., & Weber, N. (2009). Mapping the global dimension of citizenship education in Canada: The complex interplay between theory, practice, and context. *Citizenship, Teaching and Learning, 5*(2), pp.16-34.

Falk, R.(1994). The making of global citizenship. In B. van Steenbergen(Eds.), *The condition of citizenship*. London: Sage Publications.

Flowers, et al.(2000). *The human rights education handbooks*. University of Minnesota Press.

Galtung, J.(1996). *Peace by peaceful means*. NY: Sage publications.

Galtung, J.(1997). Cultural peace: Some characteristics. *UNESCO Courier January*

1997. 260-280.

Galtung, J.(2000). 평화적 수단에 의한 평화(강종일, 이재봉, 정대화, 임성호, 김승채 역). 경기: 들녘.

Goleman, Daniel(2009). *Ecological intelligence: How knowing the hidden impacts of what we buy can change everything*. New York: Random House.

Gore, A.(2006). *Earth in the Balance: ecology and the human spirit.* NY: Rodale.

Harris, I. M. & Morrison, M. L.(2011). 평화교육: 미래를 위한 교육, 세계를 위한 비전(박정원 역). 서울: 도서출판 오름.

Heater, D.(1996). *World citizenship and government.* London: Macmillan Press.

Horton, J.(2011). Why the traditional conception of toleration still matters?, *Critical Review of International Social and Political Philosophy, 14*(3), 289-305.

Jones, T. S.(2006). Combining conflict resolution education and human rights education, *Journal of Peace Education, vol. 3*(2), 187-208.

King, P. (1976). *Toleration. London: Allen and Unwin.*

KOICA ODA 교육원(2016). 국제개발협력 심화편. 경기: 시공미디어.

KOICA ODA 교육원(2016). 세계시민 첫걸음 필독서. 경기: KOICA ODA 교육원.

KOICA ODA 교육원(2017). KOICA의 세계시민교육 리플렛(국문). 경기: KOICA ODA 교육원.

Lisman, C. D. (1998). *Toward a civil society: Civic literacy and service learning. Bergin & Garvey.*

Lister, I. (1991). The challenge of human rights for education. In H. Starkey (Ed.), *The challenge of human rights education*(pp. 245~254). London: Cassell Educational.

Milbrath, L. W.(1989). *Envisioning a Sustainable Society*. 이태건, 노병철, 박지운 역(2001). 지속 가능한 사회: 새로운 환경 패러다임의 이해. 고양: 인간사랑.

Nicholson, P. P.(1985). Toleration as a moral ideal. In J. Horton, & S. Mendus(Eds.), *Aspects of toleration: Philosophical studies*. London: Methuen.

Nussbaum, M.(1997). *Cultivating humanity: A classical defense of reform in liberal education.* Cambridge, MA: Harvard University Press.

Oxfam(2015). *Education for global citizenship: A guide for schools.* Oxford: Oxfam.

Rawls, J.(1971). *A theory of justice.* Oxford: Oxford University Press.

Rawls, J.(1971). *A theory of Justice.* Cambridge Mass: Harvard University Press.

Rifkin, J.(2011). *The third revolution: How lateral power is transforming energy, Economy and the world,* New York: Macmillan.

Scholte, J. A.(2001). *"The globalization of world politics." The Globalizatiob of World Politics.* Second Edition Edited by John Baylis & Steve Smith.

Soysal, Y.(1994). *Limits of citizenship: Migration and postnational membership in Europe.* Chicago: University of Chicago Press.

Sterba, J.(1995). *Contemporary social and political philosophy.* Belmont: Wadsworth Publishing Company.

Tibbitts, F.(2008). Human rights education. M., *Bajai, Encyclopedia of peace education,* IAP.

Toh Swee-Hin(2001), *"Education for International Understanding: Toward a Culture of Peace". APCEIU, SangSaeng, Autumn 2001*, pp. 8~12.

Toh Swee-Hin(2002), *"Education for International Understanding: A River Flowing from the Mountains", APCEIU, SangSaeng, Autumn 2002,* pp. 33~37.

Tomlinson, J.(1999). *Globalization and Culture.* University of Chicago Press.

Tudball, L.(2003). Reflection on journey-peace education in school. *Ethos, 11*(2), 21-26.

Warnock, M.(1987). The limits of toleration. In S. Mendus & D. Edwards(Eds.), *On toleration*. Oxford: Oxford University Press.

Waters, M.(1995). *Globalization*. London: Routledge.

Waters, M.(1995). *Globalization.* 이기철 역(1998). **세계화란 무엇인가: 그 사회학적 개념.** 서울: 현대미학사.

WCED(1987). *Our common future.* Oxford University Press. (조형준, 홍성태 공역. 2005. 우리 공동의 미래. 새물결.)

Yamashita, H.(2006). Global citizenship education and war: The needs of teachers and learners. *Education Review, 58*(1), 27-39.

Zahabioun, S., Yousefy, A., Yarmohammadian, M. H., & Keshtiaray, N.(2013). Global citizenship education and its implications for curriculum goals at the age of globalization. *International Education Studies, 6*(1), 195-206.

경상일보(2015. 8. 17). 울산환경과학연구소, 처용함과 개운포 성 일대 탐험활동 벌여.

경향신문. 최석영.『전제용 선장, 우리들의 평범한 영웅』. 2014.09.23.

구글(https://www.google.co.kr)
다음백과(http://100.daum.net/encyclopedia/view/24XXXXX66168).
머니투데이.『갈라진 EU-쪼개진 영국…양극화가 부른 브렉시트』. 2016.06.24
세계인권선언 60만 읽기 캠페인 홈페이지(http://edu.humanrights.go.kr)
예술의 전당 작품안내(http://www.sacticket.co.kr)
천재학습백과(http://koc.chunjae.co.kr)
한국민주시민교육원(http://www.kdec.re.kr)
EBS 지식채널e. 지구 환경 변화-열대림 개발과 기후 변화.
EBS 지식채널e(2005. 11. 28). 햄버거 커넥션.
Jordan Smith(2015.2.17.). 12 Of The Most Polluted Citied In The World (www.citylab.com).

http://blog.naver.com/PostView.nhn?blogId=aghon&logNo=220522889110, 안계환 인류문명 연구소 블로그
https//en.wikipedia.org/wiki/Martha_Nussbaum"https://en.wikipedia.org/wiki/Martha_Nussbaum
http://futureplan.tistory.com
https://ko.wikipedia.org
https://needull.com/tag/martha-nussbaum
https://oxfam.or.kr
https://oxfamtrailwalker.or.kr/ko
https://oxfamtrailwalker.or.kr/kohttp://www.oxfam.org.uk
https://revistapoder.lamula.pe/2013/10/28/peste-en-el-lago/poder/
https://travelinculture.com/gothenburg-goteborg-sweden
https://www.algore.com
https://www.efe.org
https://www.globaleducationfirst.org/about.html
https://www.google.co.kr
https://www.mofa.go.kr
http://www.oxfam.org.uk
https://www.qca.org.uk/ca/subjects/citizenship
http://www.unesco.or.kr/kor/ency/ed_dec_2.html
https://www.youtube.com/watch?v=2PDHmswPofI

저자소개

김혜수(金憓秀)

성신여자대학교 사범대학 윤리교육과(학사)
University of Southern California 교육심리학(석, 박사)
한국방송통신대학교 원격교육연구소 연구원
한국정보문화진흥원 선임연구원
가천대학교 겸임교수
現 한양대학교 강사
　한국영유아교육지원학회 이사

〈저서〉
『포스트 코로사 시대의 청년심리』, 『글로벌 시민교육』, 『청년심리와 교육』,
『미래를 여는 부모교육』, 『뉴노멀 시대의 결혼과 가족』 외 다수

허혜경(許惠卿)

이화여자대학교 사범대학 교육학과(학, 석사)
건국대학교 대학원 교육학과(박사)
University of Virginia, University of Massachusetts Boston 방문교수
가천대학교 교육대학원장, 교육과학연구소장, 생애초기연구소장
가천대학교 교양학부장, 중앙도서관장
現 가천대학교 유아교육학과 교수
　한국영유아교육지원학회장

〈저서〉
『현대사회와 아동발달』, 『청년발달』, 『평생교육학개론』, 『글로벌시민교육』,
『현대교육과정요론』, 『현대사회와 여성의 이해』, 『사회변동과 성역할』, 『유아교육개론』 외 다수

〈논문〉
평생교육의 교육적 효율성 제고를 위한 전생애 발달심리학적 방안에 관한 연구, 성인지능의 본질 및 검사방법에 관한 연구, I hope Korea will be reunified again: Listening to Korean Children, 학교학습준비도 개념의 진화와 효과적인 유아-초등교육 전이, FIT-choice Scale로 측정한 유아교사의 교직선택요인과 교직헌신과의 관계 외 다수

인류의 미래를 위한

글로벌 시민교육

초 판 1쇄 인쇄 2022년 2월 21일
초 판 1쇄 발행 2022년 2월 25일

지 은 이 | 김혜수·허혜경
펴 낸 이 | 김기섭
편 집 인 | 이윤희
펴 낸 곳 | 창지사 www.changjisa.com
08589 서울시 금천구 가산디지털 1로 83 파트너스타워 1차 9층
전화 (02)719-2211~3
팩스 (02)701-9386
등 록 | 1977년 4월 28일 · 제1-421호

ISBN 978-89-426-1517-9 (93330)

값 19,000원